AF522762

„IST DIE AKTUELLE WELTLAGE EINE GIGANTISCHE ABLENKUNG?“

DIE PHÖNIX HYPOTHESE

CHRISTIAN KÖHLERT

OSIRIS
VERLAG

1. Auflage Juli 2023
2. Auflage September 2023

OSIRIS – Verlag & Versand, Marktplatz 10, D-94513 Schönberg
www.osirisbuch.de

Umschlaggestaltung: Christian Köhlert (www.mayamagik.com)
Satz und Layout: Luna Design KG und Christian Köhlert

ISBN: 978-3-947397-28-0

Dieser Titel ist auch als eBook erhältlich, ISBN (eBook): 978-3-947397-29-7

Gerne senden wir Ihnen unser Verlagsverzeichnis:
OSIRIS-Verlag
Marktplatz 10
D-94513 Schönberg
Email: info@osirisbuch.de
Tel.: (08554) 844
Fax: (08554) 942894

Unser Buch- und DVD-Angebot finden Sie auch im Internet unter:
www.osirisbuch.de

„IST DIE AKTUELLE WELTLAGE EINE GIGANTISCHE ABLENKUNG?“

DIE PHÖNIX HYPOTHESE

CHRISTIAN KÖHLERT

OSIRIS
VERLAG

KONTAKT ZUM AUTOR

Falls Sie an weiterführenden Medienquellen zum Themenspektrum der Phönix-Hypothese interessiert sind, nutzen Sie bitte den QR-Code und die entsprechende Webseite. Dort finden Sie auch die neuesten Updates, Artikel und Links zu den Telegram-Kanälen, sowie zu den offiziellen Diskussionsräumen des Autors.

MAYAMAGIK.DE/DIE-PHOENIX-HYPOTHESE-BUCH/

MAYAMAGIK

LLC

WWW.MAYAMAGIK.COM

„Dieses Buch ist Eva Ursiny
und ihren bezaubernden Töchtern
Amélie und Jasmine gewidmet.
Ein großer Dank geht an meine Familie,
Robert Stein und an all die noblen Seelen,
die mich unterstützt und inspiriert haben.“

— Christian Köhlert —

MAKE AMERICA
GREAT AGAIN

Bildquelle: Christian Köhlert

Inhaltsverzeichnis

Kapitel 5 – Argumentation der Hypothese 100

Kapitel 6 – Quintessenz 154

Appendix 176

Danksagung 198

Einleitung & Vorwort

Dieses Buch, mit dem Namen „Die Phönix-Hypothese", soll Ihnen mein Modell von der gegenwärtigen, globalen Situation präsentieren. Mit dieser These erhebe ich keinen Anspruch auf eine all umfassende Wahrheit, die es in unserem modernen Wahrnehmungsparadigma ohnehin nicht gibt. Daher biete ich Ihnen nicht mehr und nicht weniger als meine Perspektive auf die Realität, so wie ich sie im Rahmen der von mir gesammelten Daten erkennen konnte. Weiterhin werde ich vereinzelt persönliche Gedanken und Anekdoten einfließen lassen. Spätestens hier wird es akut subjektiv. Dieser Datensatz aus Erfahrungen und Recherche ist zudem vielen dynamischen Parametern unterworfen. Daher darf meine These jederzeit erweitert oder neu interpretiert werden.

Die Phönix-Hypothese richtet sich primär an Individuen, die eine fortgeschrittene Evolution im Rahmen der Loslösung vom System-Narrativ erreicht haben. Menschen, die dagegen im Mainstream verhaftet sind, werden meine Darstellungen möglicherweise als Beleidigung ihrer Intelligenz begreifen bzw. verkennen. Somit sollten Leser, die bis heute nicht gemerkt haben, dass sie beispielsweise zum Thema 9/11 oder Corona-Pandemie umfassend von den Massenmedien belogen werden, das Buch jetzt zuschlagen und es CO^2freundlich dem Altpapier zuführen. Auch einige langjährige Anhänger der „Truther-Bewegung"[1] werden ihre Herausforderung mit der Phönix-Hypothese haben, da sie ebenfalls dazu neigen, sich in ihren eigenen Dogmen zu verhaften. Diese Einschätzung entspringt einer Selbstreflexion. Auch ich neigte in meinem Prozess der Bewusstwerdung immer wieder dazu, mich nur schwer von romantischen, aber am Ende naiven Vorstellungen, lösen zu können.

Die primäre Absicht hinter der Hypothese ist es, Themenkomplexe in den Vordergrund zu stellen, die speziell in den deutschen Alterna-

---

1 Der Begriff „Truther" wurde populär mit der amerikanischen Bewegung zur Aufklärung des 11. Septembers 2001. Später wurde er in der deutschen Szene der alternativen Medien übernommen, um Leute zu definieren, die allgemein nach der Wahrheit suchen, über 9/11 hinaus. Mit Trutherbewegung lässt sich der gesamte alternative Sektor definieren.

tivmedien völlig unterrepräsentiert, aber enorm wichtig sind, um das Gesamtbild der globalen Situation zu bewerten. Ich möchte Puzzleteile verbinden und einen offenen Diskurs dazu anregen. Daher bitte ich ausdrücklich darum, dass die Teilaspekte hinterfragt und meine Daten geprüft werden. Diese Auseinandersetzung ist im internationalen Kontext in vollem Gange, da ich bei weitem nicht der Erste bin, der die Zusammenhänge so erkannt hat, wie ich sie in dem Buch skizzieren werde. Jedoch scheint die deutsche Szene damit noch nicht einmal begonnen zu haben.

Ein Grund, warum vereinzelte Kernpunkte meiner These in der deutschen Wahrheitsbewegung keinen signifikanten Diskussionsraum finden, hängt oberflächlich betrachtet mit der mangelhaften Disponibilität von Übersetzungen zusammen. Viele Quellen sind ausschließlich in englischer Sprache verfügbar. Das ist aber nicht der Hauptgrund. Primär sehe ich eine Blockade auf der psychologischen Ebene, bestimmte angstbehaftete Themen überhaupt in das Bewusstsein zu lassen. Sie werden früh genug erfahren, was ich damit meine. Daher warne ich Sie gleich hier in der Einleitung: Wer nicht fest in seiner Mitte steht, sollte sich mit dem Inhalt nicht beschäftigen, denn hier geht es um existenzielle Gefahren, die Sie betreffen könnten.

Die Phönix-Hypothese ist ein Prozess, der sich schrittweise entfaltet. Ich kann Ihnen, liebe Leser, nur empfehlen, sich mutig und offen darauf einzulassen. Seien Sie versichert, dass ich das Buch nicht schreiben würde, wenn ich nicht auch einen Lösungsweg sehen würde. Am Ende wartet eine Perspektive voller Zuversicht und Selbstermächtigung auf Sie, selbst wenn der Weg dorthin temporär Reminiszenzen einer Achterbahnfahrt haben mag. Am Ende entscheiden Sie, welche Aspekte meiner Theorie Sie in Ihr eigenes Weltbild überführen können. So wie ich von vielen bekannten Autoren lernen durfte, ohne dabei ihre Thesen vollständig zu übernehmen, so können auch Sie wählen, ob sie die präsentierten Daten von meinen Interpretationen trennen möchten.

Es ist ohnehin mein Ziel, ein schlankes Buch zu schreiben, welches sinnvolle Hinweise gibt, wo und wie man sich zu den entscheidenden

Themen seine eigene Meinung bilden kann. Das halte ich für zweckmäßiger, als ein Pamphlet zu verfassen, das jede Sichtweise akribisch diktiert. Daher werde ich zu vielen Argumentationsaspekten nur beispielhafte Fakten präsentieren und dafür weiterführende Medien empfehlen, die in die Tiefe gehen. Zu allen wesentlichen Eckpunkten meiner Hypothese wurden ohnehin brillante Bücher geschrieben, die ich nicht übertreffen kann. Warum sollte ich das Rad neu erfinden? Um es Ihnen leicht zu machen, finden Sie ergänzendes Material in Form von Links und Dokumentationen auf meiner Webseite. Außerdem werde ich sinnvolle Erläuterungen in die Fußnoten geben, um den Neueinsteigern in bestimmten Teilgebieten die Grundlagen zu offerieren. Das ermöglicht eine schnelle erweiterte Recherche, ohne die Fortgeschrittenen mit redundanten Daten zu langweilen.

Dieser erste Teil meiner Phönix-Hypothese spielt sich fast ausschließlich auf der physischen Ebene ab. Dabei rede ich von Zusammenhängen, die man größtenteils objektivieren und daraus Annahmen ableiten kann. Jedoch plane ich ein zweites Buch, um die spirituellen Interpretationen zu beleuchten. Das ist nicht unbedingt ein Ressort, das für jedermann zugänglich ist. Dennoch ist es möglich, dazu eine wissenschaftliche Grundlage zu offerieren, die selbst einem Materialisten eine Vorstellung erlaubt, sofern er sich darauf einlässt. Für eine umfassende Analyse der Gesamtsituation muss man ganzheitliche Aspekte einbeziehen. Zudem ergibt sich ein konstruktiver Umgang mit der Hypothese nur aus einer holistischen Sichtweise, welche die physische wie auch die metaphysische Natur der Realität berücksichtigt. Diese Ebene werde ich im letzten Kapitel anreißen, aber eine vollständige Erklärung braucht ein eigenes Buch. Daher bleiben wir über weite Strecken auf einer rein materiellen Ebene, die unsere tägliche Erfahrungswelt bildet.

Nachdem ich Ihnen einen allgemeinen Überblick geben konnte, will ich beginnen, einen tieferen Sinn im globalen Chaos zu postulieren. Bevor wir dort vollends einsteigen können, müssen wir erst einmal ein gemeinsames Fundament zimmern, auf dem ich Ihnen die Phönix-Hypothese konstruieren und veranschaulichen kann. Hierzu betrachte ich zunächst, wohin sich das Spektrum der alternativen

Narrative erstreckt. Das ist die Ausgangsbasis, um zu erkennen, welche Polaritäten innerhalb dieser Bewegung herrschen und wo wir uns mit der These hinbewegen wollen. Es dreht sich primär darum, eine gemeinsame Basis zu schaffen, von der aus wir in den Kaninchenbau springen können. Betrachten Sie es als einen Wahrnehmungsabgleich, wo Sie an den populären Themen erkennen können, inwieweit meine Perspektive für Sie nachvollziehbar ist.

Falls Sie tatsächlich ein Mainstream-Gläubiger sind, der davon ausgeht, dass Sie die Tagesschau nach bestem Wissen und Gewissen objektiv informiert und Sie meine Warnung, das Buch wegzulegen, ignoriert haben, dann dient Ihnen dieser Abschnitt dazu, uns „Verrückte“ besser kennenzulernen.

Kapitel 1 – Das alternative Spektrum

1.1 Das Erwachen in einer neuen Realität

Die vereinfachte Sichtweise behauptet, dass es die Mainstream-Meinung gibt und im Kontrast dazu die Sicht der alternativen Medien. Doch das ist zu reduktionistisch. Beide Grundausrichtungen sind Multiversen in sich mit vielen Facetten, wobei das Spektrum der „Truther-Szene" naturgemäß um ein Vielfaches breiter angelegt ist, als der Diskussionsrahmen in den etablierten Medien. Zudem gibt es eine beachtliche Schnittmenge, wo sich „konservative" Alternativmedien und Randmeinungen des Mainstream überlappen. Dennoch ist der Übergang von einer massenkonformistischen Realität in ein neues Paradigma stets ein psychologisch heikler Akt, da an den Rändern der Gesellschaft grundsätzlich mit Stigmatisierung gearbeitet wird.

Bekanntermaßen werden die Sichtweisen der alternativen Medien mit negativ konnotierten Kampfbegriffen wie „Verschwörungstheoretiker" oder „Rechtsesoterik" gebrandmarkt und das macht es für Menschen, die aus dem Mainstream kommen, schwierig, sich unvoreingenommen der anderen Sichtweise auf die Realität zu öffnen. Zu groß ist oftmals die Angst von seinen Mitmenschen in die falsche Schublade gesteckt zu werden. Wenn dennoch signifikante Erfahrungen zu einem inneren Konflikt führen und der Druck aus kognitiver Dissonanz nicht mehr zu kompensieren ist, dann beginnt ein Prozess, den viele als ein „Erwachen" erleben. Daher betitelt man sich intern gern als „Erwachte". Dies ist aber aus der Mode geraten, spätestens nachdem die systemgesteuerte „Woke-Kultur" diese Bezeichnung förmlich gekapert hatte. Zudem stellen die meisten reflektierten Menschen irgendwann fest, dass das „Wachwerden" ein offener Prozess ist. Grundsätzlich wird oft der Einstieg in diese geistige Revolution als eine dramatische Erfahrung wahrgenommen, da zunächst das alte Weltbild zusammenstürzt und viele bisher gemachte Kenntnisse und angelegte Meinungen relativiert werden müssen.

Wenn die gewohnte Realität sich auflöst, trachtet der Mensch intuitiv nach neuem Halt und sucht Orientierung. Hier drängt sich sofort das gewaltige

Spektrum der alternativen Medien, Telegram-Kanäle und Subkulturen auf, die sich außerhalb des Mainstream tummeln. Wer dort breit recherchiert, wird in kürzester Zeit mit Parallelwelten konfrontiert, die von Echsenmenschen[2] bis Flacherde[3] jede erdenkliche geistige Ideologie bedienen. Ich nenne hier absichtlich solche Themen, die vom Mainstream als abstoßende und „verrückte“ Beispiele präsentiert werden, um die „Schlafschafe“ davon zu überzeugen, in der Herde zu bleiben. Dennoch werde ich später auch darauf genauer eingehen.

Als ich um 2002 anfing, mich im „Paralleluniversum“ umzuschauen, konnte ich anfänglich kaum grobe Widersprüche oder Diskrepanzen zwischen den alternativen Sichtweisen erkennen. Mir schien jeder Analyst dort auf das gleiche Mysterium zu schauen und seine Theorien zu postulieren. Alles wirkte frei, tolerant und respektvoll den anderen Facetten gegenüber. Der gemeinsame Gegner waren die Massenmedien, welche die Menschen geistig indoktrinierten – zumindest ihren Blick auf die Welt limitierten und zensierten. Das war meiner Wahrnehmung nach der damalige Konsens. Die Spaltung der alternativen Narrative war zu dieser Zeit Lichtjahre davon entfernt, zu dem Meinungsschlachtfeld zu werden, welches wir heute beobachten können.

Lassen Sie mich ein paar Beispiele geben, wie sich diese Polarisierung der „Truther-Bewegung“ von 9/11 bis heute entwickelt hat. Es soll bestimmte Prinzipien aufzeigen, wie mit der Taktik „Teile und Herrsche“ immer wieder eine kritische Masse verhindert wurde, sich gegen Manipulation und Unterdrückung effektiv zu wehren.

1.2 Das 9/11 Momentum

Für viele meiner heutigen Wegbegleiter (wie z.B. *Robert Stein*), sowie für mich selbst, war der 11. September 2001 der Moment des großen Erwa-

2 „Echsenmenschen“ meint die aus vielen Kulturen und Quellen stammende Behauptung, dass es eine reptiloide Rasse gibt, die versteckt vor den Menschen lebte oder noch immer lebt. Berühmtheit erlangte diesbezüglich die These von David Icke bspw. im Buch „Die Wahrheit wird dich freimachen“.

3 Die Vorstellung, dass die Erde flach sein könnte, wird beispielsweise in populären Dokumentationen wie „Level“ erklärt. Für viele Analysten ist die Flacherdentheorie nur die Vorstufe zur Simulationstheorie – die Annahme, dass Realität nur ein virtuelles Konstrukt ist.

chens. Das initiale Bauchgefühl, dass irgendetwas an der offiziellen Verschwörungstheorie nicht stimmen konnte, wurde zeitnah von konkreten Fakten gestützt. Diese Widersprüche türmten sich zu einem Berg aus Fragezeichen. Mit der „offiziellen Verschwörungstheorie" meine ich die damals bis heute vertretene These des Mainstream, dass angeblich ein gewisser *Osama Bin Laden,* gemeinsam mit seinen Schergen, sich eine meisterhafte Konspiration ersonnen hatte. Demnach koordinierte der nierenkranke CIA-Zögling[4] aus einer Höhle heraus, einen monumentalen Luftangriff mit Passagierflugzeugen, welcher die gesamte US-Luftverteidigung wie Amateure aussehen ließ.

Bildquelle: Brad Rickerby / Reuters / https://www.morgenpost.de/politik/article211886459/So-gedenkt-New-York-16-Jahre-danach-der-Opfer-von-9-11.html

Brennendes World-Trade-Center am 11. September 2001

Ich möchte es vermeiden, hier die Fakten aus den vielen Jahren der Recherche aufzurollen, die mich überzeugt haben, dass 9/11 die größte Operation unter falscher Flagge[5] der jüngeren Geschichte war. Viele brillante Bücher und Dokumentationen wurden dazu publiziert und wer bis heute seine Hausaufgaben zu dem Thema nicht erledigt hat, der wird langfristig kaum dieser Lektüre folgen können. Dennoch nenne ich

4 Osama Bin Laden kooperierte mit der CIA während der Besetzung Afghanistans durch die Russen und wurde nachweislich kurz vor 9/11 noch in einem amerikanischen Militärhospital behandelt.

5 Der Begriff „Operation unter falscher Flagge" (aus dem Englischen „False Flag Operation") ist ein Begriff aus der verdeckten Kriegsführung. Damit sind Angriffe gemeint, die eine Gruppe inszeniert, um eine Andere zu beschuldigen. Meistens werden solche Operationen angestiftet, um Angriffskriege zu rechtfertigen. (Siehe Sender Gleiwitz als Ausgangspunkt des 2. Wk.)

ein paar wegweisende Quellen am Ende des Kapitels, die mich zu dieser Wahrnehmung führten. Eventuell kann man ja etwas Lehrstoff nachholen.

Es geht in dem Buch auch nicht darum 9/11 aufzuarbeiten. Primär möchte ich die Aufspaltung aufzeigen, die sich über die folgenden Jahre im Kontext um die Frage, was am 11. September passiert war, entwickelte. Tatsächlich kamen in Deutschland die ersten populären alternativen Erklärungsmodelle aus den Massenmedien, wobei die beteiligten Journalisten wie ein *Gerhard Wisnewski*[6] wenig später ihre Anstellung und ihre Reputation im Mainstream einbüßten. In den Folgejahren hörte man immer wieder vereinzelte Thesen, zumeist im Fernsehen, die darüber spekulierten, ob die USA den Angriff eventuell geschehen ließen, um ein katalytisches Element in der Hand zu halten, welches ihnen erlauben würde, ihre geostrategische Position zu verbessern. Diese Sichtweise war gleichermaßen die Ausgangsposition vieler alternativer Analysten. Die sogenannte „LIHAP-These"[7] konkurrierte mit der ebenfalls prävalenten Annahme, dass die US-Regierung selbst für den Terror gesorgt hatte – also der „MIHAP-These"[8].

So kam es zu weiteren Aufspaltungen in der Frage, wer tatsächlich hinter den Machenschaften steckte. War es allein die US-Regierung unter *George W. Bush, Donald Rumsfeld* und *Dick Cheney?* Warum zeigte dann kein anderes Land effektiv mit dem Finger auf sie? Hatten sie alle Angst vor den mächtigen Amerikanern oder gab es eine größere Machtstruktur, die im Hintergrund die Fäden zog? Hier differenzierten sich langsam die Meinungen und Narrative.

Die Aufspaltung wurde in der Folge immer detaillierter – beispielsweise in Bezug um die Mittel der Sprengung der Türme. Ebenso zeigte die Analyse der Fernsehbilder Anomalien auf, was dazu führte, dass einigen Truthern klar wurde, dass während der Live-Übertragung massiv mit CGI

---

6 Gerhard Wisnewski produzierte „Aktenzeichen 11.9. ungelöst". WDR (2003); später schrieb er das Buch „Mythos 9/11" was als Standardwerk der Truther-Szene gilt.

7 Akronym von „let it happen"; zu Deutsch: „Lass es passieren"; die These geht davon aus, dass die US-Regierung vom Angriff wusste, aber nichts dagegen unternahm.

8 Akronym von „Make it happen"; zu Deutsch „Mache, das es passiert"; die These geht davon aus, dass die Regierung sich um den Terrorangriff selbst gekümmert hat.

(Computer generierten Bildern) gearbeitet wurde[9]. Die Existenz künstlicher Filmkompositionen veranlasste einige Analysten dazu, das Vorhandensein von physischen Flugzeugen, im Rahmen des Geschehens um 9/11, anzuzweifeln. So entstand die Fraktion der „No-Planer“[10].

Diese Spaltpilze durchzogen den gesamten Diskurs zur Aufklärung des 11. September wie Metastasen. Es vermuteten schon frühzeitig einige Analysten, dass die Spaltung mit fortwährend neuen Theorien gezielt durch Geheimdienste lanciert wurde. So beschuldigten sich die Truther gegenseitig, mit ihrer Naivität die seriöse Forschung zu untergraben. Üblicherweise war es immer die andere Fraktion, die auf die List des Systems hereingefallen war. So fragmentierte sich die Truther-Bewegung in viele kleine 9/11-Strömungen, die sich bis heute leidenschaftlich an Details festbeißen und hartnäckig auf ihre Sichtweise pochen.

Nach etwa 10 Jahren 9/11-Forschung musste ich einsehen, dass durch das „Teile-und-herrsche-Prinzip“ die Gegenbewegung so ineffektiv (gemacht) wurde, dass keine kritische Masse entstehen konnte, um zwingenden Druck aufzubauen. Eine Aufarbeitung war nicht mehr zu erwarten. Mittlerweile waren die Konsequenzen des 11. September 2001 ohnehin kriegerische Tatsachen im Nahen Osten, in Afghanistan, Libyen und an vielen weiteren Orten der Welt. An dieser Dynamik war nichts mehr zu ändern. Zudem wurde kurz nach 9/11 ein fataler Prozess initiiert, der nicht zu stoppen war und bis heute munter voranschreitet. Zum einen wurde der Ton zwischen NATO und Russland zunehmend feindseliger und zweitens wurden die Einschnitte in die Freiheitsrechte immer gravierender.

1.3 Die Mahnwachen-Bewegung

Während sich die Beziehungen des Westens zu Russland seit 2001 schleichend zersetzten, gab es um das Jahr 2014 herum Entwicklun-

9 Die Dokumentationen „September Clues“ und der Vortrag von Robert Stein „9/11 Megaritual“ dokumentieren die visuellen Anomalien, die auf computergenerierte Bilder hinweisen.

10 „No-Planer“ aus dem Englischen für „Kein Flugzeug(ler)“

gen, die einen dramatischen Abwärtstrend unterstrichen. Im Zentrum dieser Eskalation stand die Ukraine, die mit Hilfe westlicher Geheimdienste und NGOs[11] „reformiert" wurde. Da sich Russland zunächst passiv verhielt, war das Narrativ innerhalb der alternativen Medien beinahe homogen prorussisch. Jeder erkannte, dass die Provokationen eindeutig aus Richtung Westen kamen. Die NATO gab sich alle Mühe, um Russland in die Ecke zu drängen, ohne es zu offensichtlich wirken zu lassen. Dieser Prozess nahm seinen Anfang mit dem Raketenabwehrschild, eskalierte in der Ukraine und setzte sich in Syrien fort.

Bereits 2014 war mit der durch westliche Geheimdienste initiierten Maidan-Revolution in Kiew ein für alle Truther fühlbarer Schwellenwert überschritten. Jeder, der nicht der Propaganda in den Massenmedien folgte, konnte erkennen, dass hier mit dem Feuer gespielt wurde und eine Dynamik im Gange war, welche bei vielen Deutschen einige Verunsicherung auslöste. Das kollektive Gedächtnis des Volkes kannte offenbar genau die möglichen Konsequenzen, wenn man den russischen Bären zu lange mit dem Stock traktiert. Dieses Bewusstsein führte zur Mahnwachen-Bewegung[12], die sich primär am Brandenburger Tor formierte. Ich war ebenfalls in dieser Zeit in einem Ableger aktiv, der sich in Magdeburg organisiert hatte.

Schon damals gab es immer wieder Diskussionen in unserer kleinen Gruppe, die aus etwa zwanzig Aktivisten bestand, darüber, dass eine Eskalation zwischen Russland und dem Westen in vielen europäischen Prophezeiungen zu finden sei. Diese Warnung gab uns mehr Leidenschaft. Doch leider mussten wir erkennen, dass die Bewegung gezielt von Nationalisten unterwandert wurde.

---

11 NGOs sind Organisationen, also Gruppen und Lobbyverbände, denen es wichtig ist, ihre Arbeit unabhängig von staatlicher Förderung zu leisten. Nichtstaatliche Organisationen verfolgen keine direkten Gewinnziele, werden aber oftmals benutzt, um gesellschaftliche Veränderungen zu katalysieren.

12 Als Mahnwachen für den Frieden (auch Friedensbewegung 2.0, Friedensmahnwachen, Montagsdemonstrationen 2014 oder Montagsmahnwachen) werden Kundgebungen bezeichnet, die ab dem 17. März 2014 meist montags in Deutschland, Österreich und in Basel stattfanden. Mit dem Namen und Termin stellten die Veranstalter sich in die Tradition der Friedensbewegung und der Montagsdemonstrationen 1989/1990 in der DDR.

Da es seit den zahlreichen V-Mann-Skandalen[13] und später durch den NSU-Fall[14] im alternativen Sektor allgemein bekannt war, dass die rechte Szene von Geheimdiensten gelenkt wurde, war klar, dass das System hier gezielt gegensteuerte. Es spaltete die Bewegung geschickt, indem sie die Demonstrationen mit Nazis anreicherte und dann die „Antifa" aktivierte, um dort Stunk zu machen. Die Macht im Hintergrund wollte um jeden Preis die Eskalation zwischen NATO und Russland und zersetzte die Gegenwehr. Doch warum war dem System der Konflikt so wichtig?

Die Spaltung in der Phase um 2014 kam nicht direkt aus der eigenen Szene, sofern man die Nationalisten respektive die Neonazi-Bewegung aus der Truther-Bewegung ausklammern möchte. Wenn man es jedoch neutral betrachtet, so gehören die Revisionisten prinzipiell ebenfalls in die größere Schublade der Verschwörungstheoretiker, denn auch sie monieren geschichtliche Ungereimtheiten und postulieren ihre eigenen Thesen, wie die Welt außerhalb des Mainstream zu erklären sei. Keiner wollte sie haben, doch ignorieren konnte man sie auch nicht. Sie sind die Schmuddelkinder der alternativen Szene, die von Geheimdiensten gerne instrumentalisiert werden, um den skeptischen Freidenkern einen braunen Anstrich zu geben, bzw. der Kritik am System ein Nazi-Stigma zu verpassen, welches die Bewegung völlig unattraktiv für „Otto Normalbürger" macht. So konnte es zu keiner kritischen Masse innerhalb der Bevölkerung kommen, um die Beendigung der geopolitischen Eskalation mit Russland einzufordern.

Mit anzuschauen, wie die legitime und ehrliche Bemühung vieler Menschen medial mit der „Nazikeule" zerschlagen wurde, war eine bittere Erfahrung. Zu dieser Zeit kokettierte ich noch immer mit der Hoffnung, dass sich aus dem Volke eine kritische Masse erheben würde, um das System zu entlarven und zu entmachten. Das war leider eine naive Illusion und führte nur zur „Ent-Täuschung".

---

13 Im Rahmen des NPD-Verbotsverfahrens 2001–2003 wurde deutlich, dass die Partei und diverse radikale Ableger von Männern des Verfassungsschutzes gelenkt wurden.

14 Die Beteiligung internationaler Geheimdienste und des deutschen Verfassungsschutzes wurde im Laufe der Aufklärung immer deutlicher. Durch den plötzlichen Tod vieler Zeugen, inklusive der Hauptakteure, kam es nie zu einer befriedigenden Beweisführung.

Dennoch sprossen aus dieser Mahnwachen-Bewegung neue Impulse hervor. Aktivisten wie *Ken Jebsen*[15] oder der Journalist *Thomas Röper,*[16] der bis heute Russlands Stimme im Westen artikuliert, wurden durch diesen Prozess aktiviert oder wuchsen in ihrer Popularität. Ich dagegen wendete mich von der Szene weitestgehend ab und suchte nach eigenen Wegen, das System zu umgehen. Mein Ansatz zu flüchten war naiv, aber beherzt. So ging ich auf Reisen durch viele Länder, immer auf der Suche nach einem Ort der Freiheit. Dennoch blieb ich weiterhin ein aufmerksamer Beobachter der alternativen Medienszene. So verbrachte ich Jahre in einer Zwischenwelt und beobachtete nur, emotional weitestgehend entkoppelt vom kollektiven Geschehen. Doch dieser Ansatz hatte seine Grenzen.

1.4 Beginn der neuen Normalität

Schon vor dem Beginn des Jahres 2020 hatte ich erkannt, dass man dem System nicht entkommt. Es ist omnipräsent und hat seine Tentakeln in allen Ländern. Doch ab Anfang Januar antizipierte ich deutlich, dass es einen weiteren Gang hochschalten würde, um die Welt fundamental zu transformieren. Ich konnte nicht einmal wegschauen. In den Tiefen konspirativer Internetforen sammelten sich fortwährend anonyme Whistleblower[17], die behaupteten, über die geplante Entwicklung eingeweiht zu sein. Demnach wurden bereits im Januar 2020 solche Personen, die in hohen Positionen des Gesundheitswesens arbeiteten (z.B. britisches CDC), in ein homogenes Narrativ eingeschworen, wonach eine gefährliche Biowaffe aus einem BSL-4[18]-Labor in Wuhan entkommen sei. BSL-4

---

15 Ken Jebsen wurde ein Aktivist und wurde oft auf Mahnwachen als Redner geladen. Später wurde er zum Sprachrohr der Truther-Szene hochstilisiert, verfolgt und zensiert auf sozialen Medien. Heute betreibt er das Medienportal „Apolut" und ist mehr im Hintergrund.

16 Thomas Röper bezeichnet den „Maidan 2014" als seinen Erweckungs-Moment und schrieb fortan über die Geschehnisse im Konflikt NATO gegen Russland, mit der Ukraine als Stellvertreterkrieg. Heute gilt er im Mainstream als Russlands Stimme im Westen oder als „Kremltroll".

17 Als „Whistleblower" (engl. für „Pfeifenbläser") werden zumeist Geheimdienstmitarbeiter und Geheimnisträger aus Regierungspositionen bezeichnet, die ihre Schweigepflicht gebrochen haben und illegal Informationen an die Öffentlichkeit weitergegeben haben.

18 BSL-4 beschreibt die höchste Sicherheitsstufe in einem Labor beim Umgang mit biologischen Pathogenen. Die Abkürzung „BSL" steht für „biosafety level"; zu Deutsch: „biologische Sicherheitsstufe".

beschreibt die höchste Sicherheitsstufe in einem Labor beim Umgang mit biologischen Pathogenen. Die Abkürzung „BSL“ steht für „biosafety level“; zu Deutsch: „biologische Sicherheitsstufe“. Da sowohl die amerikanische wie auch die chinesische Regierung ihre Finger in dem Projekt hatten, war die Spekulation über die Umstände der Freisetzung von Interesse nationaler Sicherheit. Es wurde nicht diskutiert, wer Schuld an dem „Zwischenfall“ haben könnte. Diese Offiziellen, sofern man ihre Geschichten glaubte, wurden angewiesen, sich auf ein globale Pandemie vorzubereiten, welche es nötig machen würde, weitreichende „Lockdowns“ umzusetzen.

Die Masse der Whistleblower und die wiederkehrenden Muster ihrer Lageeinschätzung warnten mich daher Ende Januar 2020, dass bereits zu jenem Zeitpunkt Maßnahmen initialisiert wurden, die auch für mich am Rande Mexikos Konsequenzen haben würden. Zu diesem Zeitpunkt suchte ich als Surf-Nomade mein Seelenheil an den Stränden Baja Kaliforniens. Während die Massenmedien Anfang Februar noch immer beschwichtigten, verdichteten sich für mich die Hinweise, dass sich etwas Großes zusammenbraute. Erste Gedankenreflexe formierten sich in meinem Geist, dass ich dieses Szenario zuvor in einem umfassenderen Kontext gesehen hatte. Die Aussagen eines „Project Camelot“-Whistleblowers zur Agenda der „Angelsächsischen Mission“ drängten sich in mein Bewusstsein. Diese Quelle behauptete 2010, dass schon seit 2005 Pläne diskutiert wurden, eine Pandemie in China zu inszenieren, um die Welt in einen Ausnahmezustand zu versetzen. Auf diesen Whistleblower werde ich im späteren Verlauf noch detailliert eingehen.

Verblüffenderweise sollten die anonymen CDC-Whistleblower und der Insider von „Project Camelot“ Recht behalten, in dem Sinne, dass tatsächlich eine globale Ausnahmesituation installiert wurde. Zu jenem Zeitpunkt campte ich in meinem Wohnwagen bei Todos Santos und bereitete mich darauf vor, länger als geplant in Mexiko zu verweilen. Zum Glück hatte ich die Zeichen rechtzeitig erkannt. Als die mexikanischen Behörden damit begannen, die Surfer vom Strand zu verjagen, hatte der engere Kreis vorgesorgt, weil ich nicht müde wurde, permanent meine Lageeinschätzung zu argumentieren.

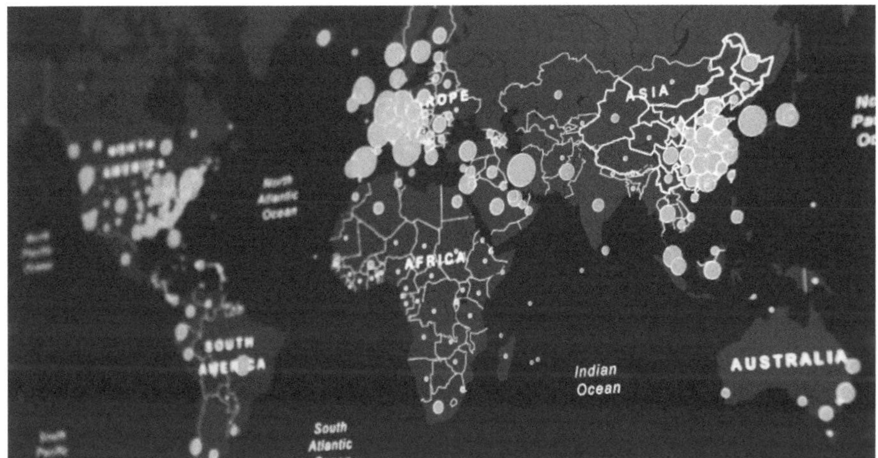

Bildquelle: Christian Köhlert

P(l)andemie ab 2020

Zu jener Zeit streckte die alternative Medienszene über einen alten Freund wieder ihre Fühler zu mir aus. So gab ich in der 7. Ausgabe des „NuoViso Homeoffice"[19] einen Bericht ab, wie sich die gegenwärtige Situation in Mexiko darstellte. In dem Kontext äußerte ich meine Gedanken, dass das, was immer hier global vor sich ging, ein gezielter Schritt in eine neue Weltordnung sei. Diesem Ansatz wurde auch die Bezeichnung „Neue Normalität" oder etwas später der „Great Reset" aufgeprägt.

Die bewusste Manipulation der Situation, die sich hinter Inkompetenz und Überforderung der Polit-Marionetten tarnte, wurde für eine wachsende Zahl von Menschen offenkundig. Diese Skepsis steigerte sich mit den Lockdowns und eskalierte mit der Impfung. Entsprechend formierten sich Menschen in Aktionen von zivilem Ungehorsam und so bildeten sich aus diesem Widerstand die „Querdenker" heraus. Jene Bewegung wirkte wie ein Schmelztiegel aus der alten Garde der Verschwörungstheoretiker und einer frischen Generation aus Truthern, die oft als „Neuaufgewachte" bezeichnet werden.

Diejenigen, die zum ersten Mal nicht mehr ignorieren konnten, dass die demokratischen Strukturen von einer diffusen Macht unterwandert

19 „Home Office" ist eine von Frank Höfer iniziierte und bei YouTube ausgestrahlte Talkrunde, die mit den Lockdowns begann. Schon früh wurden dort die Widersprüche des Mainstream diskutiert.

sind, sahen sich einem breiten Spektrum von Ausdeutungen der alternativen Szene konfrontiert. Dementsprechend variierten die Lösungsansätze von naiv bis radikal. Diese Entwicklung spaltete die wachsende Gemeinde der Truther-Bewegung in unterschiedliche Narrative. Die Schnittmenge dieser Gruppen bildete die gemeinsame Erkenntnis, dass Medien und Politik gesteuert sind. Der Diskussionsrahmen wird durch diese Institutionen limitiert und der Diskurs gelenkt. Die kritischen Stimmen wurden hingegen ausgegrenzt und dämonisiert. Doch wer die Macht hatte, diese Strukturen zu koordinieren und welche Agenda sich dahinter verbarg, darüber gab es keine Einigkeit.

Bis heute vermutet die Masse der alternativen Analysten die Strippenzieher zumeist im Dunstkreis des Weltwirtschaftsforums. Da das „WEF“ nicht nur bei der ominösen Übung „Event 201“[20] im August 2019 beteiligt war, welche als Generalprobe für die Corona-Inszenierung gilt, sondern auch kurz nach Beginn der Pandemie den „Great Reset“ als Lösung für diese und alle zukünftigen Krisen präsentierte, geriet diese Gruppierung in den primären Fokus.

1.5 Der „Great Reset“

Das „WEF“ hatten vor 2020 nur wenige Analysten der alternativen Szene auf dem Schirm. Wenn es um nichtdemokratische Strukturen ging, welche die Macht haben, Politiker zu installieren und Medien zu steuern, dann standen vor 2020 vornehmlich die „Bilderberger“, das „CFR“[21] und die „Trilaterale Kommission“ an der Spitze der Machtpyramide. Zumindest war das die allgemeine reduktionistische Wahrnehmung innerhalb der Szene.

Mit der Übung „Event 201“ als Generalprobe für die Pandemie, offenbarten sich die Organisationen, die eine Schlüsselrolle in der Corona-Zeit spielen sollten. Dazu gehörte nicht nur das WEF. Ebenfalls von der Par-

---

20 Das „Johns Hopkins Center for Health Security“ veranstaltete in Zusammenarbeit mit dem Weltwirtschaftsforum und der „Bill and Melinda Gates Foundation“ am 18. Oktober 2019 in New York, Event 201, eine Pandemie-Übung auf hohem Niveau.

21 Council on Foreign Relations

tie waren, die „Bill und Melinda Gates Stiftung", die „Weltgesundheits-Organisation" (WHO), das „Johns Hopkins Institute", die Geheimdienste wie die CIA, Facebook und Alphabet, wozu Google und YouTube gehören. Es gab viele weitere Unterstützer und die alte Spitze der monumentalen Organisationen, wie die Bilderberger, blieb nicht untätig, den Plan zu propagieren. Diese Krisenstrategie wurde allgemeinhin als „Great Reset" kommuniziert.

Als Galionsfigur des WEF wurde *Klaus Schwab* zum Zentrum vieler alternativer Theorien. Seine Persona verkörperte den perfekten Bösewicht-Archetyp, den die meisten Analysten nicht grundlos mit bekannten Antagonisten aus Bond-Filmen assoziierten. Auch andere Schlüsselfiguren im Umkreis des Forums wie *George Soros* und *Bill Gates* fielen exakt in diese Schublade. Daher ist es nicht verwunderlich, warum sich bis heute viele Ausdeutungen bezüglich der verborgenen Hintergründe um das WEF drehen.

Bildquelle: Artist unkown / https://unlimitedhangout.com/2021/02/investigative-reports/schwab-family-values/

Klaus Schwab Meme im Internet

Während heute die Majorität der Analysten im „World Economic Forum" das Epizentrum des Bösen sehen, welche die Welt vollständig unter ihrer Kontrolle bringen will, gab es auch ein paar wenige differenzierte Positionen innerhalb der Truther-Bewegung. Explizit die ökonomisch betuchtere Fraktion mit Affinität zu Zahlenspielen verstand, dass eine nahezu exponentiell wachsende Weltbevölkerung die globale Gesellschaft zwangsläufig vor unangenehme Herausforderungen stellen wird. Dementsprechend wäre ein unkontrollierbarer Kollaps unausweichlich, wenn niemand den ausufernden Konsum der westlichen Welt limitieren würde. Immerhin bewegten wir uns auf 8 Milliarden Menschen zu und die Zeit zur nächsten Milliarde wurde immer kürzer. Würde ein expandierender Anteil einen Lebensstil frönen wie die westliche Welt, dann hätte das fatale Implikationen. Damit würde nicht nur der Verbrauch von seltenen Rohstoffen zwangsläufig in einem kritischen Bereich münden. Gleichermaßen würde der Ausstoß von Müll, Umweltgiften und die Trinkwasserverschmutzung bedrohliche Dimensionen annehmen.

Den Eliten musste demnach bewusst sein, dass all ihr Geld und ihre physischen Besitztümer wertlos werden, wenn ein unkontrollierter Kampf um die letzten Ressourcen ausbrechen würde. Dementsprechend gab es eine kleine, aber elitäre Fraktion aus kritischen Beobachtern, die den „Great Reset" als notwendiges Übel verstand, um den Kurs der Weltgemeinschaft zu korrigieren, bevor wir kollektiv die metaphorische Klippe herunterstürzen würden. Mit dieser Sichtweise konnten nicht nur viele Aspekte der WEF-Agenda erklärt, sondern ansatzweise moralisch argumentiert werden. Um einem unkontrollierbaren Krieg um die letzten Ressourcen vorzubeugen, war es unter Umständen gerechtfertigt, das Bevölkerungswachstum einzudämmen. Bereits jetzt sehen wir Konflikte um sauberes Trinkwasser in manchen Regionen der Welt. Auf einer globalen Ebene könnte ein solcher Mangel den totalen Zusammenbruch der Weltgemeinschaft entfesseln. Daraus ließe sich ein greifbares Kalkül für inszenierte Pandemien und fingierte Impfkampagnen ableiten.

Die Diskussion um eine vermeintlich noble oder zumindest notwendige Intension hinter dem „Great Reset", hielt sich weitestgehend in Grenzen. Diese Sichtweise blieb zumeist eine private Angelegenheit betuchter Skeptiker des Mainstream, denn niemand spielt gerne „Devil's Advocate"[22] vor einer höchst agitierten Gemeinde aus Hobby-Revoluzzern. Das Hauptargument, dass ein weiteres Bevölkerungswachstum mit den gegenwärtigen Parametern zu katastrophalen Konsequenzen führen würde, wurde ohnehin von der Masse der Alternativen damit abgebü-

22 Auf Deutsch übersetzt: „Des Teufels Anwalt"; meint, für die Gegenseite zu argumentieren.

gelt, dass das Schreckgespenst „Überbevölkerung“ ein implementierter Mythos der Eliten sei und dass alle möglichen Herausforderungen einer wachsenden Erdgemeinschaft mit „unterdrückten“ Technologien, basierend auf der „Null-Punkt-Energie“[23], zu bewältigen wären. Die Eliten müssten nur ihre Hände von bestimmten Patenten nehmen und schon sollten selbst 20 Milliarden Menschen kein Problem mehr für den Planeten darstellen. So ungefähr lauteten die Gegenstimmen aus der alternativen Ecke.

Grundsätzlich gab es im Kontext „Herausforderungen einer wachsenden Erdbevölkerung“ in Bezug auf den „Great Reset“ keine nennenswerte Diskussion in den alternativen Medien. Hier bediente man sich lieber dem Bild des Bond-Bösewichts Schwab gegen das Gute und Gerechte. Dennoch sollten wir allgemein diese Sichtweise des „notwendigen Übels“ nicht außer acht lassen, da dieses Narrativ eine Erklärung liefert, warum viele aufgeweckte und reiche Menschen, die nicht unbedingt zur oberen Liga von *Bill Gates* und Co. gehören, aber auch nicht den Massenmedien vertrauen, keine Gegenwehr zum „Great Reset“ zeigen. Sie vermuten mitunter eine Notwendigkeit, mit der es sich zu arrangieren gilt. So spaltet sich ein kleiner, aber finanziell potenter, Anteil der Truther ab.

Obwohl ich es für wichtig erachte, die Diskussion um die moralische Rechtfertigung zu erwähnen, so war diese Front nur ein unwesentlicher Nebenschauplatz. Die Polarisierung der alternativen Medien vollzieht sich bis heute primär an der Frage, wie weit der Einfluss des WEF tatsächlich reicht, was ihre inoffizielle Agenda ist und welche Einflussgrößen bzw. Mächte noch über der Organisation stehen. Es herrscht durchaus Einigkeit darüber, dass Kakerlaken keine akzeptable Proteinquelle sind. Auch die ganze „Transhumanistische Agenda“[24] hinter dem „Great Reset“ wird kritisch betrachtet, da sie uns der Menschlichkeit beraubt. Doch bezüglich vieler fundamentaler Aspekte im Kontext des WEF ist

23 Sammelbegriff in den alternativen Medien, welcher technologische Verfahren beschreibt, wonach nahezu unbegrenzte Energieressourcen im Quantenfeld angezapft werden können.

24 Verschmelzung von Mensch und Maschine, wobei die Maschinen und ihre künstliche Intelligenz den Menschen nahezu obsolet machen. Besonders skeptisch werden dabei die Fantasien des transhumanistischen Vordenkers des WEF, Yuval Noah Harari, gesehen, der beispielsweise den menschlichen Geist in ein virtuelles Konstrukt einbetten möchte, wobei der Körper überflüssig wird.

die Spaltung unter den Truthern allgegenwärtig. Ein äußerst emotional belasteter Diskurs dreht sich dabei um die Frage, ob Russland und China echte Gegenspieler des Forums sind, oder, ob sie nur als willfährige Katalysatoren dienen, die helfen sollen, die „Eine-Welt-Regierung“[25] zu installieren.

Zusammenfassend behaupte ich, dass das Sezieren des WEF eine Hauptströmung in den alternativen Medien bildet, die bei genauerer Betrachtung, in viele SubNarrative zerfällt. Grundsätzlich besteht die fundamentale Annahme darin, dass ein allumfassendes Verständnis über die wahren Absichten dieser Organisation uns zahlreiche Anomalien und Krisen auf der globalen Bühne erklären kann. Daher gibt es kaum einen Analysten im alternativen Spektrum, der nicht irgendwann beim „Great Reset“ gelandet ist. Man kommt zwangsläufig zum Weltwirtschaftsforum, wenn man sich bemüht, zu verstehen, welche Mechanismen zum Einsatz einer völlig widersinnigen Gentherapie[26] geführt haben. Diese geplante Maßnahme hat, gesundheitlich betrachtet, schon jetzt mehr Schaden[27] verursacht, als die vermeintliche Pandemie, die sie bekämpfen sollte.

1.6 Die QAnon-Bewegung

Die QAnon-Bewegung muss als Paradebeispiel für die Fragmentierung und Polarisierung der alternativen Strömungen unbedingt erwähnt werden. Dieses Narrativ ist für einen signifikanten Teil der Truther-Gemeinde ein nahezu religiös gefeierter Glaube an eine positive Macht, wogegen es für die Anderen nur die geschickteste „PsyOp“[28] ist, mit der Geheimdienste je die Gegenbewegungen zu spalten versuchten.

---

25 Gemeint ist eine Weltordnung, die von einer zentralen Superregierung gesteuert wird und Nationalstaaten obsolet macht. Auch bekannt als „New World Order“.

26 Die mRNA-Impfungen werden in der Truther-Szene oftmals als Gentherapie bezeichnet, weil sie der alten Definition von „Impfung“ nicht mehr entsprechen und dieser Begriff besser passt.

27 Anspielung auf die statistisch evidente globale Übersterblichkeit, die seit 2021 fortschreitet und in den alternativen Medien mit den Massenimpfungen korreliert wird. Die Kausalität zwischen Impfkampagne und Übersterblichkeit wurde bisher nicht offiziell anerkannt.

28 „PsyOp“ ist ein Ausdruck aus der psychologischen Kriegsführung (englisch: Psychological Operation). Sie bezeichnet im Militärwesen und in der Kriegsführung alle Methoden und Maßnahmen zur Beeinflussung des Verhaltens und der Einstellungen von gegnerischen Streitkräften sowie Zivilbevölkerung im Rahmen oder im Vorfeld militärischer Operationen.

Grob zusammengefasst, entstand diese Bewegung aus anonymen Nachrichten, die in Internetforen wie „4-Chan“ kommuniziert wurden und von einer Gruppe stammen soll, die den internationalen Sumpf aus düsteren Kabalen und Machtmenschen austrocknen möchte. Dieses Netzwerk aus Patrioten innerhalb verschiedener militärischer und politischer Institutionen versteht sich als „White Hats“[29]. Sie sind praktisch Agenten mit gutmütigen und humanistischen Idealen, eingebettet in Organisationen, die allgemein hin als Werkzeuge des Systems gelten. Ihre Reichweite erstreckt sich über alle Dreibuchstaben-Organisationen[30] und anderer internationaler Geheimdienste.

https://images.squarespace-cdn.com/ontent/5fbe71fef9866f3fd2c514af/1624462312875-WZZYHA8FKW62L2B39DG4/PCF-NK7.jpg?format=1500w&content-type=image%2Fjpeg

„Q“-Anhänger während Trumps Kundgebung

In diesem Narrativ wird die Rolle von *Donald Trump* als zentrale Figur im Kampf zur Austrocknung des Sumpfes hochgehalten. Sein Einsatz soll sich demnach weit über seine Präsidentschaft hinaus erstrecken. Die Analysten und Meinungsführer innerhalb dieser QAnon-Bewegung sind so bunt und teilweise widersprüchlich, dass man ein ganzes Buch über die Auswüchse dieser Abspaltung schreiben könnte. Genau wie bei religiösen Narrativen handelt es sich um eine schmackhafte Mischung. Das Q-Narrativ basiert dabei auf bekannten Fakten im Kontext

29 „White hats“ aus dem Englischen für „weiße Hüte“; Der Begriff entspringt der Mythologie von Zauberern und Magikern, die ihrer Kunst für altroistische oder egoistische Zwecke gebrauchen und sich durch die Farbe ihrer Kleidung (bzw. Hüte) differenzieren.

30 Nachrichtendienste, die sich oft mit drei Buchstaben auszeichnen wie NSA oder CIA etc.

der internationalen Verschwörung, welche mit gezielt untergerührten Fiktionen angerichtet werden. Damit wird der Glaube an eine sichere Errettung und Aufdeckung aller Lügen fest verankert. Diese Denkweise ist ebenfalls elementarer Bestandteil der meisten religiösen Kontrollmechanismen, dass, egal wie furchtbar es kommen mag, am Ende Jesus und das Himmelreich auf den Gläubigen warten.

Einen echten Anhänger dieses Q-Narrativs wird man genauso wenig von seinen Überzeugungen abbringen, wie einen Baptisten, einen fundamentalen Moslem oder einen Zeugen Jehovas, egal wie umfassend sich die Ungereimtheiten und Widersprüche auch türmen mögen. Das Gefährliche an diesem Narrativ ist nicht einmal die Nähe zu nationalistischen und konservativen Kreisen, sondern der Glaube, dass die Schlacht gegen den „bösen Tiefen Staat" bereits gewonnen sei. Genau so, wie professionelle Schachspieler viele Züge vor dem Ende erkennen können, dass ihre Niederlage unausweichlich ist, so behauptet die Bewegung, dass ihr Gegner ebenso wisse, dass er de facto schon „schachmatt" sei. Man könne sich also zurücklehnen, Popcorn essen und die Show genießen. Damit wird Passivität und blindes Vertrauen propagiert.

Der Grund, warum immer weitere Krisen von den Kabalen inszeniert werden, obwohl Trump und seine Truppen mit den weißen Mützen bereits als klarer Sieger gelten, hat dem Q-Narrativ zufolge damit zu tun, dass erst genug Menschen aufwachen müssten. Demnach lassen die „guten Jungs" den „bösen Tiefen Staat" noch etwas zappeln und gewähren ihm zudem ein paar Züge auf dem „5dimensionalen Schachbrett" bis das letzte Schlafschaf merkt, dass es von einer verdorbenen Kabale betrogen wird. Erst wenn der Volkszorn und das allgemeine Erwachen einen kritischen Schwellenwert erreicht haben, werden große Verhaftungswellen erfolgen und ein internationales Tribunal die Bösewichter verurteilen. Am Ende wird Frieden und Freiheit herrschen, so wie es sich alle wünschen. Der Glaube an eine bessere Welt am Ausgang eines Tals der Tränen ist omnipräsent innerhalb der Q-Bewegung. Man muss nur etwas Geduld haben und die Beine stillhalten – so lautet der generelle Leitfaden.

Ich möchte an dieser Stelle nicht tiefer in dieses Narrativ einsteigen. Die Bewegung muss nur grob erfasst werden, weil sie dafür gesorgt hat, dass die Interpretationslandschaft der alternativen Medien sich extrem zerklüftet hat. Dementsprechend multipliziert sich das Wahrnehmungsspektrum, wie neue signifikante Ereignisse auf der Weltbühne ausgedeutet werden. Den Meinungsführern unter den Analysten der Q-Bewegung gelingt es dabei, selbst die fortlaufenden Eskalationen und Krisen in ein positives Licht zu rücken. Sie argumentieren, dass solche Ereignisse nur „erlaubt“ werden, um das Erwachen der schlafenden Massen zu fördern. Die psychologische Vernebelung erfolgt bei der Q-Bewegung durch die Droge „Hoffnung“. Im Englischen spricht man dabei auch von „Hopium“[31]. Leider ist die Truther-Szene durchsetzt von Abhängigen dieser immateriellen Substanz, die bereit sind, die absurdesten Geschichten zu schlucken, solange sich ein hoffnungsvolles Szenario daraus ableiten lässt. Dazu gehört es, den Mythos von einem „Erretter“ aufrechtzuerhalten. Dabei befreit Hopium die Menschen von der Eigenverantwortung, selbst in die Initiative zu gehen und das ist das Perfide an dieser Art von PsyOp. Sie erinnert mich an die Grundzüge der Operation „Trest“ kurz nach der russischen Oktober-Revolution[32].

Zusammenfassend möchte ich dazu anmerken, dass es dem System darum geht, diejenigen, die aus der Mainstream-Bewusstseinskontrolle ausgebrochen sind, in Lethargie zu halten. Das gelingt der herrschenden Macht am besten, wenn man die Gegenbewegung entweder in absolute Resignation drückt oder ihnen ein Hoffnungsszenario präsentiert, auf Basis dessen sie im vollen Vertrauen an eine höhere Instanz, in Passivität verharren. Beide Prinzipien sind offenbar nur unterschiedliche Seiten der gleichen Medaille. Als Analogie könnte man behaupten, dass man einen Menschen solange gefangen hält, wie man ihn überzeugen kann, dass eine Flucht vollkommen zwecklos wäre,

---

31 „Hopium“ ist ein künstliches Wortkonstrukt, welches sich aus „Hope“ (englisch für „Hoffnung“) und „Opium“ zusammensetzt. Mit dieser Analogie wird gemeint, dass die Hoffnung - wie die Droge Opium süchtig macht und der abhängige Konsument dazu tendiert, auch minderwertiges Material zu akzeptieren, wenn er mehr davon braucht.

32 Die „Operation Vertrauen“ (russisch: операция „Трест“, tr. Operatsiya „Trest“) war eine Spionageabwehroperation der Geheimpolizei (GPU) der Sowjetunion. Die Operation, die vom Vorgänger der GPU, der Tscheka, ins Leben gerufen wurde, lief von 1921 bis 1926 und gründete eine falsche antibolschewistische Widerstandsorganisation, die „Monarchistische Union Zentralrusslands“, MUCR, um der GPU zu helfen, echte Monarchisten und Antibolschewisten zu identifizieren. Die gegründete Tarnfirma trug den Namen „Moskauer Kommunaler Kreditverband“.

oder man ihm glaubhaft vermittelt, dass seine Befreiung unmittelbar bevorstehen würde. So simpel kann es sein. Leider sind viele Truther in der einen oder anderen Polarität gebunden oder sie schwingen zwischen den Extremen hin und her.

1.7 Echsenmenschen und Flacherde

Die alternative Szene ist durchsetzt von verschiedenen mehr oder weniger abstrakten Glaubenskonstrukten, die intern zu massiven Spaltungen führen. Darunter zähle ich jene Substrukturen der Truther-Gemeinde, die sich mit Außerirdischer Präsenz, Tartaria, dem Konzept einer flachen Erde oder die Unterwanderung durch reptiloide Rassen beschäftigen, um nur einige prominente Beispiele zu nennen, die von den Massenmedien gerne aufgegriffen werden, um die alternativen Medien zu diskreditieren. Ich verzichte an dieser Stelle darauf, einzeln auf die Themen einzugehen, jedoch möchte ich drei Hauptparadigmen herausarbeiten, die ich für relevant halte, um die Polarisierung der Szene zu verdeutlichen.

Offizielle Werbetafel am Denver Flughafen. Der Flughafen reagiert auf die Gerüchte, dass es eine Verschwörung um die Untergrundanlagen geben soll mit der Abbildung eines „Echsenmenschen".

Zunächst wäre da das eher konservative Milieu aus materialistischen Analytikern, die mitunter auch großartige Journalisten im Mainstream wären oder sogar daraus hervorgegangen sind. Nur tendieren diese Leute dazu, sich innerhalb des Pools aus objektivierbaren Daten viel freizügiger zu bedienen, als ihre Kollegen aus den Massenmedien. Diese Fraktion würde ich als die „vernünftigen“ Realisten bezeichnen. Sie machen keine Aussagen, die sie nicht auch zu 100% belegen können und halten sich weitestgehend von „Spinner-Themen“ fern. Sie würden nie über außerirdische Einflussnahme fabulieren oder esoterische Konzepte in Betracht ziehen. In ihrer Welt geht es nur um die Frage „Cui bono“[33] – um Macht und Geld. Die Verschwörungen dieser Welt sind für sie ausschließlich Konsequenzen vielschichtiger Ränkespiele einer pervertierten Elite, die den Bezug zur Menschlichkeit verloren hat. Einige Vertreter dieser Truther-Fraktion erkennt man an ihrem ausgeprägten schwarzen Humor und Zynismus, was ein Kompensationsmechanismus zu sein scheint, mit dem sie die psychischen Implikationen ihrer Erkenntnisse ertragen. Vom grundsätzlichen Realitätsverständnis sind sie fest in einem „Cartesianischen Weltbild“[34] verankert, welches auf der „Newtonschen Physik“[35] basiert. Alles besteht aus großen und kleinen Kugeln, die sich anziehen, abstoßen, umeinander kreisen, dabei aber fest determinierten Wechselwirkungen unterliegen und letztendlich einen chaotischen Tanz aufführen, der keiner höheren Ordnung unterliegt.

Mit meiner Phönix-Hypothese werde ich weitestgehend auf dieser Ebene bleiben, bis auf vereinzelte Ausreißer. Ich wähle bewusst diese Perspektive, weil sie unsere tägliche Erfahrungswelt hinreichend exakt abbildet und die Argumentation vereinfacht. Damit bleibt die These kompatibel mit einer breiten Zuhörerschaft. Dennoch werde ich an einigen Stellen, speziell am Ende des Buches und dieses Abschnitts eine erweiterte Hypothese anreißen, welche alle signifikanten Phänomene in ein vereinheitlichtes Modell spannt.

Wenn wir die konservative Sichtweise der „vernünftigen“ Realisten mit ihrem newtonschen und heliozentrischen Weltbild als primäre These sehen, dann stellen die Anhänger der Flacherden-Theorie die Antithese

---

33 Die Frage Cui bono? /ˈkuːi ˈbɔnoː/ (lateinisch „für Wem zum Vorteil?“)

34 Als Prinzipien des Cartesianismus im weitesten Sinn gelten Selbstgewissheit des Ichbewusstseins (siehe „Cogito ergo sum“), Klarheit und Deutlichkeit als Kriterium der Wahrheit, Materie als Raumerfüllung, Dualismus, Korpuskulartheorie, methodischer Zweifel, Rationalismus und die Wertschätzung der Mathematik.

35 Die newtonsche Mechanik ist das Teilgebiet der Physik, das die Bewegung von festen, flüssigen oder gasförmigen Körpern unter dem Einfluss von Kräften beschreibt. Typische Anwendungsgebiete der klassischen Mechanik sind Himmelsmechanik, Technische Mechanik, Hydrodynamik, Aerodynamik, Statik und Biomechanik.

dazu. Auch sie differenzieren sich in verschiedene Subgruppen, die den „Planeten" für mehr oder weniger konkav halten, aber von einer Ebene ausgehen, die unter einer Kuppel liegt. Wer sich mit ihren Publikationen beschäftigt, der wird feststellen, dass ihre Realität auf komplexen Anomalien und Modellen beruht[36]. Zudem wird diese Gruppe immer wieder durch stümperhaft inszenierte Liveübertragungen der ISS darin bestätigt, dass der Weltraum eine Suggestion sei[37]. Weitestgehend wird die Theorie der flachen Erde mit einem Sammelsurium anderer Themen verknüpft, die ich unmöglich zusammenfassen kann, ohne hier den Faden zu verlieren. Anhänger dieser Perspektive möchte ich ermuntern, jene Aspekte meine Ausführungen, die auf NASA-Quellen beruhen, rein hypothetisch zu betrachten. Die Phönix-Hypothese lässt sich durchaus in ein solches Modell der flachen Erde integrieren – de facto funktioniert meine Hauptthese unabhängig von der Form des Planeten.

Bildquelle: https://en.wikipedia.org/wiki/Allegory_of_the_cave#/media/File:Platon_Cave_Sanraedam_1604.jpg

Platos Höhlengleichnis

36 Siehe populäre Dokumentationsreihe „Level".

37 Es existieren zahlreiche Videos, die auf Bildmanipulation durch NASA und ESA hinweisen, was nicht automatisch bedeutet, dass es keinen Weltraum gibt oder die ISS nicht existiert; Beispiel: https://www.bitchute.com/video/Sc3YOHQ84MrS/

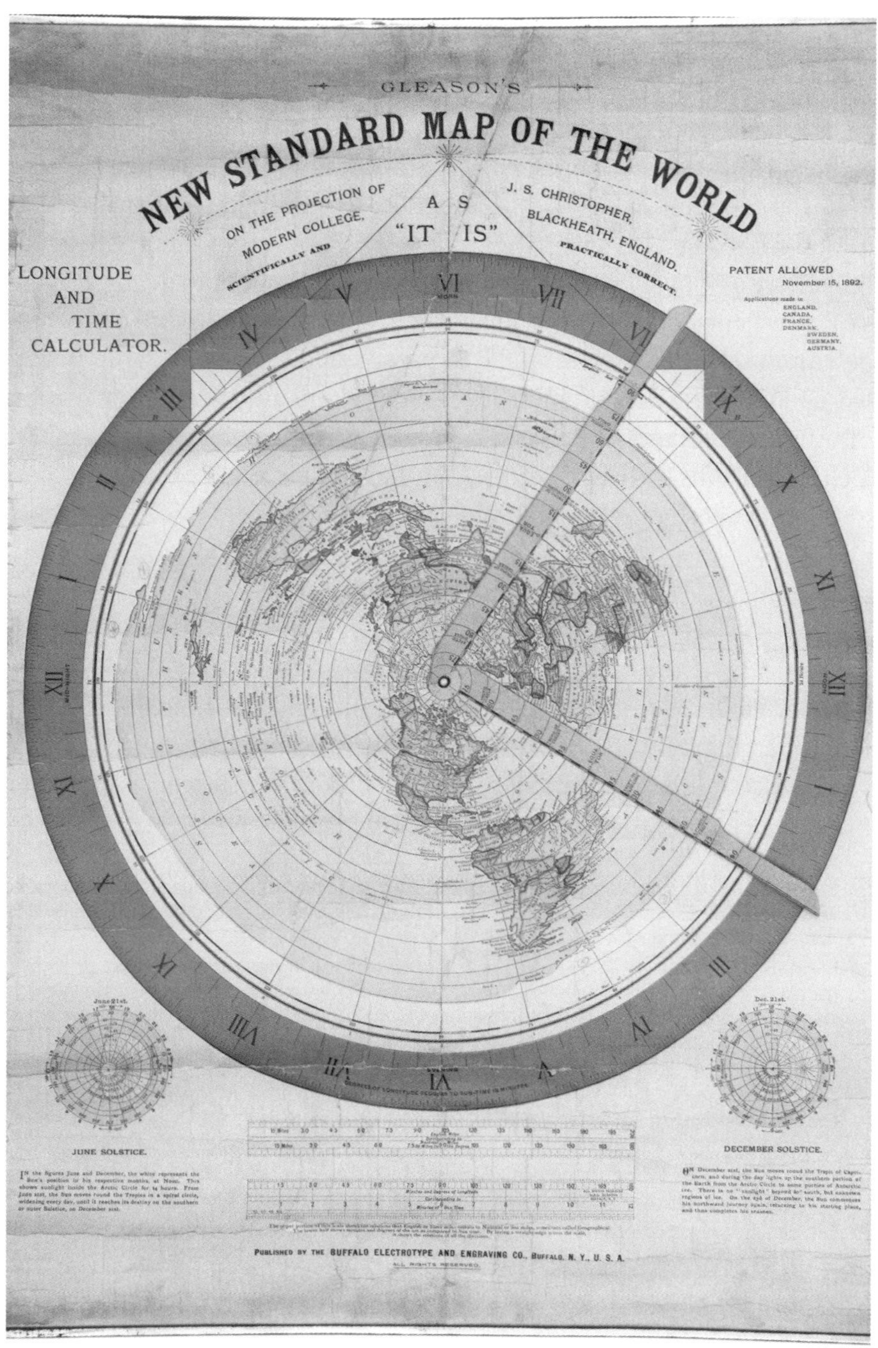

Bildquelle: https://bostonraremaps.com/inventory/alexander-gleason-flat-earth-1892/

Weltkarte

Kommen wir zur dritten Hauptströmung, die zwar noch klein ist, aber immer weiter an Raum gewinnt. Diese Subgruppe der fundamentalen Weltanschauungen könnte man, im Sinne der „hegelschen Dialektik“[38], als Synthese der ersten zwei konträren Paradigmen begreifen. Aus These und Antithese synthetisiert sich die Renaissance einer der ältesten Philosophien überhaupt. Dieses Modell ist antik und existierte bereits in den frühesten Aufzeichnungen der dokumentierten Menschheitsgeschichte. So finden wir das Konzept der „Maya“[39] schon in den indischen Veden, welches die weltliche Realität als ein holographisches Konstrukt beschreibt oder eine „kosmische Täuschung“. Diese Vorstellung finden wir ebenfalls bei den Ureinwohnern Australiens und ihrem Modell von „Traumzeit“[40]. Plato formulierte mit seinem Höhlengleichnis einen vergleichbaren Ansatz, wenn man seinen Idealismus als Analogie zum ersten Gesetz der hermetischen Philosophie begreift:

„Materie ist geistiger Natur und Realität ein mentales Konstrukt.“

In der Postmoderne erlebte dieses Weltbild eine Wiedergeburt durch Filme der Popkultur[41] und inspirierte die Wissenschaft, was sich beispielsweise in der Simulationshypothese von *Nick Bostrom*[42] bemerkbar machte. Bekannte Anomalien, wie das EPR-Paradoxon[43] und das Phäno-

38 Benannt nach Georg Wilhelm Friedrich Hegel (* 27. August 1770 in Stuttgart; † 14. November 1831 in Berlin). Er war ein deutscher Philosoph, der als wichtigster und letzter Vertreter des deutschen Idealismus gilt.

39 Maya (Sanskrit माया māyā „Illusion, Zauberei“) ist ein Begriff der indischen Philosophie. Sie gilt als unergründliche Schöpferkraft des absoluten Brahman. Da sie die Erscheinungswelt insgesamt verkörpert, vereint das Konzept der Maya alle Dualitäten in sich und umfasst das positive Wissen (vidya) ebenso wie die negative Unwissenheit (avidya) des Menschen. In den Ausführungen Shankaras wird der Begriff im negativen Sinn verwendet, um eine universelle Täuschung und eine Macht der Verblendung auszudrücken.

40 Die Bezeichnung Traumzeit (engl. Dreamtime oder Dreaming) ist in der Mythologie aller australischen Aborigines als Konzept ihrer ethnischen Religionen bekannt.

41 Das grundlegende Konzept einer virtuellen Realität wurde durch die „Matrix“- Quadrologie der Wachowski-Geschwister in der Popkultur verankert, aber auch durch „Dark City“ und „Inception“.

42 Die Simulationshypothese des Philosophen Nick Bostrom ist die Konsequenz einer Annahme in einem Denkmodell. Ursprünge der Simulationshypothese finden sich in den Interpretationen der Quantenmechanik und Überlegungen zahlreicher Physiker und Informatiker, darunter Carl Friedrich von Weizsäcker, John Archibald Wheeler, Stephen Wolfram, Jürgen Schmidhuber und Gerard't Hooft.

43 Das Einstein-Podolsky-Rosen-Paradoxon, auch EPR-Paradoxon, oder EPR-Effekt, ist ein im 20. Jahrhundert intensiv diskutiertes quantenmechanisches Phänomen. Mehr Informationen im Appendix.

men des Welle-Teilchen-Dualismus[44] untermauerten Bostroms Arbeit und selbst die vertrauten Planck-Einheiten[45] suggerieren, dass Realität „gepixelt“, quantisiert und damit berechenbar ist. Die Evolution von raumzeitübergreifenden Quantencomputern und die exponentielle Entwicklung hochimmersiver Simulationen, lässt die Annahme, dass wir bereits in einer Form von Simulacrum[46] leben, mehr als plausibel erscheinen.

Mit diesem Modell lassen sich all die Paradoxien und Anomalien in der kollektiven Realität vereinheitlicht argumentieren. Von Reinkarnation bis Bigfoot kann man alle paradoxen Phänomene in ein kohärentes Bild fassen. Demnach ist auch die Flacherden-Theorie nur ein insignifikanter Zwischenschritt zur Erkenntnis, dass die Erde weder plan noch rund ist, sondern nur ein virtuelles Konstrukt, welches spezifisch gerendert[47] in das Wahrnehmungsfeld der Partizipanten projiziert wird. Individuelle Glaubenssätze bestimmen dabei subtil die Darstellung des einzelnen Beobachters.

Der kosmische Witz an dem Modell ist die Tatsache, dass die transhumanistischen Vordenker des Weltwirtschaftsforums, intensiv daran arbeiten, den menschlichen Geist in ein künstliches auf Quantencomputern basierendes Neuronalfeld zu transferieren. Sie werben mit virtueller Unsterblichkeit und der Aussicht, ein Schöpfergott in seinem eigenen holographischen Konstrukt zu werden, welches von der „Realität“ nicht zu unterscheiden sei. Der Körper wird dadurch überflüssig und wird nicht mehr gebraucht. Dieser produziert angeblich sowieso zu viel CO^2. Wenn

44 Der Welle-Teilchen-Dualismus ist eine Erkenntnis der Quantenphysik, wonach den Objekten der Quantenphysik gleichermaßen die Eigenschaften von klassischen Wellen wie die von klassischen Teilchen zugeschrieben werden müssen. Klassische Wellen breiten sich im Raum aus. Sie schwächen oder verstärken sich durch Überlagerung und können gleichzeitig an verschiedenen Stellen präsent sein und dabei auch verschieden stark einwirken. Ein klassisches Teilchen kann zu einem Zeitpunkt nur an einem bestimmten Ort anwesend sein. Beide Eigenschaften scheinen sich gegenseitig auszuschließen. Trotzdem wurde in mehreren Schlüsselexperimenten für verschiedene Quantenobjekte belegt, dass beide Eigenschaften vorliegen, so dass man jedem Körper eine Materiewelle zuschreibt. Mehr Informationen im Appendix.

45 Benannt nach dem Physiker Max Planck. Die Bedeutung der Planck-Einheiten liegt zum einen darin, dass die Planck-Einheiten minimale Grenzen (z. B. für Länge und Zeit) markieren, bis zu denen wir Ursache und Wirkung unterscheiden können.

46 Der lateinische Ausdruck simulacrum leitet sich über simulo („Bild, Abbild, Spiegelbild, Traumbild, Götzenbild, Trugbild“) von simul („ähnlich, gleich“) ab.

47 Individuelle Darstellung basiert auf individuellen Glaubenskonstrukten.

man sich jedoch die wissenschaftlichen Fakten anschaut, dann deutet alles darauf hin, dass wir bereits jetzt in einem solchen analogen Simulacrum gefangen sind. Würden wir uns auf diesen faustischen Deal einlassen, dann fallen wir, gemäß der erweiterten Simulationstheorie, eine Stufe tiefer in ein virtuelles Gefängnis. Da müsste man sich glatt fragen, wie viele Traum-im-Traum-Ebenen wir schon heruntergefallen sind und wie man hier wieder herauskommt.

Bildquelle: https://upload.wikimedia.org/wikipedia/commons/8/87/Flammarion.jpg

Simulation oder Kuppel? Was will uns dieser klassische Holzschnitt sagen?

Soweit zu den abstrakten Ideologien und Philosophien der alternativen Szene. Man kann sich nicht darüber beschweren, hier nicht etwas geboten zu bekommen. Jedoch sollte man nicht darauf spekulieren, Einigkeit unter den populären Meinungsführern vorzufinden. Mit all diesen Realitätstunneln bieten sich immer neue Interpretations- und Kombinationsmöglichkeiten. So mischen sich religiöse Erlösungsnarrative mit Ufologie und Bibelverse mit Quantenphysik. Doch begeben wir uns zurück auf die Ebene der „vernünftigen" Materialisten und betrachten wir - aus dieser Perspektive heraus - die kollektive Bühne der internationalen Politik. Diese wirkt bereits pathologisch genug, so dass manch kritischer Geist befürchtet, seinen Verstand zu verlieren, wenn er zu lange die Tagesschau konsumiert.

1.8 Eine Krise jagt die Andere

Mit Beginn des Jahres 2020 schaltete das System unmissverständlich einen Gang höher, die Menschen von einer Krise in den nächsten Ausnahmezustand zu treiben. Diejenigen, die es wagten, darin keinen Zufall zu sehen, sondern eine gezielte Inszenierung zu erkennen, fingen an, über mögliche Zusammenhänge zu spekulieren. Das war das Momentum, welches die vielen neuen Strömungen in den alternativen Medien hervorbrachte. Was zuvor noch halbwegs wie eine homogene Subkultur wirkte, mit kleinen Nuancen in den spekulativen Details, wurde eine Massenbewegung mit unzähligen Splittergruppen.

Die immer schneller galoppierende Aneinanderreihung von gravierenden Ereignissen ließ plötzlich keine Zeit mehr, ein Thema allumfassend zu analysieren. Während die Meisten noch damit beschäftigt waren, die Pandemie und das Impfthema abzuwägen, kam schon die Ukraine zur Tür hereingeplatzt. Viele jener Menschen, die eine generelle Manipulation in der „Corona-Zeit“ erkannten, konnten sich nicht einmal eine abschließende Meinung darüber bilden. Manche schwanken noch immer zwischen den populären Thesen, ob es sich bei der aufgedrängten Gentherapie nur um eine Masche handelte, einige wenige Menschen enorm reich zu machen, oder ob doch ein Plan zu Umstrukturierung der globalen Gesellschaft dahintersteckte. Ist demnach die statistisch evidente Übersterblichkeit seit 2021[48] das bedauerliche Ergebnis von Gier und Inkompetenz oder war exakt dieser Effekt von Anfang an beabsichtigt? Man könnte den Diskurs mit der Mihap- und Lihap-These im Kontext von 9/11 vergleichen.

Selbst wenn man Kalkül dahinter zu erkennen meint, die Bevölkerung zu reduzieren, dann bliebe noch immer die Frage nach der tiefe-

48 Daten aus der Schweiz; www.infosperber.ch; Link: https://tinyurl.com/38resd6r

ren Absicht. Wollte man der Überbevölkerung begegnen oder folgte der Plan einer diabolischen Agenda, die vorsah, die Weltbevölkerung unter 500.000.000 zu halten, wie es die „Georgia Guidestones“[49] suggerierten? Als dann plötzlich dieses in Stein gemeißelte Symbol der Bevölkerungsreduktion gesprengt wurde, fluktuierten die Interpretationen entsprechend in zwei Richtungen. Die Hopiumabhängigen sahen darin ein Zeichen, dass Gott oder die „White Hats“ die Guidestones vernichtet hätten, um das Ende dieser Agenda zu symbolisieren. Der Rest ging vornehmlich davon aus, dass hier schlichtweg Beweise beseitigt wurden. So setzt sich die Interpretationsbifurkation weiter fort.

Als mit Beginn 2020 vereinzelte Güter vom Weltmarkt oder Nahrungsmittel aus den Supermärkten Deutschlands verschwanden, gab es ebenfalls unterschiedlichste Ausdeutungen. Manche sahen darin einen gezielten Angriff speziell auf Europa. Andere erkannten die Symptome eines verdeckten Wirtschaftskrieges zwischen den Ostmächten – China im Bündnis mit Russland – gegen den Westen. Dieses Bild schien sich im späteren Verlauf zu verdichten, als sich die Konsequenzen des Ukraine-Kriegs in einer Energiekrise manifestierten. Gleichzeitig konnte man aber nicht ignorieren, dass die Saboteure in den eigenen europäischen Reihen saßen, ohne deren Zutun keine Eskalation möglich gewesen wäre. Ist das alles Inkompetenz oder eine gezielte Verschwörung? Die Vernunft gebietet uns, nach einer Mischung aus beiden extremen Sichtweisen zu suchen. Doch wo diese Synthese zu finden war, darüber gab es keine Einigkeit in der alternativen Szene.

Deutlich emotional wurde dabei die Debatte in Bezug auf den Ukraine-Krieg geführt. Im Gegensatz zum Propagandanarrativ des Westens, wonach Putin im Grunde, ein größenwahnsinniger Irrer sei, der wieder nach einem großrussischen Reich streben würde, behielten die alterna-

---

49 Die Georgia Guidestones (dt. etwa „Weisungstafeln von Georgia“, auch bekannt als Steine von Georgia oder Marksteine von Georgia) waren ein 1980 errichtetes Monument aus Granit. Eine Inschrift mit zehn Richtlinien war in die massiven Steinblöcke in acht modernen Sprachen von Englisch bis Swahili eingeschlagen. Auf der Oberseite befanden sich die Richtlinien in gekürzter Form in den vier altertümlichen Sprachen Babylonisch, Altgriechisch, Sanskrit sowie ägyptischen Hieroglyphen. Das kontroverseste Gebot auf den Tafeln lautet: „Halte die Bevölkerung unter 500 Millionen!“.

tiven Medien einen differenzierten Blick auf die Situation. Die Truther-Bewegung erkannte recht genau, dass der Westen bzw. die NATO keine Mühen gescheut hatte, Russland zu agitieren und geostrategisch bzw. wirtschaftlich in die Isolation zu drängen. Wie schon erwähnt, fing das beim Raketenabwehrschirm und der NATO-Osterweitung an und eskalierte mit Syrien, Libyen und der instigierten Farbenrevolution in der Ukraine. Vergessen wir nicht die Konflikte in Georgien und anderen ehemaligen Sowjetrepubliken, in denen immer westliche Geheimdienste ihre Finger im Spiel hatten, um entweder Russland direkt oder Putins Partner zu attackieren und zu destabilisieren. Im Gegensatz zum Mainstream, konnte sich kein Analyst, der im Spektrum der alternativen Medien zu finden war, vor diesen Tatsachen wegducken bzw. die Vorgeschichte zum Ukraine-Krieg ignorieren.

Dennoch gab es keine Einigkeit. Obwohl fast jeder Kommentator im alternativen Spektrum genau um die Rolle der NATO als „Agent Provokateur“[50] wusste, so gibt es bis heute emotionale Diskussionen darüber, wie Putin und sein Angriff auf die Ukraine zu bewerten sei. Die Majorität vertraut zunächst einmal in die Authentizität dieses Konflikts und geht davon aus, dass Russland keine andere Wahl hatte. Demnach musste Putin eine klare Grenze aufzeigen, welche der Westen geopolitisch immer weiter in Richtung Osten verlagern wollte. Ergo konnte der russische Präsident nicht zurückstecken, ohne seine Glaubwürdigkeit zu verlieren. Unter den strengen Pazifisten der alternativen Medien war das kein Argument. Wer zu Gewalt greift, ist demnach grundlegend zu verurteilen. Aus Sicht einer signifikanten Masse der Bewegung hätte es immer eine friedliche Lösung geben müssen, was von der Gegenseite als völlige Naivität interpretiert wird – und ich rede hier ausschließlich von den Strömungen innerhalb der alternativen Sichtweise. Im Mainstream wird Putin grundsätzlich als neuer Hitler porträtiert.

Die Grabenkämpfe, die in der Ukraine stattfanden, spiegelten sich in den Diskussionen innerhalb der alternativen Medien wider. Für viele Meinungsführer in der Szene gilt Putin bis heute als letztes Bollwerk gegen die westliche Agenda. Dieses ideologische Konstrukt mit dem

50 „Agent Provocateur“ kommt aus dem Französischen für „provozierender Agent“.

WEF an der Spitze steht in der nonkonformistischen Wahrnehmung für eine „New World Order“[51], die alle Länder unter einer zentralen Gewalt unterjochen möchte. Dagegen scheint Russland eine multipolare Weltordnung zu präferieren. Doch auch diese Sicht wird innerhalb der Szene aufgeweicht durch Stimmen, wie die von *Ernst Wolff,* die davon ausgehen, dass Putins Russland ebenfalls unter der Kontrolle des Weltwirtschaftsforums steht. Als geopolitischer Laie kann man sich da nur fragen, welcher Analyse wir vertrauen sollten. Traut man dem Narrativ eines *Thomas Röper,* der voller Überzeugung Russlands Perspektive im deutschsprachigen Raum vertritt, oder klingt die Einschätzung eines *Ernst Wolff* plausibler?

1.9 Teile und herrsche

Wenn wir uns zusammenfassend die Entwicklung der Wahrheitsbewegung seit 9/11 betrachten, dann muss ich konstatieren, dass wir eine exponentielle Fragmentierung der Szene beobachten können. Obwohl wir gleichzeitig feststellen, dass mehr Menschen denn je in den letzten Jahren „aufgewacht“ sind und angefangen haben, das Mainstream-Narrativ zu hinterfragen, so wird dieses revolutionäre Potential dennoch in viele Untergruppen gespalten. Dadurch erreicht keine Splittergruppe eine kohärente kritische Masse, die dem System gefährlich werden könnte. Die Anhänger der diversen alternativen Sichtweisen sind scheinbar mehr damit beschäftigt, sich untereinander in Argumentationen zu verwickeln, als die herrschende Kaste zu konfrontieren. Die vom Mainstream indoktrinierte Bevölkerung kommt ohnehin nur bedingt mit einer kritischen Perspektive in Berührung. Im besten Fall erhalten sie aus dem Zusammenhang gerissene Fragmente der abstrusesten Thesen, die geframed[52] und braun dekoriert wurden.

51 Der Begriff „New World Order“ wurde geprägt durch Aussagen von George H. W. Bush und wurde auch unter seinem Sohn im Kontext von 9/11 wieder aufgegriffen. Dahinter verstehen die alternativen Kreise zumeist eine Ideologie, wonach die Welt unter eine zentralistische Ordnung gebracht werden soll. Man redet hierbei auch von einer Eine-Welt-Regierung oder monopolaren Weltordnung.

52 Framing aus dem Englischen für „Einrahmung“, bezeichnet die manipulative Technik einen Begriff oder Sachverhalt in ein begrenzendes und tendenziöses Narrativ einzuspannen.

Ich hoffe, die letzten Kapitel konnten grob skizzieren, wie die alternative Medienszene zersetzt wurde. Hierbei geht es mir nicht um einen detaillierten Schadensbericht der Subkultur, sondern darum, eine gezielte Manipulation zu postulieren. Es ist ohnehin schwer genug, einen groben Überblick zu behalten, welche Hauptnarrative im alternativen Sektor zirkulieren. Es bräuchte einen enormen Rechercheaufwand, sich unvoreingenommen mit allen Strömungen im Detail zu beschäftigen und diese zu analysieren. Wer hat schon die Zeit dafür? So leben die meisten Truther in ihren abgeschotteten Realitätsblasen, die auch Echokammern genannt werden. Selbst wenn es einer kritischen Masse der „Erwachten" gelingen würde, einen Konsens zu finden, so gibt es bis heute keine praktikable Lösung, wie man mit der Unterwanderung durch vom Staat gesteuerte Agenten des rechten Milieus umgehen soll, die jede neue Bewegung braun einfärben würden. Zudem scheint das System nur darauf zu warten, dass eine Radikalisierung einsetzt, um aus dieser kinetischen Energie einen Katalysator für die nächste Phase ihrer Agenda zu formen.

Als langjähriger Beobachter, der aufmerksam die Entwicklung verfolgt hat, brauchte es für mich viele Jahre, um entscheidende Erkenntnisse aus den verschiedenen Narrativen zu extrahieren, die ich als gesicherte Fakten identifizieren konnte. Der Rest ist immer Interpretation der jeweiligen Meinungsführer. Im Rahmen der Eskalation um das Jahr 2020 nahm ich mir sogar die Zeit, mich in die Sichtweise der Q-Bewegung zu vertiefen. Natürlich gibt es auch dort einige Teilaspekte, die sich mit meinem Erkenntnisstand decken, aber das letztendliche Gesamtbild ist mehr als fragwürdig. Viele Grundannahmen ergeben sich bei Q ausschließlich aus anonymen Quellen, die aus dem Sumpf der Geheimdienste stammen sollen. Hierbei darf man dann je nach Einzelfall mutmaßen, ob die Quelle selber an das Narrativ glaubt, innerhalb ihres Dienstes mit dubiosen Daten „geimpft" wurde, oder ob der Agent mit voller Absicht Falschmeldungen als „heißes" Insiderwissen verkauft.

Auch in allen anderen dominanten Hauptströmungen der alternativen Medien finden sich grobe Widersprüche in den Interpretationen. Teilweise werden signifikante Aspekte komplett ignoriert oder sind schlichtweg nicht bekannt. Die daraus geformten Spekulationen gründen sich auf Annahmen, die sich aus einer Mischung aus fehlenden Daten und einer mangelnden oder übertriebenen Vorstellungskraft ergeben. Um hier nur ein konkretes Beispiel zu nennen, nehme ich eine recht konservative Sichtweise, die besagt, dass Putin der Gegenspieler des WEF mit *Klaus Schwab* an der Spitze sein soll. Dabei wird das Forum als Mastermind[53] und Strippenzieher hinter der westlichen Wertegemeinschaft betrachtet. Dieses Netzwerk steht für jenes ideologische Epizentrum, welches indirekt auch die NATO kontrolliert. Fragt man einen Vertreter dieser These, warum Russland bis heute nicht effektiv die westlichen Alternativmedien unterstützt hat, dann wird ausgerechnet von Anhängern Putins mit Inkompetenz argumentiert. So behauptet selbst der bekannte Deutsche „Kremltroll"[54] *Thomas Röper,* dass die Russen schlichtweg zu „dumm" seien, sinnvoll mit den alternativen Medien zu arbeiten. So geschehen während einer „Tacheles"-Sendung mit *Robert Stein,* als der ihn mit der Frage konfrontierte, woher die russische Zurückhaltung käme.

Ist das eine logische Erklärung? Dabei braucht man doch kein Genie zu sein, um die deutsche Truther-Gemeinde, beispielsweise in ihren Ambitionen zur Aufklärung von 9/11, mit Geheimdienstmaterial zu versorgen. Zudem hätten sich einige Aktivisten eine finanzielle Unterstützung aus Russland gewünscht, die ihnen der Mainstream ohnehin angedichtet hat. Dabei wäre es so trivial, mit etwas Geld und Daten die kritischen Deutschen zu befähigen, ihre Regierung bloßzustellen. Man hat es nicht einmal stümperhaft versucht. Selbst ihr eigenes Sprachrohr „Russia Today" hat gewisse Grenzen der Offenlegung westlicher Korruption nie überschritten. Warum? Es auf mediale Inkompetenz zu schieben, ist eine unbefriedigende Erklärung. Doch das ist nur eines von vielen Beispielen, weshalb einige zunächst plausibel scheinenden Thesen, sich bei kritischer Betrachtung nur mit zweifelhaften Argumenten aufrechterhalten lassen. Das Verhalten Russlands bezüglich der inszenierten Pandemie wirft ähnliche Fragen auf.

---

53 „Mastermind" aus dem Englischen für „genialer Vordenker".

54 „Kremltroll" nicht despektierlich gemeint, da sich Thomas Röper sarkastisch selber so bezeichnet und seine Aufgabe darin sieht, der Westpropaganda eine Gegenkraft zu sein.

Die logische Konsequenz aus solchen Betrachtungen wäre die These, dass viele Idole und Retter-Figuren, von Putin, über Trump, bis Q, vom gleichen Machtnetzwerk als kontrollierte Oppositionen eingesetzt werden. Doch diese Schlussfolgerung ist untragbar und würde die tägliche Hopiumversorgung gefährden. Lieber klammert man sich an die Hoffnung, dass irgendwer auf der Bühne auf unserer Seite steht.

Sicherlich kann man viele Ungereimtheiten als Inkompetenz und Zufall wegwischen. Am Ende ist es aber immer die Masse an Diskrepanzen, die einige der gängigen Narrative der alternativen Medien angreifbar macht. In meiner Recherche konnte ich nicht eine populäre These finden, die vollständig schlüssig ist. Hinzu kommt die Tatsache, dass jede der großen Strömungen differenzierte Vorstellungen pflegt, wer an der Spitze der Verschwörung steht und welche zentrale Absicht sich hinter den ominösen Machenschaften verbirgt. Jede populäre These klammert dezidierte Fakten aus oder ignoriert logische Unstimmigkeiten.

Wenn ich die Spaltung der Wahrheitsbewegung aus der Metaebene betrachte, dann komme ich nicht um den Gedanken herum, dass die Polarisierung mit voller Absicht gesteuert und katalysiert wird. Immer wieder denke ich dabei an ein Zitat, welches Lenin zugesprochen wird:

„Die beste Art die Opposition zu kontrollieren, ist, sie selbst zu führen.“

Diese Aussage kann man perfekt mit einem anderen Zitat Lenins kombinieren, welches ebenfalls populär ist:

„Nur ein uneiniges Volk lässt sich regieren.“

Meiner Wahrnehmung nach wird dieses Prinzip von „Teile und herrsche“ allumfassend angewendet – nicht nur zwischen Mainstream und der alternativen Sichtweise, sondern auch innerhalb dieser Pole. Während die Konsumenten der Massenmedien gezielt in politische und soziale Kasten gespalten werden, teilt sich die alternative Strömung ebenfalls in konträre Lager auf. Diese Fragmentierung wird unterschwellig inszeniert und angefacht. Das System bedient sich dabei der Geheimdienste und Thinktanks, um diese Vielfalt der Narrative zu implementieren. Diese These lässt sich nur bedingt und wenn dann nur an vereinzelten Beispielen beweisen. Dennoch gehe ich von einer organisierten Manipulation aus, die so subtil vollzogen wird, dass die Szene es nicht substanziell erkennen kann.

Hinzu kommt, dass meiner Einschätzung nach, ein Großteil der alternativen Medien fast ausschließlich damit beschäftigt ist, ihren Unmut zu ventilieren. Natürlich zeigen sie auch die Lügen und Manipulationen auf, aber Sie dienen damit direkt oder indirekt nur dem Empörungs-Management[55]. Leider bleiben dabei oftmals die tieferen Fragen und die Suche nach den langfristigen Absichten des Systems auf der Strecke.

Zusammenfassend ist meine Analyse der Entwicklung der alternativen Medien ernüchternd. Die Wahrheitsbewegung wurde in zahlreiche Sub-Narrative zerschlagen. Das erlaubt keinen Konsens, außer der Einigkeit darüber, dass der Mainstream-Konsument noch wesentlich trostloser manipuliert und gespalten wird. Durch die massenmediale Gehirnwäsche bleibt der Großteil der Menschen in einem hypnotischen Tiefschlaf ohne eine tiefere Hinterfragung des Dargebotenen. Diejenigen, die anfangen aus diesem Trancezustand zu erwachen, werden metaphorisch erschlagen von der Komplexität der alternativen Narrative. Die schiere Monstrosität der Verschwörung, die durch unzählige Erklärmodelle skizziert wird, ist nur schwer fassbar. Das enorme Meinungsspektrum der etablierten Analysten über die fundamentalen Hintergründe lässt kaum Einigkeit darüber zu, wie man dem Kontrollsystem begegnen könne. Damit sind die Aussichten, dass eine kritische Masse mit homogener Stimme aus diesem Potpourri erwächst, als äußerst unwahrscheinlich einzustufen. Ein Lösungsansatz kann dementsprechend nur aus dem einzelnen Individuum und nicht aus einer populären Massenbewegung heraus erwachsen.

55 „Empörungs-Management" ist ein Begriff der in Deutschland vom Wahrnehmungspsychologen Rainer Mausfeld geprägt und in dem Buch „Warum schweigen die Lämmer?" populär gemacht wurde. Er leitet sich aus Theorien von Edward Bernays ab. Runtergebrochen beschreibt er damit eine manipulative Technik, wie Kritik am System in einen limitierten Rahmen gehalten wird und nur zu einer verbalen Ventilation führt, statt ein reales physisches Aufbegehren gegen die Obrigkeit zu provozieren.

Wenn man verstehen möchte, warum so viele Analysten auf so unterschiedliche Interpretationen und Prognosen der gegenwärtigen Situation kommen, dann muss man zunächst die fundamentalen Grundannahmen differenzieren, auf welchen die verschiedenen Narrative aufbauen. Eines der wesentlichsten Aspekte hierbei bildet die Frage, wie tief das kollektive Kontrollsystem vernetzt ist.

Kapitel 2 – Die Morphologie des „Systems“

2.1 Bilderberger und Co.

Selbstverständlich gibt es keine allgemeingültigen Definitionen, wo exakt Mainstream-Meinung aufhört und alternative Ansichten anfangen, die man der sogenannten Wahrheitsbewegung zuordnet. Tatsächlich gibt es viele Überschneidungen. Am Ausgangspunkt meiner „Karriere“ als Truther wurde das recht simpel gehalten: Wenn du nicht mehr an die offizielle Darstellung des 11. Septembers glaubtest, dann warst du einer von uns. Heutzutage reduziert sich die Teambildung auf den Impfstatus, wobei es auch einige wenige Geimpfte gibt, die erst nach dem Empfang der Spritze erkennen wollten bzw. konnten, dass sie von Staat, WHO und Massenmedien diesbezüglich manipuliert wurden.

Dementsprechend könnte man die Truther-Szene damit definieren, dass ein fundamentales Misstrauen gegenüber der Politik und den Mainstream-Medien herrscht. In den meisten Fällen gehen die Anhänger der Wahrheitsbewegung davon aus, dass diese Instanzen von einer versteckten Hand im Hintergrund gesteuert werden. Doch wem diese Hand gehört und wie viele Institutionen noch zwischen dem Puppenspieler und den Politmarionetten bzw. den „Presstituierten“ liegen, wird oftmals nur unscharf erkannt. Daher ist ein kleiner Teil weiterhin von der Hoffnung beseelt, dass nicht alle Fraktionen der Politik von einem größeren System kontrolliert werden. Sie glauben, dass an den radikalen Rändern der Parteienlandschaft noch Potential für einen echten Wandel besteht. Dieser Optimismus wird primär dadurch gestärkt, das es in diesen Außenbezirken Politiker gibt, die partiell unangenehme „Wahrheiten“ und Meinungen äußern, die gleichermaßen in den alternativen Medien prävalent sind.

Dennoch ist diese Hoffnung, dass eine Lösung der Gesamtsituation aus der Politik kommen kann, bei der Masse der alternativen Analysten nachhaltig erloschen. Unabhängig davon wird weiterhin dieser Scheindemokratie reichlich Aufmerksamkeit gewidmet. Dies geschieht primär mit Empörung und Sarkasmus. Somit gibt man dieser Inszenierung noch eine Relevanz, die sie im Grunde nicht hat. De facto ist Politik eine Art Theaterstück zur „Unterhaltung“[56] der Massen. Doch damit hört es nicht auf. Aus Hoffnung und Protest beteiligen sich einige Truther weiterhin an Wahlen, an welche sie prinzipiell nicht mehr glauben. Sie werfen ihre Stimme symbolisch in eine Urne und legitimieren damit ein Kontrollsystem, das von den Herrschenden nie dafür vorgesehen war, das Volk zu vertreten. Das ist im Grunde ein Trauerspiel und erinnert mich an die Muster des Stockholm-Syndroms.

Das bekannte Stockholm-Syndrom beschreibt einen psychologischen Mechanismus, wonach eine Geisel beginnt, an die „guten“ Persönlichkeitsaspekte ihres Geiselnehmers zu glauben und in sie zu investieren. Das gleiche Prinzip wird auf das Kontrollsystem „Scheindemokratie“ appliziert. Repräsentanten dieser positiven Qualitäten werden in Deutschland zumeist in Vertretern der AfD oder Personen wie *Sahra Wagenknecht* projiziert. Allerdings ist dieser Hoffnungsglaube nur eine Randerscheinung in der alternativen Medienszene. Die Masse innerhalb der Bewegung hat nachhaltig erkannt, dass alle politischen Systeme, zumindest der westlichen Welt, von Strukturen dominiert werden, die keiner demokratischen Kontrolle unterliegen.

Wo diese Architektur zu verorten ist, darüber gibt es ausnahmsweise einen breiten Konsens. Schon seit vielen Jahren identifizieren die alternativen Medien das Epizentrum der Macht innerhalb bekannter Think-Tanks und elitären Gruppierungen, wie den „Bilderbergern“, dem „Council on Foreign Relations“ und der „Trilateralen Kommission“. Mit dem Beginn der Corona-Pandemie rückte obendrein das „World Economic Forum“ in den internationalen Fokus, dessen Bedeutung zuvor nur wenige Analysten auf dem Schirm hatten. Diesen Status quo habe ich in den vorherigen Kapiteln skizziert.

Diese Institutionen als klammheimliche Machtzentren hinter der demokratischen Fassade zu erkennen ist nicht allzu schwer, wenn man erst einmal aus der Käseglocke der Massenmedien ausgebrochen ist. Aufmerksame Beobachter sehen deutlich, dass neue Impulse dieser Or-

56 Im Sinne von „unten halten“

ganisationen zeitnah von Schlüsselpersonen in der Politik aufgenommen und propagiert werden. Man beobachtet fortwährend, wie Individuen, die beispielsweise von den Bilderbergern erwählt wurden, an ihren exklusiven Treffen zu partizipieren, wenig später kometenhafte Karrieresprünge machten. *Ursula von der Leyen*[57] und *Bill Clinton* sind da klassische Beispiele. Die unfassbare Dichte an Medien-Mogulen, Industrie- und Wirtschaftsmagnaten in den Reihen dieser Organisationen bündeln eine enorme Macht, um bspw. Politiker ihrer Gunst auf die höchsten Posten zu katapultieren. Zudem haben sie die mediale Durchschlagskraft, ihren Lakaien fortwährend eine wohlwollende Presse zu verpassen und ihre Gegner mit nur einem Leitartikel zu vernichten.

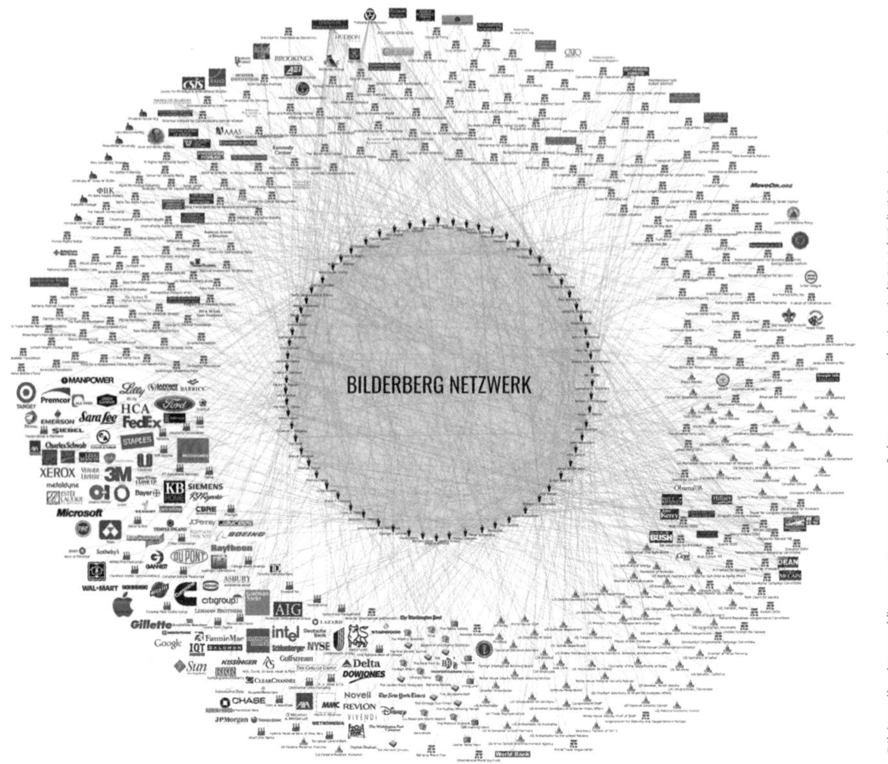

Das Macht-Netzwerk der Bilderberg-Gruppe

Bildquelle: https://lesmoutonsenrages.fr/wp-content/uploads/2014/12/bilderberg.jpg

57 Ursula von der Leyen wurde 2019 zur Bilderberger-Konferenz nach Montreux, in der Schweiz, geladen. Kurz darauf wurde sie EU-Präsidentin unter auffälligen Umständen.

Der Kern dieser These besagt, dass alle westlichen Demokratien inklusive Länder wie Japan, Südkorea, Neuseeland, sowie Australien durch diese Netzwerke kontrolliert werden. Da die Mitgliederlisten und zentralen Absichten nicht einmal sonderlich geheim und teilweise offen zugänglich sind, besteht kaum ein Zweifel an dieser Wechselwirkung, wenngleich der Mainstream diesen Sachverhalt den Massen nicht kommuniziert. In den alternativen Kreisen gehört diese Erkenntnis, dass die Politik durch solche nichtdemokratischen Machtzentren gesteuert wird, zur Grundthese aller weiteren Gedankenspiele. Doch es wird noch wesentlich komplexer.

2.2 Geheimgesellschaften und darüber hinaus

Wo exakt ordnen sich die zahlreichen anderen einflussreichen Gruppierungen in das Netzwerk ein? Wer kontrolliert den „Militärisch-Industriellen-Komplex", den „Club of Rome", die „Jesuiten", die „Muslim-Bruderschaft" oder die vielen Geheimdienste? Wo stehen die Bänker und ihre Familiendynastien in der Hackordnung? Welche Macht haben die international operierenden Geheimgesellschaften, angefangen bei den Freimaurern bis hin zu den Rosenkreuzern oder „Skull & Bones"?

Bildquelle: https://golden-tamatama.com/wp-content/uploads/images/structure-of-freemasonry-by.jpg

Hierarchie der Freimaurerei

An diesen Stellen wird es unscharf und je nach Grad der Recherche und der Breite des erfassten Datensatzes kommen hier die Analysten zu unterschiedlichen Ergebnissen, wie das Netzwerk aufgebaut sei und wer wo in der Hierarchie steht. Bei Institutionen, die ohnehin das Wort „Geheim" im Titel tragen, ist es praktisch aussichtslos, objektivierbare Daten zu erwarten. Hier bildet sich die Schallgrenze, wo die große Spaltung innerhalb der Truther-Szene ihren Ursprung findet: Gib es eine zentrale Macht und damit eine ultimative Agenda oder ist alles nur ein chaotischer Machtkampf um Ressourcen und die Implementierung verschiedener Ideologien? Die vernünftigen Materialisten lassen sich an diesen Stellen auf keine Gedankenexperimente ein, weil das unseriös wäre. Dagegen sehen hier einige religiöse und esoterische Gruppen gar eine satanistische oder luziferische Machtstruktur.

Ich bin überzeugt, dass wir es mit einer zentralen, nichtmenschlichen Intelligenz zu tun haben. Doch das ist nur meine Meinung, die sich als Essenz aus der Beschäftigung mit diesen Thematiken in mir kondensiert hat. Nur die langjährige Konfrontation mit den Vernetzungen des Systems erlaubt die Wahrnehmung, dass eine ominöse Macht alle Institutionen und Ideologien durchdringt – selbst solche, die dem äußeren Anschein nach sich diametral gegenüberstehen. Analysten wie *Jordan Maxwell* oder *David Icke* haben Jahrzehnte damit verbracht, dieses Netzwerk zu durchdringen und die okkulte Architektur der Machtpyramide zu beschreiben. Dennoch mussten auch sie ihre Modelle immer wieder korrigieren, weil ihre Recherchen fortwährend neue Daten produzierten und sie erkannten, dass sie gezielt mit Halbwahrheiten und falschen Spuren gefüttert wurden.

Wie viel Macht haben die okkulten esoterischen Bruderschaften und wer oder was steuert sie? Genau dort liegt die große geistige Barriere, die viele alternative Gruppen und Analysten nicht überwinden können. Dafür gibt es zahlreiche Gründe. Zum einen wäre da die Komplexität der vernetzten Themengebiete zu nennen, aber es braucht zudem die nötige Vorstellungskraft, überhaupt den Gedanken zuzulassen, dass eine singuläre Macht möglicherweise alle signifikanten irdischen Strukturen unterwandert hat. Viele Meinungsführer sind zudem um ihre Reputation besorgt, wenn sie sich auf ein solches geistiges Terrain wagen, welches sich außerhalb des Objektivismus befindet. In diesem Kontext kann man im klassischen Sinne kaum etwas beweisen. Es lassen sich nur wiederkehrende Muster erkennen, die sich in einem gigantischen Datensatz aus Anomalien verbergen.

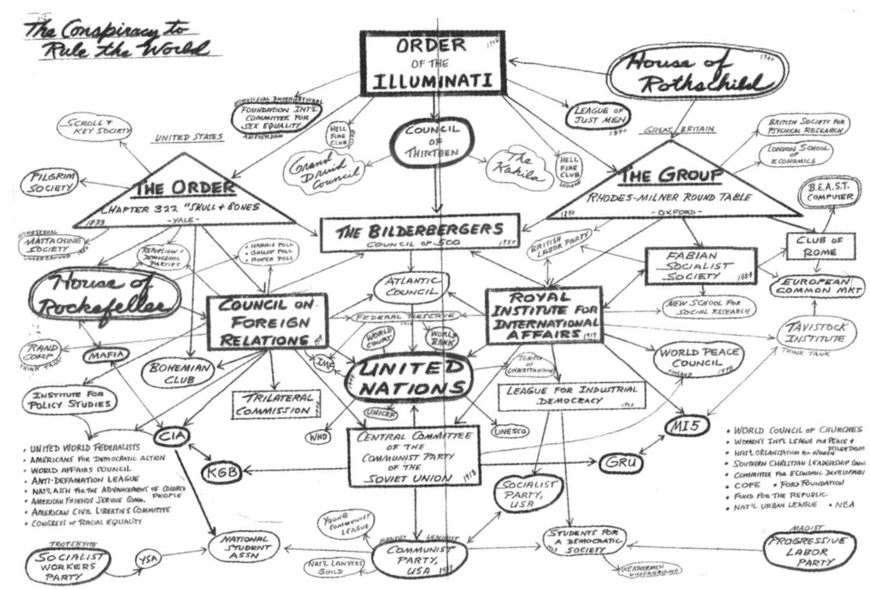

Mögliche Vernetzung des Systems

Bildquelle: Artist unknown / https://www.truthcontrol.com/files/truthcontrol/images/699.jpg

Hinzu kommt die folgerichtige Frage nach der Geisteskraft, die es bräuchte, ein solches riesiges Netzwerk zu koordinieren. Wer oder was steht an der Spitze der Pyramide? Können das überhaupt Menschen sein, oder müssen wir hier außerirdische, interdimensionale bzw. spirituelle Entitäten vermuten? Könnte es sogar eine künstliche Intelligenz sein, die dort ihre Finger im Spiel hat und aus einer höheren Betriebsebene des Simulacrum heraus agiert?

Wenn man die These von einer multipolaren Welt mit verschiedenen konkurrierenden Ideologien und geostrategischen Machtspielchen verlässt, dann bekommt man zwar eine sinnvolle Erklärung, warum z. B. alle signifikanten Spieler auf der globalen Bühne sich beinahe uniform an der Corona-Hysterie beteiligt haben, aber am Ende bleiben immer mehr Fragen als Antworten. Keine Sorge: Ich werde mich in einem späteren Buch um ein umfassendes Modell bemühen, doch so weit sind wir noch nicht.

An dieser Stelle soll es mir reichen, wenn wir festhalten können, dass eine fundamentale Spaltung innerhalb des alternativen Paradigmas existiert. Es gibt diejenigen, die nur Chaos und „Human Drama"[58] hinter den bekannten Verschwörungen sehen. Sie sind in der Überzahl. Die andere Fraktion verortet hinter der globalen Verschwörung einen übergeordneten intelligenten Plan, der weit über Prinzipien wie Geld und Macht hinausgeht. Wenn Sie bisher die Vorstellung einer zentralen Machtstruktur nicht abstrahieren und nicht in ihrer Wahrnehmung bestätigen konnten, dann ist das völlig in Ordnung. Es genügt zunächst, dass sie erkennen, dass es ein Spektrum von Narrativen gibt, die darauf beruhen, dass die Manipulation wesentlich tiefer geht, als allgemein hin angenommen wird.

Die Phönix-Hypothese postuliert, dass eine singuläre Intelligenz nach hegelscher Dialektik These und Antithese kontrolliert, um ihre Agenda zu synthetisieren. Dennoch ist es nicht zwingend nötig, dass Sie an der Stelle damit konform gehen müssen, um mein Model zu verstehen. Es könnte jedoch hilfreich sein, sich dieser Annahme gegenüber geistig zu öffnen. Versuchen Sie, die hypothetische Vorstellung zuzulassen, dass die Spaltung in Ost gegen West, Rechts gegen Links, liberal gegen konservativ, religiös gegen atheistisch, Arm gegen Reich, Mann gegen Frau, Schwarz gegen Weiß usw. durch eine Macht gezielt instrumentalisiert wird, um die Massen zu steuern.

Ich bin mir bewusst, wie radikal diese Sichtweise zunächst klingen mag. Selbst die meisten selbsternannten Verschwörungstheoretiker können diese Vorstellung nicht abstrahieren. So hatte auch ich anfangs Schwierigkeiten damit, bis ich diesen Sachverhalt als Tatsache akzeptieren musste. Zudem impliziert eine solche Hypothese unzählige Fragen, die ich nicht ohne Weiteres, beantworten könnte. Doch an diesem Punkt genügt eine generelle Offenheit der These gegenüber, dass das System eine international vernetzte Struktur ist, die selbst scheinbare Antagonisten oder gar geostrategische Gegenspieler unter einer übergeordneten Agenda vereint.

---

58 Aus dem Englischen für „menschliches Drama"; Ausdruck geprägt von Frank Stoner.

Kapitel 3 – Das fehlende Puzzlestück

3.1 Indizien für eine übergeordnete Agenda

Selbst wenn es einem schwerfällt zu erkennen, dass eine übergeordnete Struktur existiert und damit alle wichtigen Spielfiguren auf der Weltbühne gleichermaßen koordiniert werden, dann muss man sich doch über die uniforme Corona-Pandemie wundern. Das gilt insbesondere, wenn man für sich selber klar feststellen konnte, dass hier ein kollektives Theaterstück organisiert wurde. Obwohl Russland zunächst nur äußerst zurückhaltend und zögerlich reagierte, so spielten sie dennoch mit. Die Chinesen inszenierten sich sogar als Hauptprotagonisten, um die Hysterie initial anzuheizen. Wenn diese beiden Großmächte geostrategische Konkurrenten des Westens sind, warum tanzen sie bezüglich Corona nahezu synchron mit?

Während sich die alternativen Medien mittlerweile einig darüber sind, dass die Pandemie nur ein mediales Schreckgespenst war, welches primär instrumentalisiert wurde, um eine höchst fragwürdige Gentherapie in die Menschen zu injizieren, so war Russland ebenfalls in die Theaterinszenierung involviert. Obwohl ihr Sputnik-Impfstoff bis heute unter den alternativen Analysten eine bessere Reputation genießt, als das mRNA-Gebräu des Westens, so war Putins fundamentaler Ansatz nicht vom westlichen Vorgehen zu unterscheiden. Eine ähnliche Gleichschaltung konnten wir auch in China beobachten, denn dort wurde ebenfalls mit Massenimpfungen reagiert. Doch wie viel wissen wir wirklich darüber? Erfüllt am Ende vielleicht der Sputnik die gleiche Funktion, wie die Gentherapie des Westens? Haben uns die Russen vor der Inszenierung gewarnt? Nein, es gab keine wahrnehmbare Kritik am westlichen Kurs. Wusste ihr Geheimdienst etwa nicht, was da vor sich ging?

Wenn wir die internationale Reaktion auf die „Plandemie“ als Indiz nehmen wollen, dass alle Protagonisten inklusive China und Russland klammheimlich an der Realisierung beteiligt waren, dann müssen wir uns folglich die Frage stellen, wo könnte bei allen Hauptakteuren ein einvernehmliches Interesse bestehen? Gibt es eventuell eine gemeinsame Herausforderung, die sie nur vereint überwinden können?

In diesem Kontext begegnete mir die letzten 20 Jahre immer wieder ein vielschichtiger Themenkomplex, den ich zur Kenntnis nahm, aber wiederholt an den Rand meiner Wahrnehmung schob. Im Grunde verhielt ich mich so, wie die Majorität in der deutschen Truther-Szene es bis heute präferiert.

3.2 Ein vernachlässigter Themenkomplex

Der Themenkomplex, von dem ich spreche, dreht sich um die These, dass eine zyklische Transformation die Erde ungefähr alle 3.600 Jahre in einen geophysikalischen Neustart führt. Der „Great Reset“ ist demnach von kosmischer Natur. Das Bild, welches ich zunächst nur umreißen möchte, ergibt sich aus den unterschiedlichsten Fachgebieten. Daher werde ich vorerst das Hauptthema nur so beschreiben, wie ich die geologische Transformation bisher verstanden habe.

Den vielen internationalen Analysten zufolge, handelt es sich bei dem anstehenden Ereignis um eine schlagartige katastrophale Erdmantelverschiebung, wie sie bereits 1958 von *Charles Hapgood*[59] postuliert und argumentiert wurde. Ebenfalls zutreffend ist der Begriff Polsprung, der sich zunächst nur magnetisch vollzieht und sich später physisch manifestiert. Demnach bewegt sich - nach der magnetischen Polumkehr - die äußere Schicht der Erde wie die losgelöste orangene Haut einer Apfelsine um den Erdkern. In unserer Analogie wird dieser Kern durch das Fruchtfleisch symbolisiert. Die einhellige Interpretation innerhalb der unabhängigen Analysten, prognostiziert, dass wir kurz vor einem weiteren Zyklus stehen. Der Polsprung wird zumeist zwischen 2030 und 2047 erwartet, wobei die aktuelle Bewegung des magnetischen Pols auch ein früheres Datum suggeriert.

Die Konsequenzen wären verheerend. Durch diese plötzliche Translokation der Kruste und der Massenträgheit des Wassers sowie der Atmosphäre, entstehen gigantische Flutwellen an allen Küsten der Welt in Kombination mit katastrophalen Winden. Zudem triggert die schlagartige Verschiebung

59 „Earth's Shifting Crust“ von Charles Hapgood; Vorwort von Albert Einstein

der Erdplatten globale Beben und Vulkanausbrüche an den Kollisionszonen. Aus den Überlieferungen alter Kulturen und geologischer Beobachtungen wissen wir, dass dabei vereinzelte Erdplatten angehoben und andere Erdteile abgesenkt werden. Es wird also neues Land entstehen und einige Regionen werden sogar unter der Wasseroberfläche verschwinden. Wir haben es de facto mit einer kataklystischen[60] Erdtransformation zu tun, die in extrem kurzer Zeit zu einer Neuverteilung der Klimazonen führt.

Lassen Sie mich eine Sache klar vorwegnehmen: Der Polsprung ist kein Weltuntergang! Aller Evidenz nach, hat die Menschheit dieses Szenario schon mehrfach er- und überlebt. Dennoch ist das Ereignis ein echter Hochkulturkiller. Das ist daran zu erkennen, dass es viele Zivilisationen vor uns gab, die vielleicht keine Mobiltelefone hatten, dafür aber Steine in einer Präzision stapeln konnten, wie wir es bis heute nicht reproduzieren können. Sie alle verschwanden urplötzlich mit ihrem Wissen. Was diese Hochkulturen zu Fall brachte, kann auch unsere Entwicklung um Jahrhunderte zurückwerfen. Allein die Flutwellen würden dafür sorgen, dass wir über Jahre keinen internationalen Handel hätten, weil alle Häfen nahezu gleichzeitig vernichtet würden. Außerdem ist die Polverschiebung assoziiert mit massiven koronalen Massenauswürfen[61] der Sonne, die unsere sensible Hochtechnologie zerstören würden, was die Kommunikation und Stromversorgung auf viele Jahre unterbrechen kann. Stellen Sie sich dazu das „Carrington-Ereignis" zum Quadrat vor.[62] Diese Ereignisfolge könnte in kürzester Zeit die Weltbevölkerung um mehr als die Hälfte reduzieren und selbst die Überlebenden würden durch den Zusammenbruch der Infrastruktur mittelfristig weitere Verluste erleiden, bevor sich die Menschheit wieder stabilisieren könnte.

Dieses potentielle Ereignis wird beinahe vollständig aus der Diskussion um ein holistisches Verständnis der gegenwärtigen kollektiven

60 Der Begriff Kataklysmus oder Kataklysmos bezeichnet eine alles zerstörende Katastrophe.

61 Ein koronaler Massenauswurf (englisch coronal mass ejection, CME) ist eine Sonneneruption (eine eruptive Protuberanz), bei der Plasma ausgestoßen wird.

62 Vom 28. August bis 4. September 1859 ereigneten sich mehrere massive Sonneneruptionen, die vom Astronomen Richard Carrington beobachtet wurden. In den höheren Breiten Nordeuropas und Nordamerikas wurden in Telegrafenleitungen so hohe Spannungen induziert, dass Papierstreifen in den Empfängern durch Funkenschlag in Brand gesetzt wurden. Die Funktion des kurz zuvor installierten weltweiten Telegrafie-Netzes war massiv beeinträchtigt.

Abläufe ausgeklammert. Dass der Polsprung vom Mainstream ignoriert wird, sollte uns nicht wundern, aber warum schweigen die alternativen Medien zu diesem Sachverhalt? Gibt es etwa keine glaubwürdigen Daten dazu? Sind die Truther vielleicht zu sehr abgelenkt und sehen daher den Wald vor lauter Bäumen nicht mehr? Könnte es sein, dass die Bewusstwerdung dieses Zusammenhangs zu wenig Hopium verspricht?

Weder die Q-Bewegung noch die vernünftigen Realisten diskutieren über dieses Szenario. Wenn überhaupt, dann sind es die esoterischen Gruppen, die im Rahmen der bekannten Zyklen der Sonne, der vedischen Yugas[63] und im Kontext des Maya-Kalenders[64] darüber spekulieren, ob kosmische Einflüsse einen Bewusstseinssprung initiieren könnten. Das muss nicht prinzipiell falsch sein, doch wird dabei die weltliche Ebene weitestgehend ausgeblendet. Zum Glück ist eine wachsende internationale Gemeinschaft dabei, diesbezüglich aufzuwachen und die bekannten Daten zusammenzufassen. Doch dieser Prozess steckt im deutschsprachigen Raum noch immer in den Kinderschuhen. Das hat vermutlich damit zu tun, dass die wichtigsten Datensätze nur auf Englisch verfügbar sind. Eine Sprachbarriere kann daher als Hemmnis argumentiert werden. Dennoch bin ich überzeugt, dass es primär psychologische Gründe sind, welche die deutsche Zurückhaltung dominieren.

Ich werde die Hauptargumente für ein Polsprung-Szenario im 5. Kapitel des Buches ausführlich erläutern. Falls Sie noch nie mit der Hypothese einer Erdkrustenverschiebung konfrontiert wurden und das Thema als Hirngespinst betrachten, dann können Sie gerne ein paar Kapitel überspringen, um sich davon zu überzeugen, dass dem nicht so ist – ganz im Gegenteil! Die bekannten Datensätze sollten selbst dem „vernünftigsten Realisten“ schlüssig demonstrieren, dass dieser Aspekt nicht ignoriert werden darf, wenn man das größere Bild der globalen Entwicklung erkennen möchte.

---

63 Yuga (Sanskrit युग yuga, n., [jugɐ] „Periode“) ist im Hinduismus die Bezeichnung für die vier Weltalter. Man geht dabei von der Vorstellung aus, dass das Sein einem sich immer wiederholenden Ablauf von Werden und Vergehen ausgesetzt ist.

64 Der Maya-Kalender ist als astronomischer Kalender das historische Kalendersystem der Maya. Es ist der am weitesten entwickelte Kalender der mesoamerikanischen Ureinwohner.

In der jetzigen Phase meiner Phönix-Hypothese soll es mir zunächst genügen, das Szenario grob in seiner physischen Darstellung zu umreißen und die wichtigsten Quellen zu erwähnen, die das Thema relevant machen. Beginnen wir mit einer Randerscheinung in diesem Kontext: den Prophezeiungen.

3.3 Ignorierte Zukunftsvisionen

Die meisten Wahrheitssuchenden im deutschsprachigen Kontext sind meiner Erfahrung nach primär durch die europäischen Prophezeiungen mit dem Polsprung in Berührung gekommen. Nur wird das Phänomen dabei nur selten erkannt. Da die präkognitiven[65] Menschen in Europa in den wesentlichen Eckpunkten eine homogene Zukunftsvision zeichnen, gehen viele Skeptiker davon aus, dass alle Seher sich gegenseitig inspiriert haben. Dabei waren die meisten Propheten schlichte Persönlichkeiten und teilweise Analphabeten oder sogar blind. Daher könnte man ebenfalls postulieren, dass die Seher faktisch die gleiche Vision empfangen haben und dabei nur mit variierenden Fokuspunkten konfrontiert wurden. Hinzu kommt, dass die Botschaft zu verschiedenen Zeitepochen mit unterschiedlichen Sozialisierungen differenziert interpretiert werden kann. Dennoch ist in den Prophezeiungen eine allgemeine inhaltliche Deckung von 80-90% unverkennbar. Das gilt ebenfalls, wenn wir die internationale Prophetie und die Vorhersagen der Hopi-Indianer in die Analyse mit einbeziehen.

Alois Irlmaier ist im deutschen Kontext der bekannteste Seher und kann als umfassend dokumentierter Repräsentant der europäischen Propheten betrachtet werden. Er wird als wesentliche Quelle aller Autoritäten der Forschung um die Hellseher Europas anerkannt. Daher ist es nicht verwunderlich, dass viele Truther von seinen detaillierten Prophezeiungen eines 3. Weltkrieges in Europa gehört haben. Wie ich zuvor beschrieb, war das bereits 2014 ein Thema unter meinen Mitstreitern der Magdeburger

65 Präkognition (lateinisch: vor der Erkenntnis) ist die wissenschaftlich nicht nachgewiesene Fähigkeit, ein zukünftiges Ereignis oder einen Sachverhalt wahrzunehmen oder vorherzusagen. Zum Zeitpunkt der Voraussicht steht für das Erkennen kein rationales Wissen zur Verfügung – die Kausalität ist aufgehoben, weil die Präkognition zeitlich vor dem Ereignis liegt.

Friedens-Mahnwachen. Spricht man den Namen Irlmaier an, dann ist seine Person assoziiert mit der Warnung, dass deutsches Gebiet urplötzlich von russischen Truppen angegriffen wird, und schon wenden sich viele Menschen mit Schaudern ab. Diese Vorstellung zerstört oft den positiven „Vibe“ und da Putins Streitkräfte mittlerweile wesentlich näher an der Grenze zu Deutschland stehen, wird das Thema umso unbehaglicher.

Vor zehn Jahren konnte man Irlmaiers Visionen noch als unglaubwürdig abtun, aber spätestens ab der deutlich wahrnehmbaren Verschlechterung der NATO-Russland-Beziehungen um 2014 herum, konnte man die europäische Prophetie nicht mehr so einfach mit Logik entkräften. Hinzu kam, dass in den Visionen, die im Fall von Irlmaier fast 80 Jahre zurückliegen, bereits von Technologien gesprochen wird, die erst in den letzten Jahrzehnten auftauchten. Die Präkognition reicht von Mobiltelefonen bis zu „unbemannten Flugobjekten“ bzw. Drohnen.

Was viele Truther verkennen, ist der Fakt, dass der prophezeite Konflikt in Deutschland von kurzer Dauer sein soll und nur maximal 3 Monate anhalten wird. Bevor es zu einer atomaren Eskalation kommen kann, werden die Kriegshandlungen von einer Serie aus kosmischen und geophysikalischen Ereignissen unterbrochen, welche in einem Phänomen von „drei Tagen Dunkelheit“ münden. Daraufhin wird eine über viele Jahre andauernde Rückkehr in die technologische Zeit der Vorindustrialisierung beschrieben. Frühestens ein paar Jahrzehnte später sollen langsam wieder Hochtechnologien auftauchen. Zudem findet man unmittelbar nach dem Ereignis eine gravierende klimatische Veränderung, die ebenfalls als augenblicklich geschildert wird. Demnach hätte man fortan in Süddeutschland Temperaturen wie in Süditalien. So würden Palmen und Orangen dort angebaut werden.

Was die europäische Prophetie beschreibt, sind im Grunde die Symptome einer kosmisch induzierten Pol- bzw. Erdkrustenverschiebung. Die meisten Menschen, die sich mit den Prophezeiungen beschäftigt haben, schließen im aktuellen geostrategischen Kontext den beschriebenen Konflikt mit Russland nicht mehr aus. Dennoch ducken sich viele Analysten noch immer weg, wenn es um die geophysikalischen Aspekte der Vorhersage geht. Abgesehen davon haben die meisten Menschen, die sich fest in einem 4dimensionalen Raum-Zeit-Paradigma verorten, grundsätzlich Probleme damit, sich überhaupt vorstellen zu können, dass Präkognition möglich sei. Für die vernünftigen Materialisten sind die Prophezeiungen jedenfalls kein Argument. Ihnen ist zumeist nicht bekannt, dass die Wissenschaft schon lange mit Informationsstrukturen außerhalb des Raum-Zeit-Kontinuums rechnet. Diese höheren Dimensionen braucht es beispielsweise, um nonlokale Phänomene wie das EPR-Paradoxon[66] erklären zu können.

3.4 Die Sintflut als Symptom

Die Prophezeiungen sind die greifbarsten Quellen bezüglich einer zukünftigen Polverschiebung, die gegenwärtig im alternativen Spektrum in Deutschland kursieren. Leider sind sie auch die Unglaubwürdigsten. Weit weniger bekannt sind dagegen die Hinweise, dass dieses Phänomen der kataklystischen Transformation wissenschaftlich argumentierbar ist. Demnach herrscht kaum Bewusstsein darüber, dass eine zyklische Erdkrustenbewegung in der Vergangenheit wiederholt stattgefunden hat und es klare geologische und mythologische Indizien dafür gibt. So finden wir die Überlieferung einer gigantischen Flut in den Aufzeichnungen hunderter alter Kulturen um den gesamten Globus[67]. Ergo muss es ein weltweites kataklystisches Ereignis gegeben haben, welches seine Spuren in den Mythen sowie in den geologischen Schichten hinterließ. Die christliche Geschichte von der Sintflut und Noahs Arche, wie der globale Kataklysmus in der Bibel beschrieben wird, stammt aus wesentlich älteren Quellen wie dem Gilgamesch-Epos[68]. Diese mythologisch-religiöse Darstellung reiht sich perfekt in den Kanon einer weltumspannenden Katastrophe ein, die vor etwa 11.000 – 12.000 Jahren besonders akut gewütet haben soll.

66 EPR steht für Einstein- Podolski- Rosen-Paradoxon. Seit der EPR-Arbeit (1935) verfolgte Einstein bis zu seinem Lebensende (1955) hartnäckig das Ziel, die Quantenmechanik im Sinne von EPR zu vervollständigen. Seine Grundannahme blieb, dass die Quantenmechanik für sich allein genommen dem „gesunden Menschenverstand" widerspreche („Gott würfelt nicht"), was nicht verwunderlich ist, wenn man sein Weltbild auf vier Dimensionen beschränkt.

67 H. S. Bellamy spricht in seinem Buch „Moons, Myths and Man" von 500 Flutmythen von etwa 250 Völkern und Volksstämmen; Wikipedia kann etwa 70 Quellen auflisten.

68 Das Gilgamesch-Epos beziehungsweise Gilgameš-Epos ist der Inhalt einer Gruppe literarischer Werke, die vor allem aus dem babylonischen Raum stammt und eine der ältesten überlieferten, schriftlich fixierten Dichtungen enthält. Das Gilgamesch-Epos in seinen verschiedenen Fassungen ist das bekannteste Werk der akkadischen und der sumerischen Literatur.

Bildquelle: Fotostudio Ulrich Ghezzi, Oberalm / https://www.domquartier.at/residenzgalerie-sammlung-online/sintflut/#&gid=lightbox-group-177&pid=0

Die Sintflut in einem klassischen Gemälde

Die Wissenschaft findet deutliche Zeichen, dass ca. alle 3.600 Jahre auf der Erde eine gravierende Veränderung vor sich geht. Klimazonen haben sich abrupt verändert, Hochkulturen zerfielen, ganze Spektren von Tierarten verschwanden aus bestimmten Regionen, und wir finden Überreste von tropischen Pflanzen in den heutigen Polregionen und Fischskelette auf Bergketten, die weit von den Küsten entfernt sind. Alle diese Veränderungen ereigneten sich, nicht nur im geologischen Sinne, in einem extrem kurzen Zeitraum, sondern vollzogen sich vermutlich innerhalb von Tagen – zumindest, was die Krustenbewegung angeht.

Der äußere Mantel scheint sich zyklisch um 90° verschoben zu haben, was jeweils kataklystische Effekte auslöste. Wie könnten wir uns sonst erklären, dass Palmenreste am Südpol gefunden werden, während wir Eiszeiten in anderen Regionen hatten und bspw. Nordamerika unter einer dicken Eisschicht verschwand. Wir müssen annehmen, dass die Antarktis vor nicht allzu langer Zeit näher am Äquator lag. Ich werde später in einem dezidierten Kapitel noch einen detaillierteren Überblick über die wissenschaftlichen Fakten und Anomalien geben, die bereits 1958 von *Charles Hapgood* festgehalten wurden, der von keinem Geringeren als *Albert Einstein* in seiner These gestützt wurde. Beide Wissenschaftler waren überzeugt, dass eine zyklische Erdmantelverschiebung die einzige logische Erklärung für solche Phänomene sei. Bis zum Tod Einsteins unterhielten beide Männer rege Konversationen zu dem Thema und debattierten über die möglichen Auslöser.

Wenn wir dazu den ganzen Kosmos aus „Whistleblowern" und „Remote Viewern"[69] mit in den argumentativen Topf werfen, dann ergibt sich ein homogenes Gesamtbild. Demnach weiß ein Teil der obersten Machtstruktur nicht nur darum, dass eine Polverschiebung in der Vergangenheit stattgefunden hat, sondern bereitet sich darauf vor, dass ein solches Ereignis innerhalb der nächsten Jahrzehnte unausweichlich ist. Doch, um zu einer solchen Einschätzung zu kommen, muss man zunächst seine Hausaufgaben machen. Die Rohdaten sind dabei an den verschiedensten Orten versteckt und die üblichen Suchmaschinen darauf programmiert, die wichtigen Puzzleteile zu verbergen. Selbst wenn man genau weiß, wo man suchen muss, dann ist dieser Pool mit gezielt gestreuten Falschinformationen und Halbwahrheiten gesättigt. Der Polsprung ist definitiv ein anspruchsvolles Thema.

Bevor wir uns argumentativ auf dieses Schlachtfeld wagen, lassen sie uns die potentielle zukünftige Erdmantelverschiebung als Hypothese betrachten. Nehmen wir den zeitnahen Polsprung zunächst als gegeben hin. Jetzt können wir uns ernsthaft die Frage stellen, wie das System darauf reagieren würde, wenn das von mir skizzierte Szenario Realität wäre. Würde die Intelligenz an der Spitze der irdischen Machtpyramide, wen oder was auch immer wir dahinter vermuten, den Sachverhalt ignorieren und es einfach darauf ankommen lassen? Das halte ich für eher unwahrscheinlich. Ergibt es nicht mehr Sinn, anzunehmen, dass das System sich klammheimlich vorbereitet und dazu neigen würde, die Katastrophe als eine Gelegenheit zu betrachten, die Welt nach ihrem Ideal von Grund auf neu zu gestalten? Signifikant ist dabei die Debatte um die Geheimhaltung: Würde das System die Menschheit darüber in Kenntnis setzen und eine Panik riskieren oder würde es eher versuchen, dieses kritische

69 Fernwahrnehmung (engl. Remote Viewing oder Remote Perception) ist eine Bezeichnung für eine bestimmte Form des Hellsehens, eine hypothetische Art von Wahrnehmung. Ab Mitte der 1970er Jahre wurden parapsychologische Experimente von der US-Regierung gefördert und im Anschluss unter Geheimhaltung weitergeführt.

Puzzlestück so weit wie möglich unter einem Berg aus Lügen zu verstecken? Ich vermute Letzteres.

Falls Sie sich diese Fragen ebenfalls so beantworten, wie ich das antizipiere, dann können Sie sich sicher vorstellen, dass Ihnen die Beweisführung für diese These nicht so einfach in den Schoß fallen wird. Sie werden sich denken können, warum das Thema selbst in den alternativen Medien ein Schattendasein fristet. Eventuell werden sie sich sogar fragen, ob Sie persönlich das überhaupt so genau wissen möchten. Ihr Unterbewusstsein ahnt eventuell sehr treffend, dass die Konfrontation mit dieser Realität, enorme psychologische Konsequenzen impliziert. Daher lassen Sie uns da vorerst rein spielerisch einsteigen.

Als ich wiederholt mit den möglichen Konsequenzen einer Polverschiebung konfrontiert wurde, habe ich mir initial die Frage gestellt, was würde ich als System machen, wenn ich die Verantwortung hätte? Eines kann ich Ihnen gleich verraten: ich würde es nicht in der Tagesschau verkünden, sonst hätten wir schon morgen ein Pandämonium[70] in den Straßen. Wie reif und bedacht die Masse auf existenzielle Bedrohungen reagiert, hat mir die Corona-Krise gezeigt. Da bin ich völlig desillusioniert. Daher bin ich überzeugt, dass auch das System recht klare Vorstellungen davon hat, welche Dynamiken in einer Gesellschaft wirken, die mit einem drohenden Unheil konfrontiert wird, ohne sich in ein gedankliches Hoffnungsszenario flüchten zu können. Daher wird man zumindest dafür sorgen, dass das Kollektiv nicht direkt mit dem Gesicht in die Fakten gedrückt wird. Den Rest besorgen die internen „Bergsonschen Filter“[71], die das Individuum aus dem Unbewussten heraus davor bewahren, sich mit Realitäten zu konfrontieren, für welche sie nicht bereit sind.

70 Pandämonium oder seltener Pandaimonion steht für die Gesamtheit aller Dämonen oder ihren Aufenthaltsort; allgemein einen Ort des Grauens.

71 Henri Bergson (1859-1941) war ein einflussreicher französischer Philosoph, der sich intensiv mit Psi-Phänomenen beschäftigte und daraus eine „Filter“-Theorie des Bewusstseins entwickelte. Seine Bücher wurden häufig nachgedruckt und 1927 wurde er mit dem Nobelpreis für Literatur ausgezeichnet.

Kapitel 4 – Hypothetische Konsequenzen

4.1 Grundlagen der Phönix-Hypothese

Der Kern meiner Phönix-Hypothese basiert auf der Annahme, dass die zentrale Agenda einer international und überstaatlich operierenden Elite auf einem bevorstehenden Kataklysmus beruht. Dieser lässt sich mit einer zyklischen Polverschiebung erklären. Da ich erst im folgenden Hauptteil die Argumente für ein solches Szenario beleuchten werde, betrachten wir die Situation als rein strategisches Denkspiel. Wir nehmen also die katastrophalen Konsequenzen einer Erdmantelverschiebung als hypothetische Herausforderung einer kollektiven Staatengemeinschaft. Dann sollten wir schauen, wie sich das Bild mit den Ereignissen auf der Weltbühne der letzten Jahre vereinbaren lässt.

Um das Szenario präzise zu skizzieren, muss ich jedoch ein paar Grundannahmen für das Modell definieren. Diese ergeben sich aus den mir verfügbaren Daten und Recherchen. Ich nehme dementsprechend relevante Schlussfolgerungen vorweg. Hierzu nenne ich nur die Eckpunkte, die sich aus meiner Analyse herauskristallisieren, ohne auf die Gründe näher einzugehen, die sich erst im Argumentationsteil aufschlüsseln. Beispielsweise suggerieren mir die vorliegenden Daten, dass die wissenschaftlichen Eliten allerspätestens 1990 unzweifelhafte Beweise dafür erhielten, dass in den nächsten 40 bis 60 Jahren ein solcher Polsprung bevorstehen würde. Die Konsequenzen einer Erdmantelverschiebung waren dem System hingegen schon seit 1948 (spätestens durch „Project Nanook“[72]) bekannt.

Gleichzeitig muss ich klarstellen, dass viele Geheimgesellschaften und der innere Kern von religiösen Bruderschaften, wie zum Beispiel die Jesuiten, schon immer die Zyklen kannten – daher vermutlich völlig unabhängig von wissenschaftlichen Erkenntnissen weit im Voraus um die Implikationen wussten. Ob die verschiedenen okkulten Zirkel das Ge-

72 Das Projekt NANOOK war ein Aufklärungsprojekt der Vereinigten Staaten im Kalten Krieg, bei dem die erste RB-29 zur Kartierung und visuellen Aufklärung in der Arktis und entlang der nördlichen sowjetischen Küste eingesetzt wurde. Klandestin diente es auch der Aufklärung der Katastrophenzyklen.

heimwissen über die exakte Zeitrechnung bewahren konnten, ist spekulativ. Tatsache ist, dass unser gregorianischer Kalender hochgradig manipuliert wurde. *Papst Gregor,* auf dessen Namen die heutige Datierung basiert, war nur der letzte Manipulator, der an der Uhr gedreht hat.

Daher kann es durchaus sein, dass der Polsprung exakt am 21. Dezember 2012 passieren wird, wie es oftmals im Vorfeld kolportiert wurde. Die Frage bleibt nur, in welchem Jahr stecken wir heute, wenn man die Kalendermanipulationen herausrechnen würde? Auch dieser Aspekt ist höchst spekulativ, aber ich gehe davon aus, dass ein elitärer Kern die Zeitrechnung korrekt konserviert hat und daher genau vorherbestimmen kann, wann die kritische Phase beginnt. Die gleiche Problematik ergibt sich bei der Manipulation der Mondphasen. Hinter den Namen der Monate verstecken sich eindeutig Zahlen, doch die stimmen nicht mehr mit der heutigen Reihenfolge überein. Wir alle wissen, dass ein Oktagon 8 Ecken hat, aber der Oktober ist der 10. Monat. Aus den lateinischen Sprachen können wir klar ableiten, dass der September augenfällig der 7 zugeordnet werden muss, doch kommt er heute auf Platz 9. Diese Verschiebung um zwei Monate erkennt man ebenfalls im Dezember, der für die Nummer 10 stehen müsste, aber heute dem 12. Monat zugerechnet wird.

Es geht mir nicht darum, den Kalender zu korrigieren oder alternative Theorien dazu zu erörtern. Wichtig ist nur, dass wir festhalten können, dass an dieser Stelle massiv manipuliert wurde und wir alle Zeitprognosen, woher auch immer sie kommen mögen, mit Skepsis betrachten müssen. Gleichzeitig sollten wir aber davon ausgehen, dass vereinzelte okkultesoterische Geheimgesellschaften den Schlüssel zur Zeitberechnung genutzt haben, um für sich einen Vorteil zu generieren. Daraus könnte man ableiten, dass die Vorbereitungen auf den Polsprung schon lange vor der wissenschaftlichen Beweisführung angelaufen sein könnten. Eventuell ist die ganze Agenda einer „Neuen Weltordnung" oder „Novus ordo seclorum"[73], wie sie auf dem Dollarschein steht, viel älter als wir glauben.

---

73 Novus ordo seclorum (auch saeculorum; lateinisch für „eine neue Ordnung der Zeitalter") ist eines der beiden Mottos auf der Rückseite des Siegels der Vereinigten Staaten. Das oben zu lesende Motto lautet Annuit coeptis (lateinisch für „Er ist unseren Unternehmungen gewogen"), dazwischen befindet sich das Auge der Vorsehung über einer unvollständigen gemauerten Pyramide.

Wenn es darum geht, die Kreise zu identifizieren, die über einen wesentlichen Kern der zukünftigen Ereignisse informiert sind, dann sehe ich da drei unterschiedliche Fraktionen. Diese müssen nicht zwangsläufig einer vollständig homogenen Agenda folgen. Zunächst kommen viele Whistleblower aus dem militärischen Kontext. Diese Insider scheinen durchaus nachvollziehbare Absichten zu haben, wenn man ihrem internen Narrativ traut. Demnach geht es ihnen primär darum, das Überleben der Menschheit und ihrer Errungenschaften sicherzustellen. Im Rahmen ihrer Möglichkeiten versuchen sie, Menschen und Material über die kritische Zeit zu retten. Innerhalb dieser Fraktion könnte man durchaus ein paar altruistische Charaktere vermuten.

Eine weitere eingeweihte Gruppe verorte ich im Spektrum der bekannten Eliten. Auffälligerweise haben sich schon seit Jahren gewisse Milliardäre wie *Jeff Bezos* und *Elon Musk* mit Weltraumreisen beschäftigt. Versuchen sie womöglich, von der Erde zu flüchten? Diese Leute haben zudem Untergrundprojekte und Privatbunker gebaut. Neuseeland scheint dabei ein favorisierter Ort zu sein. Davon ausgehend, können wir schlussfolgern, dass sie entweder von höchster Stelle eingeweiht wurden, oder selber die Mittel haben, die Lage zu erkennen. Es ist nicht auszuschließen, dass ihre kometenhaften Aufstiege erst durch das System ermöglicht wurden und sie damit auch gezwungen sind, ihre Rolle im Vorbereitungsprozess zu spielen. Dennoch scheint es eine gewisse Konkurrenz unter ihnen zu geben, bezüglich der optimalen Ausgangsposition – aber auch das könnte nur Show sein.

Bleibt die letzte Hauptgruppe, die ich identifizieren konnte. Hierbei handelt es sich um okkultesoterische Geheimgesellschaften, die schon immer das Geheimnis der Zyklen bewahrten. Sie extrahierten beispielsweise seltene Manuskripte aus der großen Bibliothek von Alexandria und verbrachten sie in die geheimen Archive des Vatikans oder in private Sammlungen, um das exquisite Wissen vom gemeinen Volk zu isolierten. Vielleicht fanden sie zudem zusätzliche Informationen in den zahlreichen Tempeln einer vergangenen Hochkultur? Diese Bruderschaften sehen in dem Zyklus nicht nur einen katastrophalen Kataklysmus, sondern auch eine katalytische Gelegenheit oder gar eine Vorbestimmung, die Welt in ein neues Zeitalter zu überführen. Ihre neue Weltordnung soll wie der Phönix aus der Asche der alten Zivilisation emporsteigen. Genau wie im Mandarin oder I-Ging für Chance und Katastrophe[74] das gleiche Schriftzeichen benutzt wird, so spiegelt die chinesische Linguistik eine tiefere philosophische Grundannahme wider, die in den Geheimgesellschaften ebenfalls präsent ist. Jedes vermeintliche Unglück soll demnach als Gelegenheit für einen fundamentalen evolutionären Prozess begriffen werden.

Was all diese drei primären Kerngruppen angeht, die um den geophysikalischen Prozess wissen, so können wir festhalten, dass sie durchaus unterschiedliche Absichten und Prioritären verfolgen könnten. Ihre individuellen Ansätze mögen sich in der Tat voneinander differenzieren. Dennoch scheinen sich alle Beteiligten in einer Angelegenheit vollkommen einig zu sein, und das betrifft die Geheimhaltung. Niemand möchte, dass das Kollektiv darüber direkt informiert wird. Eine verfrühte Panik könnte dynamische Kettenreaktionen verursachen, die im schlimmsten Fall dazu führen, dass die globale Gesellschaftsstruktur schon vor dem offiziellen Termin im Chaos versinkt. Selbst die wohlwollendsten Menschenfreunde im Militär dürfen demnach nicht zulassen, dass die Öffentlichkeit davon erfährt. Auch sie möchten bis zur letzten Minute ihre Zeit nutzen, um die Vorbereitungsmaßnahmen weiter auszubauen. Dazu muss die Gesellschaft funktionieren, weil die gemeine Bevölkerung jene kritische Infrastruktur betreibt, von der eine effiziente Präparation abhängig ist. Aus diesem Grund können wir von einer umfassenden Geheimhaltung ausgehen. Im Militär werden diese Themen als „Cosmic Top Secret[75]" deklariert und im Vatikan läuft ein solches Wissen unter der „Omega"-Geheimhaltungsstufe. Dennoch scheint es eine Vereinbarung zu geben, die es jenen Individuen, die unbedingt die Zusammenhänge erkennen möchten, auch erlaubt, darum zu wissen. Ohne diese geheime Klausel hätte ich das Buch weder schreiben noch publizieren können.

---

74 Schon John F. Kennedy hat dies mit einiger Verwunderung festgestellt: „Die Chinesen verwenden zwei Pinselstriche, um das Wort „Krise" zu schreiben. Ein Pinselstrich steht für die Gefahr, der andere für die Chance. In einer Krise sollte man sich der Gefahr bewusst sein, aber auch die Chance erkennen." Link: https://tinyurl.com/5akxjr9z

75 „Comic Top Secret" ist die höchste Geheimhaltungsstufe innerhalb des westlichen Militärs (NATO) und Geheimdienste.

Wie ich bereits angerissen habe, deuten alle Daten darauf hin, dass das System schon immer das Wissen um die Zyklen geheim hielt. Innerhalb der Geheimgesellschaften wird das über die Einweihungsgrade sichergestellt. Diese hierarchische Diskretion funktioniert, wie das militärische „Need to know"-Prinzip[76], in dem Sinne, dass nur die oberste Rangebene ein umfassendes Bild bekommt. Nach unten hin werden die Informationen immer weiter ausgedünnt und beschnitten. Jede Instanz in der Hierarchie erfährt nur das, was sie wissen muss, um ihre Funktion zu erfüllen. Zudem wird im Militär zusätzlich mit dem Prinzip gearbeitet, dass für die unteren Ränge reduktionistische Narrative erfunden werden, um keine kritischen Fragen aufkommen zu lassen – moralische Problematiken, die den Soldaten im Feld eventuell zögern lassen, den Abzug zu drücken. Außerdem lässt sich durch das Prinzip der gestaffelten Narrative besser ermitteln, aus welcher Ebene ein Datenleck (Beispielsweise durch *Julian Assange* und WikiLeaks[77]) stammt, wenn tatsächlich mal etwas durch sogenannte „Whistleblower" an die Öffentlichkeit gerät. Basierend auf den variierenden Details ist es leichter, den potentiellen Personenkreis mit losem Mundwerk einzugrenzen. Dadurch kann das System den Maulwurf zielsicher einkreisen.

Wie man in Zeiten von Internet, anonymen Whistleblowern und unabhängigen Forschern dafür sorgt, dass das Wissen um den Polsprung keine kritische Wahrnehmungsschwelle erreicht, werde ich im Detail noch erläutern. Doch gehen wir erst einmal grundsätzlich davon aus, dass kein Aufwand gescheut wird, die kollektiven Narrative zu kontrollieren und zu spalten, wie ich es zuvor im Kontext der alternativen Medien beschrieben habe. Wenn wir annehmen können, dass es einen Weg gibt, die Polverschiebung vor der Öffentlichkeit zu verheimlichen, wie würde ich das bewerkstelligen, wo kommt das Geld her und welche Vorbereitungsmaßnah-

---

76 Das „Need-to-know-Prinzip" (Kenntnis nur, wenn nötig), das auch Erforderlichkeits-Prinzip genannt wird, beschreibt ein Sicherheitsziel für geheime Informationen. Auch wenn eine Person grundsätzlich Zugriff auf Daten oder Informationen dieser Sicherheitsebene hat, verbietet das Need-to-know-Prinzip den Zugriff, wenn die Informationen nicht unmittelbar für die Erfüllung einer konkreten Aufgabe von dieser Person benötigt werden. Das Prinzip ist unter anderem eines der grundlegenden Konzepte für die interne Arbeitsweise von Geheimdiensten.

77 WikiLeaks (von hawaiisch wiki „schnell" und englisch leaks „Lecks", „Löcher", „undichte Stellen") ist eine im Jahr 2006 gegründete Enthüllungsplattform, auf der Dokumente anonym veröffentlicht werden (Whistleblowing), die durch Geheimhaltung als Verschlusssache, Vertraulichkeit, Zensur oder auf sonstige Weise in ihrer Zugänglichkeit beschränkt sind.

men kann ich treffen, um einen kontrollierten Neustart zu initiieren? Das wären die primären Fragen, die ich mir als System stellen würde.

4.2 Klandestine Geldbeschaffung

Wenn wir uns zunächst vorstellen, dass wir in den Schuhen des Systems stecken, unabhängig davon, ob wir uns primär in die führenden Köpfe der Militärs, der reichen Eliten oder gar der okkulten Bruderschaften verorten, dann werden wir nichts bewegen können, ohne einen speziellen „Hilfsfond". Zunächst einmal sollte klar sein, dass wir keine auffälligen Investments aus öffentlichen Konten wie Staatshaushalten heraus machen können. Wir dürfen beispielsweise nicht einfach Millionen von Schwimmwesten mit einem Katastrophenschutzbudget finanzieren. Irgendeine Kontrollbehörde könnte unangenehme Fragen stellen. Wir brauchen also Billionen, Billiarden oder besser gleich Trillionen von Dollar und Euro, die auf schwarzen Konten liegen. Das sind Gelder, die von keinem staatlichen Kontrolleur überprüft oder hinterfragt werden können.

Wenn wir uns die letzten Jahrzehnte betrachten, dann sollte kaum ein Zweifel daran bestehen, dass die Lenker der Weltwirtschaft einen Kurs gewählt haben, der zwangsläufig in den finanziellen Abgrund führt. Die westlichen „Demokratien" haben exponentiell anwachsende Schuldenberge produziert, die keine Generation mehr zurückzahlen kann. Egal wo man hinschaut, basiert das System nur noch aus Finanzblasen, die jederzeit platzen könnten. Die Zentralbanken generieren praktisch Geld aus dünner Luft und irgendwo hin versickert ein beachtenswerter Teil des Kapitals. Natürlich gibt es bestimmte Personenkreise, die innerhalb jenes Prozesses auffällige Privatvermögen aufgebaut haben, aber das sind vergleichsweise „Peanuts", die als Schweigegeld dienen. Ein Großteil der abgeschöpften Gewinne landet über verschleiernde Finanzaktionen auf schwarzen Konten. Das ist daher möglich, da das gesamte Finanzsystem so undurchsichtig und komplex geworden ist, dass selbst Experten mit Jahrzehntelanger Erfahrung in diesem Bereich die Mechanismen nicht mehr vollständig erklären können. Daher wundern sich viele Analysten, warum der Finanzmarkt nicht schon vor Jahren in sich implodiert ist.

Wer sich fragt, wann endlich der große unvermeidbare Crash kommt, sollte in Erwägung ziehen, dass dieses Finanzsystem vollständig kontrolliert wird. Es wird so lange künstlich am Leben erhalten, bis der kosmisch induzierte Reset kommt. Bis dahin dient es primär dazu, Kaufkraft in die schwarzen Kanäle zu lenken, ohne dass die Menschheit die gezielte Abschöpfung vollständig realisiert. Die obersten Architekten dieser Intrige zerbrechen sich nicht die Köpfe, wie sie die Schulden jemals wieder begleichen sollen, denn sie wissen, dass mit dem Polsprung als kosmischer „Great Reset" alles auf Null gesetzt wird. Damit wird es weder Schuldner noch Gläubiger mehr geben. Wenn sich in den kommenden Jahren dennoch ein großer Finanzcrash ereignen sollte, dann passiert das vermutlich nur, um damit eine nächste Phase der Vorbereitung zu signalisieren und Ressourcen zu konsolidieren.

Über die großen Paradoxien des internationalen Finanzwesens wurden viele Bücher[78] geschrieben, aber lassen Sie mich trotzdem ein paar bekannte Maschen anführen, wie beachtliche Geldmengen in dunklen Kanälen gelandet sind. Auffällig sind dabei die Anomalien rund um den 11. September. Hier meine ich noch nicht einmal die „Put-Options"[79] im Vorfeld der Tragödie oder die Tonnen von Gold[80], die dort verschwanden. Diese lagerten unter dem „World Trade Center" und wurden nach dem Kollaps der Zwillingstürme nie wieder gefunden. Primär verweise ich in dem Kontext auf die Pressekonferenz von *Donald Rumsfeld,* die am 10. September 2001 stattfand. Dort musste er in seiner Position als Verteidigungsminister erklären, dass er 2,3 Billionen US-Dollar[81] nicht mehr zurückverfolgen konnte, die in den letzten Jahren aus dem Militärbudget verschwunden waren. Er erklärte, dass er die entsprechenden Rechnungstabellen einer Kommission im Pentagon übergeben hätte,

78 Z.B. „Bekenntnisse eines Economic Hit Man" (engl. Confessions of an Economic Hit Man) ist ein autobiografisches Buch von John Perkins aus dem Jahr 2004.

79 In den Tagen vor dem 11. September 2001, haben Unbekannte massenweise auf stark sinkende Börsenkurse der betroffenen Fluggesellschaften, Banken sowie der beiden am meisten betroffenen Rückversicherungs-Konzerne gesetzt und damit signifikante Geldmengen generiert.

80 Goldbarren im Wert von 166.770.000.000 US-Dollar, die von ihrem Lagerplatz im Keller des WTC-Komplexes verschwanden und von denen nur 230 Millionen Dollar wiedergefunden wurden. Diese befanden sich alle in Gebäude 4 des WTC.

81 Auf YouTube findet man noch den Mitschnitt oder Auszüge der Pressekonferenz unter dem Suchbegriff: „Rumsfeld 2.3 Trillions missing"

die bereits daran arbeiten würde, die schwarzen Löcher im Verteidigungshaushalt zu finden.

2,3 Billionen ($2{,}3 \times 10^{12}$) US-Dollar sind sicher nur ein Tropfen auf einem heißen Stein, wenn man klandestine Maßnahmen finanzieren möchte, die der Vorbereitung auf einen Polsprung dienen. Dennoch haben wir es mit einem beachtlichen Betrag zu tun. Wäre das Geld gefunden worden, dann hätte man jedem US-Amerikaner etwa 7.000 Dollar direkt auf die Hand geben können. Doch das wurde verhindert. Am nächsten Tag schlug, laut offizieller Verlautbarung, eines der entführten Flugzeuge genau in den Teil des Pentagons ein, wo die Experten gerade die Unterlagen nach den schwarzen Löchern durchsuchten. Wer hier an Zufall glauben möchte, der darf dies gern tun. Fakt ist bis heute, dass unklar ist, welches Objekt damals wirklich in das Pentagon eingeschlagen ist. Da alle Filmaufnahmen von benachbarten Gebäuden unter Verschluss stehen und das einzige veröffentlichte Video kein Flugzeug erkennen lässt, dürfen wir nur spekulieren, was dort wirklich explodiert ist. Ich kann Ihnen nur versichern, dass es höchstwahrscheinlich kein Terrorist mit einer Verkehrsmaschine war.

Doch damit hatte der 11. September als „Cashcow"[82] noch lange nicht ausgedient. Mit der Vermarktung als Terrorangriff diente die Inszenierung von 9/11 auch als Argument, zeitnah mit einer „Koalition der Willigen" in Afghanistan einzureiten. Wenig später wurde auch der Irak systematisch ausgeraubt. Der Kampf gegen Terror war demnach nur der Vorwand, um mit Steuergeldern finanziert, ein Land nach dem Anderen zu plündern. Im Fall von Afghanistan gab es nicht viel zu holen. Dafür konnte man ein gigantisches Anbaugebiet für Opium übernehmen, inklusive landwirtschaftlichem Personal, welches für einen Mindestlohn arbeitet.

Während die Taliban noch eine restriktive Drogenpolitik[83] bis 2001 durchsetzten, explodierten die Opiumfelder schon kurz nach dem Ein-

82 Englisch für „Geldkuh"; ist eine Analogie für ein Objekt oder Geschäft, die man „melken" kann.

83 Im Juli 2000 erklärte Taliban-Führer Mullah Mohammed Omar in Zusammenarbeit mit den Vereinten Nationen, dass der Anbau von Mohn unislamisch sei, was zu einer der erfolgreichsten Antidrogenkampagnen der Welt führte.

Bildquelle: Public Domain / https://www.blaetter.de/ausgabe/2018/april/die-opiumfront

Opiumfelder während der Besatzung Afghanistans

marsch der Alliierten. In kürzester Zeit steigerte sich der Anteil afghanischen Heroins[84] auf dem Weltmarkt von 0 auf 90%. Das vollzog sich über viele Jahre hinweg. Insider und Whistleblower berichteten immer wieder, wie Tonnen von Drogen in den Särgen der gefallenden Soldaten in die USA geschleust wurden. Diese Logistik wurde hauptsächlich von der CIA organisiert. Der Auslandsgeheimdienst hatte traditionell schon immer die meiste Erfahrung damit, wie man Drogen zu Bargeld auf Schwarzkonten verwandelt. Jedoch zeigte die Iran-Contra-Affäre, dass auch andere Geheimdienste wie die NSA und Teile des US-Militärs ebenfalls in solche schwarzen Operationen involviert waren.

Die finanziellen Mittel, die für die Afghanistan-Mission bereitgestellt wurden, standen zwar unter parlamentarischer Kontrolle, jedoch konnten die Gelder, die über den Drogenverkauf aus dem Land heraus erwirtschaftet wurden, frei genutzt werden. Wenn wir davon ausgehen können, dass die Tentakel des Systems einen Großteil des Exports kontrollierten, dann wurden über die Jahre nach 9/11 viele Billionen US-Dollar dort ge-

84 Schätzungen des UN-Büros für Drogen- und Verbrechensbekämpfung (UNODC) aus dem Jahr 2006 gehen davon aus, dass 52 % des Bruttoinlandsprodukts (BIP) des Landes im Drogenanbau erwirtschaftet werden.

neriert[85]. Im Kontext meiner Hypothese gehe ich davon aus, dass diese Gelder hauptsächlich in Projekte flossen, die der heimlichen Vorbereitung auf einen Polsprung dienen. Wäre ich das System, hätte ich es exakt so gemacht und die bekannten Indizien spiegeln präzise ein solches Vorgehen wieder.

Es ist in diesem finanziellen Bereich grundsätzlich davon auszugehen, dass große Mengen Geld zur Seite geschafft wurden. Vermutlich sind einige Maschen so effizient und verdeckt angelegt, dass das Wissen darum nie den geschützten Kreis der Konspiration verlassen hat. Doch das ist Spekulation und um mehr geht es hier auch nicht. Nehmen wir also auf Basis gewisser Indizien rein hypothetisch an, dass Schwarzgeld nicht das Problem ist. Also folgen wir weiter dem Gedankenspiel, dass wir uns in der Rolle des Systems auf wirklich großzügige finanzielle Ressourcen verlassen können. Schon allein aufgrund der Tatsache, dass wir die mächtigsten Bankiers-Dynastien, wie die Rothschilds und die Rockefellers, zu unseren Alliierten zählen und ebenfalls die FED[86] uns dienlich ist, sollte kein Zweifel darin bestehen, dass Geld hier nicht die größte Herausforderung ist. Die wesentlich wichtigere Frage lautet: was fangen wir damit an?

4.3 Gedankenkontrolle und Meinungshoheit

Wenn wir davon ausgehen dürfen, dass Geld nicht das Problem ist, und wir gigantische Summen vom Weltmarkt abschöpfen können, dann geht es primär darum, das öffentliche Denken und die diskutierten Narrative zu kontrollieren. Das gilt zunächst einmal in Bezug auf die geheimen Machenschaften der Geldbeschaffung, die verschleiert und im schlimmsten Fall als Gier Einzelner oder einer systemischen Habsucht verklärt werden müssen. Doch im Verlauf der Vorbereitung müssen auch die sichtbaren Maßnahmen bezüglich des Polsprungs in ein

85 Im Oktober 2009 veröffentlichte die „New York Times“ einen Artikel von Dexter Filkins, Mark Mazzetti und James Risen, in dem berichtet wurde, dass ein hochrangiger amerikanischer Beamter behauptet hätte, Ahmed Wali Karzai habe acht Jahre lang - kurz nach der Wahl seines Bruders zum Präsidenten, regelmäßige Zahlungen von der CIA erhalten und sei am Opiumhandel in Afghanistan beteiligt gewesen.

86 Das „Federal Reserve System“, oft auch „Federal Reserve“ oder kurz „Fed“ genannt, ist das Zentralbank-System und die US-Notenbank der Vereinigten Staaten von Amerika.

unverfängliches Narrativ eingebunden werden, damit die wahren Absichten nicht auffallen.

Eine mediale Kontrolle des kollektiven Denkens ist essenziell und kostet Milliarden. Think-Tanks[87] und Influencer[88] müssen bezahlt werden. Im Westen wird zwar die gesamte Medienlandschaft durch die „Bilderberger", das „WEF", das „Council on Foreign Relations" und der „Trilateralen Kommission" kontrolliert, doch muss auch der Sektor der alternativen Medien gelenkt werden. Dort setzt man primär auf Empörungs-Management. Man lässt die kritischen Geister lieber in ein paar selektierten Skandalen herumstochern, als dass man ihnen zu viel Ruhe gönnt, um das größere Bild zu betrachten. Auch diese „Beschäftigungstherapie" ist aufwendig und daher nicht billig.

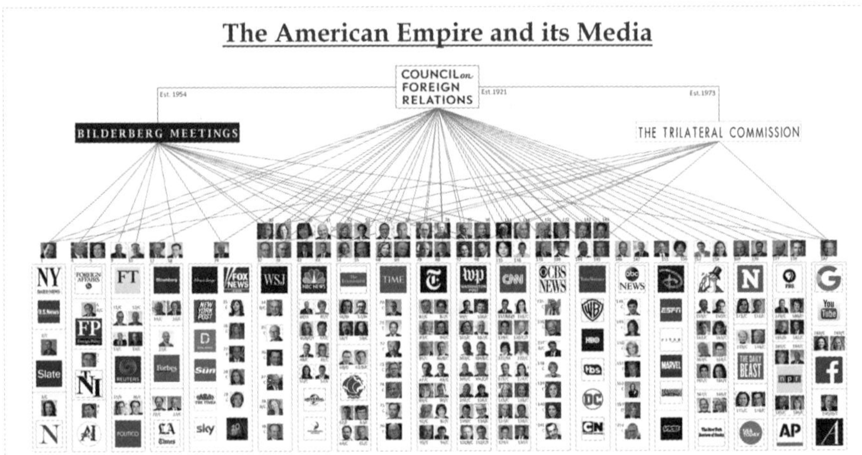

Mediennetzwerk von Bilderberger, CFR und Trilateraler Kommission

Bildquelle: Swiss Propaganda Research / https://swprs.org/wp-content/uploads/2017/08/cfr-media-network-hdv-spr.png

Selbstverständlich kann man nicht im Einzelnen verhindern, dass Individuen auf wesentliche Auffälligkeiten stoßen und anfangen, die hier beschriebene Agenda zu erkennen. Doch das ist auch nicht nötig. Es ist nur wichtig, dass keine kritische Masse im Kontext der alternativen Medien die größeren Zusammenhänge erfassen kann. Allzu prävalente Ideen könnten auf den Mainstream abfärben. Das breite Meinungsspektrum und die konkurrierenden Narrative innerhalb der Wahrheitsbewegung

87 Zumeist private Unternehmen, die Strategien und Prognosen für gesellschaftliche oder geostrategische Szenarien entwickeln und Kampagnen zur Lenkung entwerfen.

88 Bezeichnung für Publizisten in den sozialen Medien, die eine signifikante Gefolgschaft haben.

dienen als Isolationsschicht zwischen dem Wissen um den geophysikalischen Reset und der Wahrnehmung der breiten Öffentlichkeit. Sollte dennoch die Bewusstwerdung im alternativen Spektrum irgendwann ein kritisches Momentum erreichen, dann wird das System das rechtzeitig erkennen und reagieren.

Bildquelle: National Security Agency / https://upload.wikimedia.org/wikipedia/commons/8/84/National_Security_Agency_headquarters%2C_Fort_Meade%2C_Maryland.jpg

Hauptquartier der NSA

Durch „KI“ und Echtzeitauswertung der Kommunikation in sozialen Medien, aber auch durch die abgeschöpften Daten aus mithörenden „Smartgeräten“ (Handys, Alexa, Google und Co.) kann nahezu in Echtzeit erkannt werden, wann ein unbequemes Thema zu viel Aufmerksamkeit bekommt. Dann muss sofort gegengelenkt werden, indem ein neuer Skandal lanciert wird. Eine Politmarionette wird beispielsweise der öffentlichen Empörung geopfert. In kritischen Fällen könnte man auch eine Naturkatastrophe mit „HAARP“[89] oder ähnlichen Technolo-

89 Das „High-Frequency Active Auroral Research Program“ (HAARP) war zunächst ein Programm der „University of Alaska Fairbanks“ und der US-Navy zur Erforschung der Ionosphäre, entwickelte sich aber in ein Waffenprojekt. Verschiedene Länder besitzen heute solche Anlagen. Michel Chossudovsky erklärte in einem vom Ausschuss für Währungs- und Wirtschaftsreform veröffentlichten Buch, dass „jüngste wissenschaftliche Erkenntnisse darauf hindeuten, dass HAARP voll funktionsfähig ist und Überschwemmungen, Wirbelstürme, Dürren und Erdbeben auslösen kann.“

gien inszenieren, um das Kollektivbewusstsein auf ein anderes Thema zu lenken. Diese Kontrolle könnte mittlerweile voll automatisiert sein und durch eine künstliche Intelligenz gemanagt werden – zumindest, was die Diskussion bestimmter Themen im Internet angeht, die durch „Chatbots“ umgelenkt oder geframed werden können. Ich fürchte, wir unterschätzen vollkommen, wie viel Macht eine KI nunmehr in dieser Welt hat.

Die Kontrolle über Massenmedien und Hollywood ist ein komplexer Sachverhalt und soll hier auch nicht im Detail erklärt werden. Darüber wurde viel publiziert. Die meisten „Aufgewachten“ erkennen durchaus, dass die Massenmedien und Hollywood einen signifikanten Einfluss auf das kollektive Bewusstsein ausüben. Wichtig wäre es jedoch, darauf aufmerksam zu machen, dass die unbedingte Loyalität der lenkenden Eliten aus dem Unterhaltungsmilieu durch sogenannte Honigtöpfe garantiert wird. Operationen wie „Epstein Island“[90] sind demnach nur die Spitze des Eisbergs. Ziel dieser „Honigtöpfe“ ist es, einflussreiche Individuen aus der Politik und der Entertainment-Industrie möglichst in kompromittierende Positionen zu locken, sie dabei zu dokumentieren und sie dadurch erpressbar zu machen.

4.4 Physische Maßnahmen

Da wir in der hypothetischen Position als System theoretisch nun über ausreichend finanzielle Ressourcen verfügen und das Narrativ nahezu wasserdicht kontrollieren, wird es Zeit, konkrete Initiativen zu ergreifen. Die logischste Herangehensweise, sich vor einem kataklystischen Ereignis an der Erdoberfläche vorzubereiten, wäre es, sich Bunker unter der Erde zu bauen. Diese sogenannten „DUMBs“[91], orientieren sich an Maßnahmen, die bereits andere Hochkulturen vor uns als angemesse-

90 Jeffrey Epstein installierte an zahlreichen Stellen seines Anwesens versteckte Kameras, um sexuelle Handlungen von Prominenten mit minderjährigen Mädchen zu kriminellen Zwecken wie Erpressung aufzuzeichnen. Die Liste der Passagiere, die im Privatjet regelmäßig nach „Lolita Island“ flogen, ist lang und involviert u. a. zahlreiche prominente Politiker.

91 Akronym für „Deep Underground Military Bunkers“; zu Deutsch: tiefe, unterirdische, Militärbunker

ne Vorbereitung auf einen Polsprung erkannt haben, wie in Derinkuyu[92], Petra, Lalibela[93], Rakhigarhi[94] etc. Äußerst faszinierend ist in diesem Kontext die Anlage von Göbekli Tepe[95], um die sich mehrere unterirdische Städte formieren.

Was die europäischen antiken Unterwelten angeht, so kann ich nur die Arbeit von *Professor Dr. Heinrich Kusch* empfehlen. Seine Forschung dokumentiert weitreichende Untergrundanlagen, die teilweise älter als 30.000 Jahre sind[96]. Wir können davon ausgehen, dass diese unterirdischen Städte bereits zahlreiche Transformations-Zyklen überlebt haben. Daraus könnte man schlussfolgern, dass DUMBs durchaus einen mehr als ausreichenden Schutz bieten.

Glauben wir den Berichten von Whistleblowern wie *Phil Schneider*[97], dann schreitet die Produktion von DUMBs seit Jahrzehnten munter voran. Allein in Nordamerika soll es über 200 solcher Anlagen geben, wovon nur ein kleiner Bruchteil auf offiziellen Listen des Militärs zu finden ist. Auch die Geisterstädte in China und Projekte wie der Saatgut-Tresor auf Svalbard[98] kann man in diesem Kontext nennen. Allerdings dürften diese Installationen nur die Spitze des Eisbergs darstellen, welcher für die Öffentlichkeit sichtbar ist. Wesentlich faszinierender sind für mich solche Projekte, um deren wahre Dimensionen unter der Oberfläche sich nur Mythen ranken, wie um den „Denver Airport“, die „Dulce Airbase“, und „Pine Gap“. Auch der neue Berliner

---

92 Derinkuyu liegt in Kappadokien und ist bekannt für seine große, mehrstöckige unterirdische Stadt. In der Umgebung gibt es mehrere historische unterirdische Städte, die aus einer einzigartigen geologischen Formation herausgearbeitet wurden.

93 Lalibela ist eine Stadt in der Region Amhara in Äthiopien. Sie ist wegen ihrer berühmten monolithischen Architektur bekannt, die in den Fels geschlagen wurde.

94 Rakhigarhi hat 11 unterirdische Anlagen mit einer Gesamtgröße von 550 Hektar. Sechs der Anlagen sind Wohnstätten, die in die Vorformationszeit, frühe „Harappan“-Ära gehören.

95 Der „Göbekli Tepe“ (türkisch für ‚bauchiger Hügel‘, kurdisch Xirabreşk) ist ein prähistorischer Fundort, 15 Kilometer nordöstlich der südostanatolischen Stadt Şanlıurfa in der Türkei. Das Alter der Anlage wird auf 8.800 – 700 v. Chr. geschätzt und es wurden Monolithe von bis zu 50 Tonnen Gewicht verbaut.

96 Prof. Dr. Heinrich Kusch Bücher: „Geheime Unterwelt“; „Asiens Unterwelten“

97 Nexus Magazin N° 102; Artikel: „Der Mann der uns die DUMBs brachte“.

98 Das „Svalbard Global Seed Vault“, zu deutsch „Weltweiter Saatgut-Tresor“ auf Svalbard, ist ein Projekt des Welttreuhandfonds für Kulturpflanzenvielfalt (englisch Global Crop Diversity Trust, GCDT) zur langfristigen Einlagerung von Saatgut zum Erhalt und dem Schutz der Arten- und Varietäten-Diversität von Nutzpflanzen.

Flughafen, der irgendwie nicht fertig werden möchte und ungewöhnlich viel Erdbewegung verzeichnet, erweckt hier Verdacht[99].

Bildquelle: Christian Köhlert

Gemälde im Denver Airport

In dem Kontext der DUMBs sollte man noch erwähnen, dass die Bunkeranlagen vielleicht nur die primäre Antwort auf einen Polsprung und den damit assoziierten Kataklysmus darstellen. Es mag geheimere Projekte geben, die sich ebenfalls mit der Umsiedlung auf andere Planeten[100] beschäftigen, sofern das wirklich möglich ist. Auch diese Vorbereitungsmaßnahmen könnten sich aus schwarzen Konten heraus und teilweise über Militärbudgets finanzieren.

99 Der Flughafen Berlin Brandenburg „Willy Brandt" (IATA: BER, ICAO: EDDB) ist ein internationaler Verkehrsflughafen in Schönefeld, südlich der Stadtgrenze von Berlin im Bundesland Brandenburg. Bis 2035 sind Erweiterungsbauten geplant. Der Bau des Flughafens, der am 5. September 2006 begann, war eines der größten Bauprojekte Deutschlands. Der Start des Flugbetriebs war anfangs für November 2011 geplant. Aufgrund angeblich fehlerhafter Bauplanung, mangelnder Bauaufsicht und umfangreicher technischer Mängel wurde der Eröffnungstermin insgesamt sieben Mal verschoben.

100 Die Überlegung erübrig sich natürlich für Anhänger der Flacherdentheorie.

Der Bau hochmoderner Bunkersysteme im Verborgenen ist nicht der schwierigste Aspekt in der Vorbereitungsphase. Es ist nur der Teuerste. Eine weitere Herausforderung liegt darin, geeignete Menschen zu finden, die einen Wiederaufbau nach dem Reset stemmen können. Darüber hinaus muss das System die Anlagen in aller Stille mit spezifischen Ressourcen ausstatten, die die Menschheit für einen kontrollierten Neustart benötigt.

Das System benutzt vermutlich seit geraumer Zeit eine künstliche Intelligenz, um durch die Filterung großer Datenmengen aus dem Internet die richtigen Anwärter für den Wiederaufbau zu finden. Durch die Aussagen von *Edward Snowden*[101] wissen wir, dass die Datenkraken von NSA, Google und Co. ein holistisches Profil aller Menschen erstellt haben. Dazu gehört auch eine dezidierte Analyse von individuellen Fähigkeiten und psychologischen Dispositionen. Allein unsere Browser-Historie kann dem System einen umfassenden Einblick erlauben. Schauen wir nur Katzenvideos auf TikTok an, oder lesen wir die aktuellen Publikationen über Nanotechnologie?

Ich kann nur mutmaßen, nach welchen Qualitäten und Eigenschaften das System genau sucht, aber man darf davon ausgehen, dass es schon jetzt detaillierte Listen von Kandidaten gibt, wie es im Film „Greenland" dargestellt wird. Wenn die Situation kritisch wird, könnten vertrauliche Einladungen ausgesprochen werden, sich evakuieren zu lassen. Auch zu diesem Aspekt dürfte der Blockbuster „Greenland" einen realistischen Einblick vermitteln. Wer allgemein hin der Auffassung ist, dass vereinzelte Wahrheiten mit vielen fiktiven Nebelkerzen garniert durch Hollywood verbreitet werden, dem sei ebenfalls der Film „2012" von *Roland Emmerich* empfohlen. Auch „Don't Look Up", der als Analogie für viele globale Zusammenhänge umgedeutet werden kann, sollte ebenfalls aus der Perspektive der kataklystischen Zyklen betrachtet werden. Ein Ziel scheint dabei zu sein, mit dem Polsprung assoziierte Themen im kollektiven Bewusstsein unter „Unterhaltung" abzuheften und dadurch eine ernsthafte geistige Auseinandersetzung zu erschweren.

---

101 Edward Joseph „Ed" Snowden (* 21. Juni 1983 in Elizabeth City, North Carolina) ist ein US-amerikanisch-russischer Whistleblower. Seine Enthüllungen gaben Einblicke in das Ausmaß der weltweiten Überwachungs- und Spionagepraktiken von Geheimdiensten – überwiegend jenen der Vereinigten Staaten und des Vereinigten Königreichs. Diese lösten im Sommer 2013 die NSA-Affäre aus.

4.5 Krisen als Lenkung

Die unvermeidliche Aufgabe, physische Ressourcen wie Baumaterialien, Halbleiter und Mikrochips in großen Mengen in den Untergrund zu bringen, ist keine banale Herausforderung. Das hängt damit zusammen, dass man die Bunkeranlagen nicht im Laufe der Zeit langsam aber stetig auffüllen kann, weil man zum Zeitpunkt X möglichst die neueste technologische Generation haben will. Ein kurzfristiger Transfer von Gütern in dieser Größenordnung ist angesichts von Millionen von Hobbybrokern und diversen Aufsichtsbehörden kaum zu verbergen. Jedoch wären solche Anomalien auf dem Weltmarkt nur in einem regulären Kontext auffällig. Doch der existiert mittlerweile nicht mehr.

Ist ihnen aufgefallen, welche Dinge praktisch kurz nach Beginn der Pandemie extrem knapp wurden? Exakt: Baumaterial, Halbleiter, Mikrochips etc. Offiziell wird natürlich Corona dafür verantwortlich gemacht, doch der pandemische Ausnahmezustand könnte demnach nur eine geschickte Ablenkung sein. Zweifelsohne standen zeitweise ganze Industriezweige still, was viele Ausfälle logisch erscheinen lässt. Da in einigen Phasen selbst Toilettenpapier knapp wurde, wunderte sich auch niemand, dass keine Mikrochips mehr geliefert wurden. Das Chaos in dieser Zeit war so groß, dass nicht einmal erkannt werden konnte, an welchen Stellen die Engpässe auftraten. So bleibt es unauffällig, dass über das gesamte Jahr 2020 und darüber hinaus Baumaterialien vom Weltmarkt verschwanden. Diese Anomalie war global zu beobachten. Auffällig daran ist, dass in dieser Zeit teilweise auch die Baumaßnahmen eingefroren wurden, was grundsätzlich zu weniger Verbrauch der Materialien führen sollte. Innerhalb der Hypothese vermute ich daher, dass hier Ressourcen umfangreich abgezweigt wurden.

Das bedeutet jedoch nicht, dass es bei der Krise ab 2020 ausschließlich darum ging, den klammheimlichen Abfluss bestimmter Güter in die DUMBs zu vertuschen. Vielmehr sollte man die „Plandemie" als Schweizer Taschenmesser betrachten, um eine Vielzahl von geheimen Machenschaften, die der Vorbereitung auf den Reset dienen, zu verschleiern. Dazu gehört beispielsweise die Ausweitung von Überwachungs- und Notstandsgesetzen, die dem System mehr Spielraum in seinem weiteren Vorgehen erlaubt. Im amerikanischen Rechtswesen muss ich dazu unbedingt den „Senatsentwurf 4488“[102] – „Gesetz zum Management globaler Katastrophenrisiken“ – erwähnen, der 2022 eingebracht wurde. Dieser Beschluss wurde zwar mit Corona begründet, liefert aber das perfekte Rahmenprogramm für alle Eventualitäten, die als eine existenzielle Bedrohung für die Menschheit gelten. Zudem konnten die Eliten im Kontext eines pandemischen Ausnahmezustands, Szenarien für zukünftige Gesellschaftsstrukturen simulieren. Somit diente die Pandemie ebenfalls dem Ausbau der totalitären Kontrolle.

Ab 2020 wurden wir immer wieder damit konfrontiert, dass Grundnahrungsmittel zeitweise knapp werden können. Neben der Pandemie sind mittlerweile weitere Krisen aufgetaucht, mit denen solche Mangelzustände begründet werden. Der Ukraine-Konflikt hat dabei den größten Impact, aber auch die Spannungen des Westens mit China in Bezug auf Taiwan haben wirtschaftliche Konsequenzen. Zumindest ist das der Krisenstand Anfang 2023. Wir können diese Anomalien als Indiz dafür betrachten, dass die Vorbereitungsphase weiter voranschreitet. Die Hauptthese hinter solchen inszenierten Krisen lautet, dass damit verdeckte Maßnahmen verschleiert werden können. Dennoch scheint es eine zusätzliche psychologische Komponente zu geben. Die fabrizierten Verunsicherungen dienen dazu, das Kollektiv permanent unter subtilem Stress zu halten. Das allgemeine Rezept, eine Gesellschaft „sturmreif“ zu schießen, lautet zwar, Phasen von Terror mit Phasen von Beruhigung alternieren zu lassen, dennoch muss auch in den vermeintlichen „Entspannungsphasen“ immer signalisiert werden, dass das alte Normal passé ist. Nur so erzeugt man eine wachsende kollektive Bereitschaft, sich einem totalitären Regime zu unterwerfen.[103]

---

102 Mit diesem Gesetzentwurf wird der Präsident angewiesen, einen behördenübergreifenden Ausschuss für globale Katastrophenrisiken einzusetzen. Das globale Katastrophenrisiko ist definiert als das Risiko von Ereignissen oder Zwischenfällen, die so folgenreich sind, dass sie die menschliche Zivilisation auf globaler Ebene erheblich schädigen, zurückwerfen oder zerstören.

103 Der YouTube-Kanal „After School“ hat zu den psychologischen Mechanismen eine populäre Präsentation gemacht mit dem Titel „Mass Psychosis – How an Entire Population Becomes Mentally Ill“, die über 2,7 Millionen mal geklickt wurde.

4.6 Die Rolle des 3. Weltkrieges

In den Überlieferungen der europäischen Propheten wird deutlich, dass diese Menschen mit präkognitiver Wahrnehmung immer wieder einen modernen Krieg mit Drohnen und Panzern u. a. auf deutschem Boden gesehen haben. Dieser Konflikt wird kurze Zeit später durch die Symptome eines Polsprungs beendet. In den amerikanischen Quellen gibt es ebenfalls deutliche Hinweise darauf, dass es zu einer Invasion von russischen und chinesischen Truppen im Bereich der USA und Kanadas kommen soll. Diese Aussagen decken sich mit den Planspielen der „angelsächsischen Mission“, die ein „Project Camelot“-Whistleblower 2010 an die Öffentlichkeit gebracht hat[104]. Nehmen wir einmal an, dass dem so ist. Die Frage, die sich daraus ergibt, lautet, warum sollte ein globaler Krieg noch kurz vor dem Polsprung inszeniert werden?

Selbst wenn uns diese Details nicht bekannt wären, so können wir doch klar erkennen, wie momentan die geostrategischen Gräben zwischen Ost und West immer tiefer werden. Auch der Nahe Osten ist instabiler denn je. Wozu diese Eskalation vor einem geophysikalischen Ereignis, wenn wir davon ausgehen, dass alle Großmächte im Hintergrund zusammenarbeiten oder zumindest um die Situation wissen? Immerhin sprechen wir von einer kataklystischen Erdkrustenverschiebung, die ohnehin einen Großteil der kritischen Infrastruktur zerstören und Milliarden von Menschen beseitigen würde. Worin könnte die Absicht liegen, vorher noch einen globalen Konflikt zu initiieren? Das ergibt auf den ersten Blick überhaupt keinen Sinn – oder vielleicht doch? Spielen wir das Szenario einmal nüchtern durch - aus der Sicht einer kalten, berechnenden Intelligenz.

Jetzt, da das System theoretisch über die vom internationalen Markt abgezogenen Güter und eine Liste möglicher Experten verfügt, um einen kontrollierten Wiederaufbau zu ermöglichen, fehlt noch ein letzter Akt auf der Bühne. Hierbei geht es primär um Zerstreuung. Um all die physischen und menschlichen Ressourcen in den Untergrund zu verteilen, ohne dass eine kritische Masse bemerkt, dass ei-

104 Mehr zur „angelsächsischen Mission“ finden Sie unter Kapitel 5.6

nige „Leithammel“ plötzlich aus der Herde verschwinden, muss man erneut auf Täuschung und Ablenkung zurückgreifen – dieses Mal in einem epischen Ausmaß. Hier kommt das Szenario eines drohenden Weltkrieges ins Spiel.

Bildquelle: Getty Images / https://res.cloudinary.com/wired-de/image/upload/t_intro/v1/0/f05c8ea27e5d7f04dd5ee02e4911bc78.jpg

Der 3. Weltkrieg in der Prophetie ist ein moderner Krieg

Für einige Leser mag es redundant klingen, aber angesichts der Tatsache, dass in vielen Bereichen der Wahrheitsbewegung noch Charaktere wie Trump und Putin so idealisiert werden, möchte ich die Illusion noch einmal klar relativieren. Die Weltpolitik ist demnach ein gigantisches Theaterstück und im besten Fall mit „WWF“-Wrestlingkämpfen vergleichbar. Die Staats- und Regierungschefs der Welt mögen sich vor einem wütenden und polarisierten Publikum gegenseitig beschimpfen und metaphorisch durch den Ring schleudern, aber das Ergebnis der Inszenierung steht bereits fest. Es ist alles Teil eines Drehbuchs.

Manchen Eliten geht es nur um Macht und sie tun, was von ihnen dafür verlangt wird, ohne die Hintergründe zu kennen, und wieder andere agieren ausschließlich nach den Anweisungen ihrer „Mentoren“, bestehend aus Geheimbünden oder Strukturen wie dem „WEF“, dem „CFR“ und den „Bilderbergern“ etc. – dem mittleren Management des Systems. Es mag aber auch die Anführer geben, die vollständig eingeweiht sind und im Rahmen der Inszenierung vollkommen freiwillig ihre Rolle erfüllen, die von ihnen erwartet wird. Im Grunde ist es irrelevant darüber zu spekulieren. Am Ende spielen sie alle nach Vorgabe der oberen Spitze der okkulten Machtpyramide und der Plot dient nur dem optimalen Übergang in ein neues Paradigma aus Sicht des herrschenden Systems.

Aus Sicht der Phönix-Hypothese ist es absolut beabsichtigt, dass der aktuelle Konflikt zwischen der NATO und den Ostmächten China und Russland kritisch werden soll. Diejenigen, die direkt in die Auseinandersetzung verwickelt sind – vom General bis zum Panzerfahrer – mögen an eine geostrategische Notwendigkeit glauben. Viele verfolgen womöglich sogar „altruistische" Ideale, wenn sie für ihre Nation oder die Freiheit ihres Vaterlandes kämpfen, doch am Ende sind sie alle nur Figuren in einem Spiel aus Täuschung und Ablenkung. Obwohl ein dritter Weltkrieg, der sich in der Ukraine bereits andeutet, de facto nur ein inszeniertes taktisches Manöver wäre, so sind die Opfer und das Leid während dieser Auseinandersetzung äußerst real.

Das Kalkül liegt nicht nur in der Ablenkung. Die militärische Eskalation wird von allen Seiten gebraucht, da die Anführer der Nationen nur so immer höhere Militärbudgets vor ihrem Volk rechtfertigen können, während sie mit den Fingern auf die jeweils andere Partei zeigen. Mit diesen Geldern können sie Maßnahmen finanzieren, die zwar offiziell der Vorbereitung auf einen Krieg dienen, aber parallel auch in jedem anderen Katastrophenszenario vorteilhaft sind. Hinter der öffentlichen Bühne sind sie alle im selben Club und Laiendarsteller in einem makaberen Schauspiel für die ignoranten und arglosen Massen.

Bevor die kosmisch induzierten, geophysikalischen Veränderungen auf der Erde für jedermann sichtbar werden, könnte der letzte Schritt der Vorbereitung die globale Eskalation des dritten Weltkrieges sein. So ist es jedenfalls prophezeit. Es scheint dabei nicht die Absicht des Systems zu sein, einen unkontrollierten nuklearen Austausch vom Zaun zu brechen, sondern ein großes, konventionelles, möglichst weltweites Gemetzel zu initiieren. Das ist jedoch keinesfalls eine Garantie, dass nicht doch vereinzelt taktische Atombomben zum Einsatz kommen könnten, um die Ernsthaftigkeit zu unterstreichen. Dieses Theater erfüllt den Hauptzweck, von einer finalen Verlagerung physischer und menschlicher Ressourcen abzulenken. Zweitens dient es der Ausdünnung der Herde und des Militärs im Besonderen.

Da abtrünnige Militärs und hoch spezialisierte Truppenteile, die keinen Platz im Bunker gefunden haben, die akuteste Gefahr für einen kontrollierten Wiederaufbau darstellen, ist ein globaler Konflikt die effektivste Methode, diese loszuwerden. Die Armeen müssen sich gegenseitig auf einen insignifikanten Rest dezimieren und ein inszenierter konventioneller Krieg würde das nachhaltig gewährleisten. Eine radikale Verkleinerung des Militärs reduziert die Möglichkeit, dass zwangsläufig zurückgelassene, aber gut organisiert Truppen eine eigene Ordnung installieren. Es wäre naheliegend, dass ihre Offiziere, basierend auf der Tatsache, dass auch sie hintergangen wurden, beginnen, ihre Loyalität gegenüber den „Verbunkerten" zu hinterfragen. Das sind potenzielle Gefahren, die das System mit Sicherheit bedacht hat. Zudem braucht man für einen kontrollierten Wiederaufbau hauptsächlich Ingenieure und keine Kämpfer mehr.

Die Frage, warum das System die Bevölkerung vor einem Ereignis reduzieren will, welches ohnehin enormen Schaden verursachen wird, lässt sich mit der geschilderten Geisteshaltung erklären: Die lenkende Intelligenz im Hintergrund betrachtet die Situation wie ein Schafzüchter, der seine Herde auf widrige Umweltbedingungen vorbereitet.

Wenn man eine Schafherde im Vorfeld einer „Dürrezeit" – in diesem Fall den durch kataklystische Erdveränderungen ausgelösten Zusammenbruch essenzieller Infrastruktur – ausdünnt, hat man mehr Ressourcen pro Kopf. Das ist eine triviale Rechnung. Ein Krieg aktiviert zudem alle etablierten Notfallmechanismen, die im Verlauf der geophysikalischen Eskalation bereits auf maximaler Effizienz laufen. Wichtiger ist jedoch der Aspekt der Rückkehr an die Oberfläche.

Wenn das System die Auserwählten aus dem Untergrund zurück an die Oberfläche bringen möchte, um die „Farm" wieder neu aufzubauen, darf es nicht zu viele hungrige und verzweifelte Überlebende geben, die auf sie warten. Dies gilt insbesondere, wenn die Zurückgebliebenen durch ein natürliches Selektionsverfahren im Überlebenskampf um die letzten Ressourcen überdurchschnittlich resilient, rücksichtslos und wehrfähig geworden sind. Solche Menschen lassen sich nur schwer unter Kontrolle halten, falls sie zu zahlreich sind.

Selbst wenn das System extra Nahrung vorbereitet hat, um die vielen zusätzlichen Mäuler zu stopfen, könnte es Probleme geben, bis die „Farm" wieder aus eigener Kraft ausreichend Ressourcen für alle produziert. Zu viele Überlebende in einem Szenario des totalen Zusammenbruchs der Weltwirtschaft und der globalen Infrastruktur könnten die designierte transhumanistische Designer-Gesellschaft in kürzester Zeit in einen „Mad-Max"-Abklatsch[105] verwandeln. Das gilt es zu verhindern. Zudem ist aus militärischer Sicht ein Großteil der Menschheit ohnehin „wohlstandsgeschädigt" und völlig unbrauchbar für einen Wiederaufbau unter widrigen Bedingungen.

Eine kontrollierte Dezimierung der Herde kurz vor der Katastrophe könnte die Chancen deutlich verbessern, damit die Überlebenden nicht gezwungen sind, einander zu „konsumieren". Ich bin mir sicher, dass das System Simulationen dazu durchgeführt hat und genaueste Schätzungen hat, wo die zu reduzierende Masse liegen sollte.

Wenn Sie abstrahieren können, warum eine Bevölkerungsreduzierung in einem kontrollierten Reset- und Wiederaufbauszenario, welches auf unvermeidlichen äußeren Einflüssen beruht, von Vorteil sein könnte, werden Sie sicher eine passende Theorie zum jüngsten globalen Genexperiment haben. Diese Kampagne ergibt vor allem dann Sinn, wenn man hypothetisch in Betracht zieht, dass neben dem ADE-Effekt noch eine auf Nano-Graphenoxid basierende Hydrogel–Schnittstelle[106] „mitverimpft" wurde, die zeitlich präzise über Frequenzen „aktiviert" werden könnte. Auch andere Technologien,

105 „Mad Max" ist eine Serie von Filmen über einen Überlebenden einer globalen Katastrophe, der in den ersten drei Teilen von Mel Gibson verkörpert wird. In diesen Filmen wird die postapokalyptische Welt als ein Ort beschrieben, wo Menschen wieder verrohen und in Gruppen organisiert, um das nackte Überleben kämpfen. Allgemein hin herrscht das Recht des Stärkeren und wir sehen Sozialdarwinismus in seiner extremsten Form.

106 Nanomaterials 2021, 11(4), 906; https://doi.org/10.3390/nano11040906

wie zum Beispiel Nanokapseln[107], könnten die Funktion eines ferngesteuerten Selbstzerstörungsmechanismus übernehmen. Da unabhängige Forscher und die Hersteller[108] selber bestätigt haben, dass Nanotechnologien in den „Impfstoffen" zu finden sind, könnte ein solcher Mechanismus die diversen Nebenwirkungen[109] erklären. Ich bin mir sicher, dass Sie verstehen werden, was ich zu vermitteln versuche, wenn Sie Ihre Hausaufgaben zu diesem Thema gemacht haben. Das beginnt beispielsweise mit der Frage, warum Neuseeland ab 2021 eine bislang jährliche Übersterblichkeit von bis zu 20% verzeichnet[110]. Da sich die Inseln im Gegensatz zu den meisten andern Ländern weitestgehend vor dem angeblichen Covid-19-Virus abschotten konnten, dürfte „Long-Covid" nicht als Erklärung herhalten. Dementsprechend sieht es ganz danach aus, als würde bereits jetzt eine schleichende Bevölkerungsreduzierung anlaufen.

Da sich in den folgenden Quellen, die ich im Argumentationsteil des Buches noch vorstellen werde, deutlich abzeichnet, dass der Polsprung kein langwieriger Prozess ist, sondern sich in wenigen akuten Wochen bzw. Monaten vollziehen kann, müsste auch der Wiederaufbau zeitnah beginnen. Weiterhin ist davon auszugehen, dass nicht jeder Samen in Form von DUMBs aufgehen wird, weil die Neuverteilung der Klimazonen im Grunde „russischem Roulette" gleicht, wenngleich sich einige Forscher sicher sind, wo die zukünftigen Polregionen liegen werden. Die Menschheit wird in jedem Fall ein neues Kapitel eröffnen und das muss nicht unbedingt den Vorstellungen unserer jetzigen Eliten entsprechen, sondern kann durchaus ein humaneres Zeitalter einleiten.

Dennoch sollte klar sein, dass die okkulten Bruderschaften eine transhumanistische Agenda anstreben und sogar danach trachten,

---

107 Magnetische Hybrid-Nanopartikel für die Verabreichung von Medikamenten https://doi.org/10.1016/B978-0-12-823688-8.00034-X

108 Albert Bourla, CEO von Pfizer, gibt bei einem Podiumsgespräch überraschend zu, dass die Impfstoffe Nanotechnologie enthalten (WEF Summit - 19. Januar 2023) https://www.wef.org/

109 Zusammenfassung der möglichen Korrelation zwischen Nanotechnologie in Impfstoffen und der statistisch nachgewiesenen Übersterblichkeit: Payload 2 – Nanocapsules von Xray_911 auf Bitchute; https://tinyurl.com/mwcdt8ft

110 Paper zur Übersterblichkeit in Neuseeland von Jahn Gibson auf Econpapers (28.06.2022) https://repec.its.waikato.ac.nz/wai/econwp/2211.pdf

den menschlichen Geist in ein digitales „Metaverse“[111] zu integrieren. Spirituell bedeutet das langfristig, dass wir eine Ebene tiefer in die kosmische Illusion (Maya) fallen werden, wenn wir diesen Schritt zulassen. Die Vorbereitung hin in eine durch künstliche Intelligenz gesteuerte Welt ist im vollen Gange. Ob sich eine allumfassende Kontrolle noch vor dem kosmischen Reset umsetzen lässt, bleibt spekulativ. Gleichermaßen scheint es für das System unausweichlich zu sein, dass sie ihre äußere Zwiebelschicht der Herrschaft für ein kurzes Zeitfenster abstreifen müssen, was der Menschheit erlaubt, einen parallelen Entwurf einer Zukunft zu bestimmen. Genau dort versteckt sich eine wahrlich epochale Gelegenheit, uns vom System zu emanzipieren. Daher müssen auch wir lernen, die Katastrophe als eine Chance zu begreifen.

4.7 Potentielle zukünftige Steuerkrisen

Das folgende Kapitel ist hochspekulativ, da es sich mit optionalen Steuerkrisen beschäftig, die das System inszenieren könnte, um das Kollektiv aus ihrer Sicht heraus besser auf die bevorstehenden geophysikalischen Transformationen vorzubereiten und uns an eine totalitäre Kontrolle zu gewöhnen. Wenngleich ich dabei nur eine Art Blick in meine innere Glaskugel wage, so basieren diese Konzepte auf konkreten Recherchen und orientieren sich zumeist an Aussagen von Whistleblowern und den wiederkehrenden Mustern, die in der internationalen Prophetie auftreten. Diese beiden Arten von Quellen sind aus unterschiedlichen Gründen mit Vorsicht zu genießen. Dennoch wird es an jenen Stellen erhellend, wo sich Prophezeiungen mit Insideraussagen decken und sich diese Schnittmenge ebenfalls als reale Tendenz auf der kollektiven Bühne abzeichnet.

Da sich die Corona-Krise als potentes Werkzeug erwiesen hat, umfangreiche Umwälzungen in der globalen Gesellschaft zu implementieren,

111 Das „Metaversum“ oder englisch Metaverse ist ein Konzept, bei dem ein digitaler Raum durch das Zusammenwirken virtueller, erweiterter und physischer Realität entsteht. Hauptaspekt ist es dabei, die verschiedenen Handlungsräume des Internets zu einer Wirklichkeit zu vereinigen. Im erweiterten Sinne wird damit auch ein virtuelles Realitätskonstrukt bezeichnet, welches digitalisiertem Bewusstsein als „Lebensraum“ dient.

müssen wir davon ausgehen, dass man dieses Prinzip in modifizierter Form wiederholen könnte. Diese Vermutung wird dahingehend gestützt, da man Themen wie Ebola oder die Affenpocken kurz nach abflauen der letzten Hysterie hat anklingen lassen. *Bill Gates* kryptische Aussage, dass die nächste Pandemie mehr Aufmerksamkeit bekommen würde, lässt ebenso Großes erahnen[112]. Jedoch glaube ich, dass sie den exakten Drehplan von Corona unmöglich ein zweites Mal durchspielen können. Daher ist zu vermuten, dass es beim nächsten Ansatz keine medial herbeigeredete Übersterblichkeit geben wird, sondern ein real wahrnehmbares Massensterben initiiert werden könnte. Ob es sich dann um eine echte Biowaffe handeln wird oder einen Effekt, der durch bereits in die Massen verbrachte Nanotechnologie ausgelöst wird, ist schwer zu prognostizieren. Vielleicht verzichtet das System auch auf diese Option und spielt eine andere Karte aus.

Eine Bevölkerungsreduktion kann ebenfalls durch Kriege effektiv gewährleistet werden. Bevor es zu einer ultimativen Eskalation kommt, die den Titel „3. Weltkrieg" tragen kann, müssen zunächst verschiedene Fronten angeheizt werden. Während der Ost-West-Konflikt mittlerweile nahezu Betriebstemperatur erreicht hat, gilt es, weitere Brennpunkte zu entfachen. Laut der bereits skizzierten Quellen steht dabei der Nahe Osten weit oben auf der Liste. Das Epizentrum und die designierte Sollbruchstelle scheint hierbei der Iran-Israel-Konflikt zu spielen. Auch Nordkorea und Taiwan sind mögliche Wildcards im asiatischen Kontext.

Mit Zunahme der globalen Spannungen werden Sekundärkrisen aus dem Boden sprießen, von denen wir bisher lediglich einen Vorgeschmack genießen „durften". Ressourcenmangel, Energieknappheit, Engpässe und die daraus resultierenden wirtschaftlichen Verwerfungen werden die Menschen in Schach halten. Globale Flüchtlingsströme werden weiter den Genpool diversifizieren und den inneren Zusammenhalt der Gesellschaft untergraben. Damit stellt das System zum Ei-

112 Am 23. Juni 2020 sprachen Bill und Melinda Gates über COVID-19 bei C-SPAN in einem virtuellen Gespräch mit der US-Handelskammer über die Auswirkungen der Coronavirus-Pandemie. Das abschließende Grinsen der beiden Interviewten wurde weltberühmt unter den Skeptikern.

nen sicher, dass keine kritische Masse mit kohärenten Forderungen aus dem Volk erwächst und zum Anderen garantiert die Durchmischung, dass keine Rasse verloren geht. Man muss davon ausgehen, dass es vereinzelte Kontinente und ihre Einwohner während der geophysikalischen Transformation härter erwischt bzw. sie an einer der Polregionen landen.

Erwartungsgemäß wird man die Klimakrise weiter „melken“, um damit eine allgemeine Verunsicherung zu schaffen, Gelder abzuschöpfen und Symptome des natürlichen Reset-Zyklus zu kaschieren. Weiterhin dient das Thema der Polarisierung der Bevölkerung. Wir erinnern uns: „Nur ein uneiniges Volk lässt sich regieren!“ Die meisten Menschen, die wegen der Klimakleber bereits genug Nerven eingebüßt haben, werden nicht viel Offenheit an den Tag legen, sich ernsthaften globalen Bedrohungen zu widmen. Sie sind gesättigt von Leuten, die den Untergang propagieren. Dieses Spiel wird an allen Fronten weiter hochgefahren und ich erwarte kein Ende dieser Tendenz bis zum kontrollierten „Meltdown“[113]. Ideologisch, politisch, religiös, ökonomisch und sogar auf der Geschlechterebene wird man spalten, wo es möglich ist. Wer das Spiel durchschaut, wird sich von keiner Bewegung einspannen lassen, auch wenn er persönlich mit vielen Sichtweisen einer bestimmten Gruppierung resoniert. Das System wird immer versuchen, beide Pole zu steuern – die scheinbar Rechtschaffenden, wie die offensichtlich Pervertierten. Selbst die Polsprunggemeinde wird dabei unterwandert mit Fraktionen wie der „Kreativen Gesellschaft“, die ähnlich wie die „Extinction-Rebellion“-Bewegung als systemgesteuert gilt.

Von diesem Gemisch aus Konflikten und Krisen wird jeder seinen Teil abbekommen. Gleichermaßen wird das System dafür sorgen, dass sich die alternativen Medien immer weniger einig sein werden. Die „Erwachten“ werden ihre eigenen Polarisierungen und Beschäftigungstherapien erhalten. Denn diese Szene wurde geschickt unterwandert und wird zunehmend psychologisch fragmentiert. Dazu wird man ver-

---

113 „Meltdown“ aus dem Englischen für „Kernschmelze“; meint den Punkt, an dem das gesellschaftliche Gefüge zerbricht und die finale Phase beginnt.

schiedene konkurrierende Erlöser-Ideologien pushen. Das Prinzip ist dabei immer ähnlich, aber die Retterfiguren austauschbar. Der Eine glaubt an Jesus und der Andere an wohlwollende Außerirdische, die den Karren aus dem Dreck ziehen werden. Vergessen wir auch nicht Trump und seine „Whiteheads". Mit dem sedierenden Rauschgift „Hopium" wird man weiterhin große Teile der alternativen Medienszene in der Passivität halten.

Ein weiterer signifikanter Anteil der „Erwachten", die weder dem Hopiumrausch noch der völligen Resignation zum Opfer gefallen sind, werden gegen Windmühlen kämpfen. Ihnen wird man hin und wieder ein paar Politiker oder andere machtlose Handlanger als Opfergabe darbieten, damit sie auch nicht die Motivation verlieren, sich auf die Handpuppen zu fokussieren. Es ist durchaus denkbar, dass die gegenwärtige Machtstruktur ihre äußere Zwiebelschicht der Kontrolle, dem Volkszorn überlassen wird. Das System hat im Bunker weder Platz noch Verwendung für das untere Management aus narzisstisch gestörten Politmarionetten und Geldeliten. Nur wenige innerhalb dieser Gilde haben echte Kompetenzen. Sie wurden vom System nicht auf Basis von Intelligenz an ihre Positionen gehievt. Gerade bei politischen Karrieren ist diese geistige Qualität heute eher kontraproduktiv.

In Zeiten, in denen das System gezwungen ist, abstrakte Manöver auf der Weltbühne zu implementieren, reicht es nicht allein, inszenierte Krisen als Rechtfertigung zu schaffen. Um zu verhindern, dass eine kritische Masse anfängt, über die wahren Absichten zu grübeln, braucht es mehr als Ablenkung. Das Kontrollsystem muss die überzogenen Reaktionen der Entscheidungsträger auch mit scheinbarer Inkompetenz und purer Dummheit tarnen bzw. erklärbar machen. Daher sind die aktuellen politischen Eliten speziell im Westen ein solch schauriges Panoptikum aus Witzfiguren. Betrachten wir nur die Biden-Administration oder die gegenwärtige deutsche Bundesregierung mit Frau „Bockbär" als Paradebeispiel. Wen kann man da heute noch ernst nehmen? Der normale Bürger, wie auch der zweifelnde Beobachter, soll sich bei Auffälligkeiten immer damit beruhigen können, dass es kein Kalkül, sondern nur pure Dummheit ist, die für die Anomalien verantwortlich ist. Wahrlich kritische Fragen entstehen erst dann, wenn man eine intelligente Agenda im

Hintergrund erkennt. Doch das ist schwer zu argumentieren, wenn die Politiker unisono wirken, als wären sie einem Wanderzirkus entlaufen.

Wir sollten daher nicht den Fehler machen, die Intelligenz der Agenda auf Basis der ausführenden Protagonisten zu bewerten. Der Kasper auf der Bühne mag ein einfältiger Charakter sein, aber der Puppenspieler ist das nicht. Auch das Krokodil, welches traditionell den Antagonisten dieser Figur darstellt, wird von derselben Intelligenz hinter der Bühne beseelt. Dennoch werden viele vermeintlich einflussreiche Politiker ab einem finalen Punkt nicht mehr gebraucht und sie müssen von der Bühne abtreten. Diese könnte man dem Mob opfern, dann braucht sich das System nicht selber die Hände schmutzig machen. Das nimmt Druck aus dem gesellschaftlichen Kessel und entsorgt die temporär nützlichen Idioten. Ich meine den Begriff „nützliche Idioten" nicht einmal despektierlich, da auch diese Leute nur für die größere Agenda missbraucht werden und dieser Terminus es auf den Punkt bringt.

Wir müssen daher vermehrt damit rechnen, dass das System selektierte Missstände im Mainstream eingestehen wird. Wir können solche „limited Hangouts" bereits jetzt im Kontext der Impfkritik erkennen. In diesem Rahmen werden sich vereinzelte Führer herauskristallisieren, die sich als Retter-Archetypen manifestieren, obwohl sie aus elitären Kreisen kommen. Neben Trump könnten sich im amerikanischen Milieu noch *Tucker Carlson, Elon Musk* oder *Robert F. Kennedy Jr.* hervortun und mehr Anhänger gewinnen. Sie werden die Gegenbewegung in einem limitierten Narrativ halten und man kann sie daher als kontrollierte Opposition betrachten. Selbstverständlich darf man im Einzelfall darüber diskutieren, ob diese Rolle von ihnen bewusst oder unbewusst erfüllt wird.

Basierend auf den aktuell stattfindenden Eingeständnissen wird sich in den nächsten Jahren möglicherweise ein kalkulierter Umschwung von linksliberal in Richtung rechtskonservativ zeigen, der schon jetzt begonnen hat. Auch eine linksradikale Entwicklung ist für Deutschland denkbar. Während einige kritische Geister daraus „Hopium" schöpfen werden, weil all die pervertierten liberalen Ideologien an Fahrt verlieren, wird diese Euphorie nicht von Dauer sein. Das System wartet nur darauf und kann mit einem ebenso pervertierten Rechtskonservatismus noch weitaus mehr radikale Maßnahmen erlassen, als es beispielsweise jetzt unter einer Biden-Administration möglich wäre. Das gleiche Prinzip gilt ebenfalls für einen anstehenden Rechtsruck in Deutschland. Vertrauen Sie daher keiner Partei.

Blieben noch die üblichen Schreckgespenster, die ohnehin permanent im Raum stehen. Zum einen wäre da die unausweichliche Finanzkrise. Ich behaupte, dass der Aktienmarkt zu nahezu 100% durch eine künstliche Intelligenz kontrolliert wird und sich ebenfalls an mathematisch präzisen Zyklen orientiert. Die Arbeit von *Martin Armstrong*[114] muss in diesem Kontext erwähnt werden. Wenn es also zu einem erneuten Zusammenbruch kommen sollte, dann ist er auch beabsichtigt und dient der Konsolidierung von Assets und Macht. All diese Krisen, die sich teilweise schon seit Jahrzehnten abzeichnen, sind optionale taktische Manöver, die das System als „Problem-Reaktion-Lösungs-Prinzip" wie Aktionskarten beim Monopoly ausspielen kann. Jedoch haben all diese Optionen auch Vor- und Nachteile für die herrschende Ordnung. Daher gilt es abzuwarten, was wann passieren wird.

Zu diesen Handlungsoptionen gehört der „Blackout". Es bleibt jedoch spekulativ, wie man eine solche Krise begründen würde. Fokussieren wir uns hierzu nur auf die Situation in Europa. Zum Einen wurde das europäische Stromnetz durch Manöver destabilisiert, die mit grüner Politik und Fukushima-Prävention argumentiert wurden. Weiterhin hat sich Europa durch Sanktionen von natürlichen Ressourcen wie Erdgas als Energieträger aus Russland abgeschnitten. Naheliegenderweise könnte auch ein Hackerangriff oder ein fingierter Sonnensturm als Auslöser herhalten. Eventuell muss man mit einer Kombination aus Faktoren rechnen, die einen solchen Zusammenbruch bewirken würden.

Die Implikationen eines vollständigen Blackouts wären katastrophal, aber auch partielle Ausfälle in Form von „Brownouts" sind in ihren Konsequenzen nicht zu unterschätzen. Für das System wären die Opferzah-

---

114 Das „Economic Confidence Model" (ECM) von Martin Armstrong, manchmal auch als „Pi-Cycle" bezeichnet, ist das Basismodell zum Verständnis der Weltwirtschaft. Dieses Modell hat zyklische wirtschaftliche Ereignisse weit im Voraus genau vorhergesagt. https://www.armstrongeconomics.com

len leicht steuerbar und man könnte das Kriegsrecht ausrufen. Es würde das Thema Bevölkerungsreduktion und totalitäre Kontrolle in einem Abwasch angehen. Hinzu kommt der Aspekt der Informationsbereinigung, wenn dabei Daten von den Servern verschwinden. Für eine kontrollierte Vorbereitung auf den kosmischen Reset wäre ein solches Blackout-Szenario ein vielseitiges Werkzeug. Dieser Ansatz könnte gleichwohl negative Implikationen im Bereich Produktion und Infrastruktur beinhalten, auf die das System lieber verzichten will. Wer in Europa lebt, sollte dennoch die Wahrscheinlichkeit, dass diese Option zum Einsatz kommt, nicht unterschätzen.

In meinem ersten öffentlichen Vortrag zur Phönix-Hypothese im Januar 2023, erwähnte ich im Kontext der möglichen Steuerkrisen das „Wernher von Braun"-Szenario. Es fiel damals noch in die Kategorie „X-Faktor". Mittlerweile ist die Vorstellung, das Kollektiv mit einer inszenierten UFO-Hysterie zu beschäftigen und zu steuern, nicht mehr so abstrakt, da bereits wenige Wochen nach meinem Vortrag das Thema massiv im Mainstream kursierte. Im Kontext der mysteriösen Spionageballons, die angeblich von China geschickt wurden, pushte man ganz beiläufig auch das Thema einer außerirdischen Bedrohung. Allerdings überraschte mich die fast einheitliche Reaktion in den alternativen Medien.

Das Totenbettgeständnis von Wernher von Braun, ob authentisch oder nicht, welches von seiner damaligen Sekretärin[115] an die Öffentlichkeit gebracht wurde, ist in der alternativen Szene weitestgehend bekannt. Darin soll er behauptet haben, dass es in der Schattenregierung Pläne geben soll, die Welt unter einer fiktiven außerirdischen Bedrohung zu vereinen. Im Kontext der Phönix-Hypothese vermute ich, dass die Bevölkerung durch inszenierte Angriffe ebenfalls dezimiert werden könnte. Zudem ist man sich unter den Truthern bewusst darüber, dass holographische Technologien à la „Bluebeam"[116] existieren, die eine umfang-

115 Dr. Carol Rosin, die später das „Institute for Security and Cooperation in Outer Space" gründete und sich gegen Ronald Reagans SDI-Programm engagierte, verriet 2001 auf einer Pressekonferenz, was von Braun ihr gesagt hatte. (National press Club, 9.05.2001)

116 Serge Monast (1945 - 5. Dezember 1996) war ein kanadischer Enthüllungsjournalist, Dichter, Essayist und Verschwörungstheoretiker. Englischsprachigen Lesern ist er vor allem als Urheber der Enthüllungen um „Project Blue Beam" bekannt, die u. a. von einem Komplott handeln, durch Projektionen am Himmel eine Bedrohung zu inszenieren.

reiche Inszenierung am Himmel ermöglichen können. Daher reagierte die Wahrheitsbewegung relativ cool auf den unmotivierten Versuch, das Kollektiv mit einem solchen Thema zu hypnotisieren. Dieser kurze Hype muss aber nicht der letzte Akt dieses Kapitels gewesen sein. Eventuell hat man nur die allgemeine Reaktion testen wollen, um den finalen Plot zu optimieren und das grundlegende Konzept im kollektiven Unbewussten weiter zu formen.

Unabhängig davon, welche dieser optionalen Spielkarten auf der kollektiven Bühne aktiviert werden, kann ich nur sensibilisieren, dass all die Inszenierungen nur der großen Agenda dienen. Der Sinn ist oftmals mehrschichtig. Grundsätzlich geht es jedoch immer darum, Maßnahmen zur Vorbereitung zu verschleiern, die Bevölkerung zu schwächen oder gar zu dezimieren, sie zu spalten und gegeneinander aufzuhetzen. Die Menschheit soll selbst in den weniger turbulenten Phasen nie nachhaltig zur Ruhe kommen und möglichst gezielt agitiert werden. Worüber sich die Leute aufregen, ist zunächst irrelevant für das System, Hauptsache sie erkennen nicht das größere Bild.

Die Spaltung und Zermürbung muss einen Punkt erreichen, an der die Majorität sogar ein totalitäres Regime akzeptieren würde. An diesen Gedanken, sich einer zentralen Macht zu unterwerfen, um endlich Frieden und Sicherheit zu haben, möchte das System die Menschen möglichst noch vor dem geophysikalischen Reset gewöhnen. Zu diesem autokratischen Konzept gehört ebenfalls eine transhumanistische Agenda[117]. Wie ich bereits andeutete, geht es höchstwahrscheinlich um die Digitalisierung des menschlichen Bewusstseins, welches in ein quantencomputergestütztes neuronales Netzwerk implementiert und von einer künstlichen Intelligenz kontrolliert werden soll[118]. Doch diese Aspekte werde ich erst in einem weiteren Buch behandeln. Wir bleiben zunächst auf der rein physischen Ebene der anstehenden Herausforderungen. Bevor

117 Transhumanismus (von lateinisch trans ‚jenseits, über, hinaus' und humanus ‚menschlich') ist eine philosophische Denkrichtung, die die Grenzen menschlicher Möglichkeiten, sei es intellektuell, physisch oder psychisch, durch den Einsatz technologischer Verfahren erweitern will. Die Interessen und Werte der Menschheit werden als „Verpflichtung zum Fortschritt" angesehen.

118 Diese Einschätzung basiert auf den Aussagen des Whistleblowers „Alexander Laurent" und den führenden Köpfen der transhumanistischen Agenda des WEF, wie Yuval Noah Harari.

wir jedoch zu möglichen Lösungsansätzen kommen, wie man mit einer solchen Prüfung umgehen kann, muss die bisherige These erst einmal argumentiert werden.

Kapitel 5 – Argumentation der Hypothese

5.1 Wie realistisch ist eine Erdkrustenverschiebung?

Die Phönix-Hypothese basiert auf der Annahme, dass eine große zyklische Transformation der Erde in naher Zukunft stattfinden soll und vom System antizipiert wird. In jedem Fall muss dieses Ereignis eine immense Bedrohung für die herrschende Machtstruktur und für die Menschheit im Besonderen darstellen. Ohne diese Naturkatastrophe würde die gesamte These wie ein Kartenhaus zusammenfallen. Ergo muss ich in meiner Argumentation beim Polsprung anfangen. Wenn man nach Hinweisen für einen solchen Kataklysmus sucht, kann man auf verschiedenen Ebenen starten. Eine fundamentale „Wahrheit" wird sich immer von multiplen Perspektiven heraus bestätigen lassen. Mein persönlicher Einstieg in das Thema erfolgte durch die Beschäftigung mit der europäischen Prophetie. Zugegebenermaßen ergeben sich daraus die verschiedensten Grundsatzfragen. Wie es möglich sein soll, dass Menschen über den Zeithorizont hinausschauen können, ist dabei nicht einmal die problematischste Fragestellung.

Leider sind Prophezeiungen nicht der einfachste Weg in den Sachverhalt einzusteigen. Ich hatte selber meine Vorbehalte und kann verstehen, dass Menschen, die aus einem akademischen Hintergrund kommen, ihre Schwierigkeiten damit haben, sich der Prophetie-Thematik unvoreingenommen zu öffnen. Wenn ich mich im Gegensatz dazu auf rein wissenschaftlicher Ebene der Sache annähere und Daten zur Argumentation heranziehe, die beispielsweise von NASA oder NOAA[119] stammen, dann werden vornehmlich Menschen aus der Truther-Szene mit Argwohn reagieren. In diesen Kreisen, die ich primär mit meiner These anspreche, ist das Misstrauen gegenüber den etablierten Wissenschaften ohnehin extrem hoch. Mir geht es persönlich ganz ähnlich. Spätestens mit der Inszenierung der Pandemie und der gebetsmühlenartigen Wiederholung, in die traditionellen Institutionen zu vertrauen, explizit in Bezug auf die angepriesenen Therapeutika,

119 Die „National Oceanic and Atmospheric Administration" (NOAA; nationale Ozean- und Atmosphärenbehörde) ist die Wetter- und Ozeanografiebehörde der Vereinigten Staaten. Sie liefern u. a. die wissenschaftlich anerkannten Daten zum Erdmagnetfeld und der magnetischen Polwanderung, die von unabhängigen Messstationen als manipuliert erachtet werden.

wurde jegliche Glaubwürdigkeit verspielt. Das gleiche Prinzip gilt beispielsweise auch dem wissenschaftlichen Diskurs im Kontext von 9/11 und dem angeblich menschgemachten Klimawandel[120]. Ich könnte hier noch weiter ausholen, aber wer hier seinen Glauben verloren hat, weiß exakt, welche Diskrepanzen ihn dazu bewegt haben, skeptisch zu werden.

Die vom System propagierte Wissenschaft ist zweifelsohne eine Art Religion geworden und dient weitestgehend einer geheimen Agenda. Sollten wir sie deswegen vollständig ignorieren? Ich bin davon überzeugt, dass es ein Fehler wäre, sich dort nicht wenigstens umzuschauen. Es ist eher unwahrscheinlich, dass das System die volle Kontrolle darüber hat, was publiziert wird. Hinzu kommt, dass die übergeordnete Intelligenz immer Menschen braucht, welche die umfassenden Zusammenhänge mindestens ansatzweise erkennen und verstehen. Daher wird das System die fundamentalen Wahrheiten zwar verstecken und die Fragmente reichlich verzerren und mit Unrat garnieren, aber letztlich sind die Hinweise auf einen zyklischen Reset auch in der Wissenschaft klar zu finden. Die gleichen Aussagen könnte man ebenfalls über die etablierten Religionen treffen, denn auch diese Institutionen waren traditionell schon immer manipulative Werkzeuge jener Intelligenz, die im Hintergrund heimlich ihre Fäden zieht und Wahrheit mit Fiktion vermischt.

Ich werde die religiösen Hinweise weitestgehend aus dem Buch heraushalten. Nicht, dass es sie nicht gäbe. Es sollte hier niemand überrascht sein, dass Juden[121], Christen[122] und Muslime[123] ihre eigenen Endzeit-

---

120 Viele Menschen können nicht nachvollziehen, wie das Spurengas Kohlenstoffdioxid, welches nur 0,04% der Atmosphäre ausmacht und welches die Natur zu 97% unabhängig vom Menschen ausstößt, einen menschgemachten Klimawandel erklären könnte. Die aktuelle These des menschgemachten Klimawandels lässt sich zurückführen auf einem Artikel von Wallace S. Broecker, der am 8. August, 1975 (Ausgabe 189 des Journal Science auf Seite 460) publiziert wurde. Dieser Artikel wird als Beginn einer implementierten Agenda betrachtet. Link: https://www.science.org/doi/10.1126/science.189.4201.460

121 Die jüdische Eschatologie ist der Bereich der jüdischen Theologie, der sich mit den Ereignissen am Ende der Tage und verwandten Konzepten befasst. Dazu gehören die Einsammlung der verbannten Diaspora, das Kommen des jüdischen Messias, das Leben nach dem Tod und die Auferstehung der Toten. Im Judentum wird die Endzeit gewöhnlich als das „Ende der Tage" bezeichnet.

122 Isaiah 24:1; Job 9:5-6; Psalms 46:2; Hebrews 12:26-27; Isaiah 22:23; Revelation 16:18-20; Esdras 2:4-8 beschreiben populäre Symptome, die bei einem physischen Polsprung auftreten.

123 Der Hadith ist eine Sammlung von Erzählungen, Berichten, Mitteilungen und Überlieferungen des islamischen Propheten Mohammed. Darin finden sich, ähnlich wie in der Bibel, Beschreibungen der Endzeit, die auf einen physischen Polsprung hindeuten. z.B. Sonnenaufgang in neuer Himmelsrichtung etc.

Prophezeiungen haben, die sich in ihren Darstellungen der physischen Manifestationen in vielen Punkten gleichen. Jedoch ist die Sprache der Urquellen oftmals äußerst anspruchsvoll und es gibt dementsprechend verschiedene Übersetzungen. Damit ergibt sich ein enormes Interpretationsspektrum, worüber sich vortrefflich streiten lässt. Dennoch finden wir in allen etablierten Religionen und deren prophetischen Schriften eindeutige Indizien für die Symptome einer kataklystischen Erdmantelverschiebung. Auch die Überlieferungen über bereits geschehende Sintfluten, wie wir sie in der Geschichte von Noah und seiner Arche[124] finden, basieren auf wesentlich älteren Aufzeichnungen, wie dem Gilgamesch-Epos. So gibt es hunderte von Flutmythen, die sich über die gesamte Erde verteilen und von Hochkulturen stammen, die teilweise deutlich älter sind als die Bibel[125].

Schauen wir uns zunächst die naturwissenschaftliche Ebene an, weil das ein Gebiet ist, wo die wenigsten Menschen nicht gleich auf Durchzug schalten, da es mit ihrem Paradigma kollidiert. Wer der Phönix-Hypothese in Bezug auf die logischen Vorbereitungsstrategien einen gewissen Glaubensvorschuss gewährt, der sollte sich nicht wundern, dass eine oberflächliche Recherche mit Google und Co. im Zusammenhang mit zyklischen Kataklysmen nicht viel Brauchbares zu Tage befördert. Im besten Fall stößt man auf ein paar beruhigende Artikel des Mainstream zum magnetischen Polsprung. Ich denke, ich muss hier nicht erneut erklären, wie zensiert die Massenmedien und die populären Internet-Suchmaschinen mittlerweile sind.

Da der wissenschaftliche Diskurs zum gesamten Kontext der zyklischen Transformation extrem komplex ist und sich die wirklich richtungsweisenden Publizisten über ein ganzes Jahrhundert erstrecken, kann ich hier nur einen groben Überblick geben. Hinzu kommt, dass diese Wissenschaftler mit unterschiedlich vollständigen Datensätzen arbei-

---

124 Die Arche Noah war nach dem biblischen Buch Genesis, Kapitel 6–9, ein von dem Patriarchen Noah gebauter schwimmfähiger Kasten. Das Wort „Arche“ leitet sich aus dem lateinischen Wort für Kasten (arca) ab, was dem hebräischen Wort für Kasten (tēvāh) entspricht. Die deutsche Form „Arche Noah“ statt „Arche Noahs“ entstammt der Übersetzung Luthers.

125 Eine der ältesten Flutüberlieferungen basiert auf dem sumerischen Schöpfungsmythos, der auf eine Steinplatte geschrieben wurde. Er ist in sumerischer Sprache verfasst und wird auf etwa 1.600 v. Chr. datiert.

ten mussten und daher zu verschiedenartigen Thesen gelangten, die sich teilweise nur in Details unterscheiden. Mir ist es wesentlich wichtiger, dass Sie, liebe Leser, wissen, wo Sie suchen müssen, um sich selber ein Bild zu verschaffen. Ich kann Ihnen hier nur meine Zusammenfassung geben, wie ich die Quellen im Kern als Nichtgeologe verstanden habe. Wenn Sie diesen Hinweisen folgen, werden Sie ohnehin mit einer exponentiell wachsenden Quellenflut konfrontiert. Es liegt ganz bei Ihnen, ab wann Sie anfangen, die Sache ernst zu nehmen und ab welchem Punkt Sie einen zyklischen Kataklysmus als Fakt akzeptieren.

In der Moderne finden wir die Idee, dass die Welt sich auf den Kopf drehen könnte, zum ersten Mal in einem populären Werk von *Jules Verne* aus dem Jahr 1889. In seinem „The Earth Turned Upside Down"[126] beschreibt er die Effekte einer physischen Polverschiebung, wobei unklar bleibt, woher er diese Idee hatte. Möglicherweise wurde Verne dabei durch Spekulationen von *George Cuvier*[127] oder *Frédérik Klee*[128] inspiriert. Auch *Sir John Evans*[129] publizierte bereits 1866 ein wissenschaftliches Papier[130], welches eine Erdkrustenverschiebung postuliert, um all die bis dato bekannten Anomalien in den Polregionen zu erklären. Jedoch erhielten diese wissenschaftlichen Publikationen nur wenig Aufmerksamkeit. 1948 erschien die erste populäre Hypothese in einem Buch von *Hugh Auchincloss Brown*[131] mit dem Titel „Cataclysms of the Earth", worin erstmals die Vermutung geäußert wird, dass wachsende Eismassen an den Polen zum Kippen der Rotationsachse führen könnten. Diese Idee wurde dankbar von *Charles Hapgood*[132] aufgegriffen,

---

126 Link zur Onlinefassung auf Google: https://tinyurl.com/3e9asx47

127 Georges Léopold Chrétien Frédéric Dagobert, Baron de Cuvier (eigentlich Jean-Léopold-Nicholas Frédéric Cuvier; * 23. August 1769 in Montbéliard; † 13. Mai 1832 in Paris) war ein württembergisch-französischer Naturforscher und Mitbegründer der Zoologie als vergleichende Anatomie.

128 Frédérik Klee „Le déluge: considérations géologiques et historiques sur les derniers cataclysmes du globe"; V. Masson, 1847

129 Sir John Evans (* 17. November 1823 in Britwell Court, Burnham, Buckinghamshire; † 31. Mai 1908 in Gemeinde Berkhamsted, Grafschaft Hertfordshire) war ein englischer Archäologe, Geologe und Sammler.

130 Sir John Evans „On a possible Geological Cause of Changes in the Position of the Axis of the Earth's Crust"; Link: https://tinyurl.com/2s3fwvnf

131 Hugh Auchincloss Brown (23. Dezember 1879 - 19. November 1975) war ein Elektroingenieur, der eine Theorie der katastrophalen Polverschiebung aufstellte.

132 Charles Hutchins Hapgood (17. Mai 1904 - 21. Dezember 1982) war ein amerikanischer College-Professor und Autor, der zu einem der bekanntesten Verfechter einer schnellen Polverschiebung mit katastrophalen Folgen wurde.

der *Albert Einstein*[133] in den Diskurs involvierte. Beide Wissenschaftler unterhielten umfangreiche Korrespondenzen zu dem Thema. *Charles Hapgood* veröffentlichte 1958, drei Jahre nach Einsteins Tod, sein Standardwerk „Earth's Shifting Crust“[134], wobei er die Eismassen als Auslöser in seiner Theorie zunächst noch von Brown übernahm, diese Erklärung aber später in seinen Folgewerken zurückzog.

Der große Unterschied zu Browns These liegt bei Hapgood in dem Postulat, dass nicht die gesamte Erde mit ihrer Rotationsachse kippt, sondern dass nur der äußere Erdmantel sich zyklisch verschiebt. Daher sprechen wir im Kontext eines physischen Polsprungs heute auch von einer Erdmantelverschiebung. Unabhängig von neuen technischen Details liefert Hapgood eine massive Sammlung hauptsächlich geologischer Indizien, die auf ein solches Ereignis hindeuten und zu dieser Zeit bekannt waren. Hinzu kommen Hinweise aus der globalen Mythologie, die beispielsweise in den religiösen Schriften implementiert wurden. Hapgood bedient sich ebenfalls rätselhafter Artefakte, wie die berühmte „Piri-Reis-Karte“[135], welche den exakten Küstenverlauf des antarktischen Festlands zeigt. Demnach muss eine Hochkultur mit überragendem Wissen in Seefahrt und Navigation einst eine Karte angefertigt haben, die über die Jahrhunderte immer wieder vervielfältigt wurde. Allein zu diesem Thema schrieb Hapgood später ein ganzes Buch[136]. Die Liste der Indizien und daraus resultierenden Schlussfolgerungen sollte nur fünf Jahre darauf erneut erweitert werden, doch wurde die entsprechende Publikation von *Chan Thomas* direkt von der CIA eingezogen und zensiert. Erst 2013

---

133 Albert Einstein (14. März 1879 - 18. April 1955) war ein in Deutschland geborener theoretischer Physiker, der weithin als einer der größten und einflussreichsten Physiker aller Zeiten anerkannt ist. Innerhalb der alternativen Medien gibt es zahlreiche Stimmen, die behaupten, dass ihm die gesamte Relativitätstheorie vom System zugesteckt wurde.

134 „Earth's Shifting Crust“ aus dem Englischen: „Die sich verschiebende Erdkruste“

135 Ahmed Muhiddin Piri (ca. 1465 - 1553), besser bekannt als Piri Reis, war ein osmanischer Seefahrer, Geograf und Kartograf. Er ist heute vor allem für seine Karten und Seekarten bekannt, die er in seinem Kitabı Bahriye (Buch der Navigation) gesammelt hat. Dieses Buch enthält detaillierte Informationen über frühe Navigationstechniken sowie für die damalige Zeit relativ genaue Seekarten.

136 „Die Weltkarten der alten Seefahrer“ – Die Entdeckung der Antarktis vor 6.000 Jahren und Amerikas vor Kolumbus. Deutsche Übersetzung aus dem amerikanischen Englisch von Ulrike Bischoff. Verl. Zweitausendeins, Frankfurt am Main 2002. (Original 1966/1996). ISBN 3-86150-419-7. Original-Titel der amerikanischen Ausgabe: „Maps of the Ancient Sea Kings“

wurde das Dokument im Rahmen eines Antrags (Freedom of Information Act) wieder freigegeben[137].

Das Buch von *Chan Thomas* mit dem Namen „The Adam and Eve Story“ hatte in seiner originalen Fassung nur 57 Seiten, und in einer späteren Auflage von 1971 ganze 240 Seiten. Man kann nur darüber spekulieren, warum der Geheimdienst es für angebracht sah, das Werk zurückzuhalten. Die plausibelste Vermutung liegt in der Tatsache, dass der Autor ein extrem drastisches Bild davon zeichnete, was die Implikationen einer radikalen Polumkehr für die Menschheit beinhalten. Zudem korrigiert er Hapgoods These dahingehend, dass er eine 90° Verschiebung erkannte, die sich bei jedem Zyklus schlagartig vor und zurück bewegt.

Weitere Standardwerke bezüglich zyklischer Erdtransformationen kommen zudem von *Emanuel Velikovsky*[138]. Auch wenn seine Thesen, was den auslösenden Mechanismus für eine Polverschiebung angeht, weitestgehend widerlegt sind, so hat er dennoch mit seiner Dokumentation von Anomalien, die auf eine kurzfristig einsetzende Transformation der Erde hinweisen, enorm zum Verständnis der Zyklen beigetragen. Eine letzte Publikation, die unbedingt erwähnt werden muss, ist das Buch „World in Peril“ von *Kent White,* der über die Tätigkeit seines Vaters[139] im Rahmen von „Project Nanook“ berichtete.

In seinem Buch „Spuren der Götter“ geht *Graham Hancock,* der sich leidenschaftlich mit dem Verbleib der einstigen Hochkulturen beschäftigt, ebenfalls der Polsprungthese nach. Dabei führt er verschiedene Indizien und Thesen an, die eine fundamentale Transformation vor rund 12.000

---

137 Link: https://www.cia.gov/readingroom/docs/CIA-RDP79B00752A0003000700018.pdf

138 In „Erde im Aufruhr“ versucht Velikovsky, Beweise hauptsächlich aus Geologie, Biologie und anderen Naturwissenschaften vorzulegen, die eine neue Chronologie beweisen sollen. Mammuts, Nashörner, Flusspferde, Büffel und Hyänen, die alle zusammen in 440 Meter Höhe über dem Meer unter vier Meter starken Lehmablagerungen gefunden wurden, wie auch Funde von Walknochen mitten im US-Bundesstaat Michigan, werden von Velikovsky in nacheiszeitlichen Schichten datiert. Auch gekippte Seen, mehrere hundert Meter dicke Lavaschichten, eine über den gesamten Südosten der USA verstreute Meteoritenzone und kilometerweit zurückgedrängte Strände führt Velikovsky für seine Hypothese ins Feld.

139 Major Maynard E. White, Kommandierender der 46th/72nd Recon Squadron und Leiter des „Project Nanook“.

Top scientist slain in hotel

SAN DIEGO — A world-renowned geophysicist on a lecture tour was found slain in his room at a city hotel yesterday, police said.

Professor Stanley Keith Runcorn, 73, of Fairbanks, Alaska, suffered fatal injuries to his head and upper body at the San Diego Hotel on Broadway, a spokesman for the San Diego Police Department said yesterday.

A native of Southport, Lancashire, in northern England, Prof. Runcorn was once affiliated with Newcastle University in England.

He was a pioneer in the theory of continental movement, known as plate tectonics, according to Syun Akasofu, director of the University of Alaska Geophysical Institute.

He was also famous for his work in nuclear physics and earth magnetism, said William Nierenberg, former director of the Scripps Institution of Oceanography in San Diego.

"He was a prominent figure in geophysics for years, going way back," said Nierenberg. "I've known of, and respected, him for 35 years."

Prof. Runcorn died several hours before he was found about midday by a hotel cleaner.

Prof. Runcorn also sat on a committee of scientists overseeing the experimental Biosphere II "space habitat" in Arizona from 1991 to 1993.

-AP

Bildquelle: Andreas von Rétyi / Archiv Oliver Gerschitz

Mysteriöser Tod von Professor Stanley K. Runcorn

Jahren postulieren. Innerhalb seiner Recherche stieß Hancock offenbar auf die Hypothese von *Professor Stanley K. Runcorn.* In dem Abschnitt seines Buches „Eine Epoche der Unruhe und Dunkelheit" erläutert der Autor die Vorstellung des Geologen, dass die Polverschiebung sogar 180° betragen haben soll. Dieses Postulat veröffentlichte Runcorn in der Zeitschrift „Scientific American". Auffällig ist hier, dass der angesehene Professor kurze Zeit später unter nebulösen Umständen ermordet wurde.

Es bräuchte eine eigene Buchreihe, um die Arbeiten der genannten Forscher und Publizisten gebührend zusammenzufassen und ihre Argumente aufzulisten. Dabei sind wir gerade einmal bei den Anfängen angekommen und haben noch nicht begonnen, die aktuelle Situation zu beleuchten. Der Kern der hier genannten Forschung bestätigt eindrucksvoll, dass durch kataklystische Transformationen in der Erdgeschichte, die Klimazonen immer wieder radikal verändert werden. Dabei ist nicht zu ignorieren, dass sich dieser Prozess in kürzester Zeit vollzieht und mit massiven Fluten, Erdbeben und seismischen Aktivitäten verbunden ist. Um davon einen kleinen Eindruck zu vermitteln, werde ich ein paar forensische Indizien aufzählen, die das gegenwärtige geologische Paradigma des Aktualismus[140] in Frage stellen.

Die Kräfte, die Berge geschaffen haben, sind noch immer ein Rätsel, und doch muss es eine Erklärung für hohe Gebirgsschichten geben, die

140 Das Prinzip der Gleichförmigkeit der Prozesse (Aktualismus) besagt, dass die geologischen Vorgänge der Gegenwart sich nicht von denen der erdgeschichtlichen Vergangenheit unterscheiden.

marine Fossilien enthalten. Eine gewaltige Kraft musste das Land mit einem solchen Druck angehoben haben, dass der ehemalige Meeresboden sich heute in großen Höhen befindet. Dafür finden wir weltweit zahlreiche Beispiele in der Geologie[141].

Im Kontrast dazu entdeckten wir Überreste von Siedlungsgebieten auf dem Boden der Nordsee, welches Doggerland[142] genannt wird. Dieses untergegangene Land ist nur eines in einer langen Reihe von Beispielen, wie ganze Großstädte einer früheren Hochkultur weit unter dem Meeresspiegel verschwanden. Das berühmte Yonaguni-Monument[143] muss hier erwähnt werden, sowie die archäologischen Überreste einer modernen Stadt, die von Meereswissenschaftlern 36 Meter unter Wasser vor der Westküste Indiens[144] entdeckt wurden und über 9.000 Jahre alt sein soll. Von den Ablagerungen und den Spuren im Gestein wissen wir, dass sowohl die Sphinx als auch die sie umgebenen Pyramiden[145] über einen langen Zeitraum im Wasser gestanden haben müssen. Während sich also einige Platten abrupt absenkten, müssen Andere in die Höhe geschnellt sein. Dafür sprechen nicht nur abgelagerte Muscheln und Korallen, sondern ganze Walskelette, die wir auf Anhöhen teilweise Hunderte von Kilometern von der Küste entfernt finden können[146].

Es muss einen Grund geben, warum „Strände“ aus Sand, die durch die Einwirkung von Meereswellen entstanden sind, in Höhen von 450 Metern in den Bergen Italiens[147] liegen. Die Wissenschaftler sind sich zwar uneinig, ob die Veränderung, die den Meeresboden angehoben hat, langsam oder schnell war. Wenn wir die Indizien jedoch global betrachten, dann erkennen wir deutlich einen kurzfristigen Effekt. Diese

---

141 Hapgood, Charles H., The Path of the Pole, Seite 238.

142 Als Doggerland wird eine Region im südlichen Teil des Nordsee-Beckens bezeichnet, die eine Landbrücke zwischen Großbritannien und Jütland bildete.

143 Das Yonaguni-Monument, auch als Unterwasserpyramiden von Yonaguni bekannte Gesteinsformationen, liegen im äußersten Südwesten Japans, nahe der Insel Yonaguni im Ostchinesischen Meer, nur ein wenig mehr als 100 Kilometer von Taiwan entfernt.

144 BBC News: „Lost City could rewrite History“; Link: https://tinyurl.com/m3txm28n

145 „Is the Great Sphinx twice as old as Egyptologists and archaeologists think, based on recent geological evidence .“ Science in Dispute; Link: https://tinyurl.com/2p8su9ny

146 „How do You Get a Whale in Vermont?: The Unlikely Story of Vermont's State Fossil“ von Jeff L. Howe; BBC „Chiles verblüffender Friedhof“: https://tinyurl.com/287sbfep

147 Hapgood, Charles H., The Path of the Pole, Seite 238.

radikale Transformation lässt sich am besten in den Polregionen erkennen, die auf beiden Seiten Überreste von teilweise tropischen Urwäldern zeigen.

Die Insel Spitzbergen liegt weit innerhalb des Polarkreises und ist heute die meiste Zeit des Jahres von Schnee und Eis bedeckt. Dennoch gibt es dort zahlreiche Beweise dafür, dass an den Ufern der Insel einst tropische Korallen wuchsen[148]. Spitzbergen verfügt ebenfalls über beträchtliche Kohlevorkommen, was auf das ehemals gemäßigte oder tropische Klima der Insel hinweist. Außerdem wurde dort eine beachtliche Anzahl von Fossilien von Seerosen gefunden, die in Braunkohle eingebettet waren, was ebenfalls beweist, dass die Region einst ein warmes und sumpfiges Klima aufwies. In Grönland fand man tief unter der Eisschicht Pflanzenreste, die heute noch aussehen, als wurden sie gestern erst gepflückt[149]. Wie lässt sich das einst gemäßigte Klima dieser arktischen Region erklären? Selbst der Name der Region weißt auf eine üppige Vegetation hin[150]. Wenn wir keine Polverschiebung annehmen, dann muss der ganze Planet extrem warm gewesen sein und abrupt in den Tiefkühlmodus umgesprungen sein – zumindest was die Polregionen betrifft. Viel plausibler scheint es, das sich die Pole früher an anderen Stellen im Verhältnis zur Erdkruste befanden.

Als *Admiral Byrd* von 1933 bis 1935 in die Antarktis reiste, entdeckte seine Expedition Abdrücke von Blattstielen und versteinertes Holz unter dem Schnee und Eis. *Sir Ernest Shackleton* fand Kohleflöze innerhalb von 200 Meilen des geografischen Südpols. So sammelten sich immer mehr Beweise für eine massive Bewaldung in der Antarktis, die sich auch mit neuesten Untersuchungen fortlaufend bestätigen. Mittlerweile ist es wissenschaftlich nicht mehr zu ignorieren, dass der Kontinent Antarktis ein üppiger Dschungel[151] war. Selbst wenn wir den Erklärungen glauben

---

148 Teichert, S. „Hollow rhodoliths increase Svalbard's shelf biodiversity." Sci Rep 4, 6972 (2014). https://doi.org/10.1038/srep06972

149 PNAS Paper: „A multimillion-year-old record of Greenland vegetation and glacial History preserved in sediment beneath 1.4 km of ice at Camp Century"; Link: https://doi.org/10.1073/pnas.2021442118

150 Grönland (engl. Greenland) entspringt der Bezeichnung „grünes Land".

151 „Shocking Study Reveals Ancient Rainforest Existed Near the South Pole" von Ryan F. Mandelbaum; gizmo.com; Link: https://tinyurl.com/yck7ahws

wollen, dass dies Millionen von Jahre her sein muss, wieso existieren dann überlieferte Seekarten, die den exakten Küstenverlauf beschreiben? Diesen Verlauf kennen wir heute nur, weil Flugzeuge mit Radaranlagen die dicke Eisschicht durchleuchtet haben.

Bildquelle: https://www.britannica.com/biography/Richard-E-Byrd

Admiral Byrd in der Antarktis

Die Quintessenz lautet, dass der Südpol einst eisfrei und üppig bewachsen war. Doch das lässt sich nicht mit einer globalen Wärmephase erklären. Wir müssen immer noch die Tatsache berücksichtigen, dass eine massive Aufforstung nicht dort stattfindet, wo es sechs Monate im Jahr dunkel ist, ein Merkmal eines Polargebiets. Ebenfalls wurden in der Nähe des geografischen Südpols die versteinerten Fußabdrücke eines prähistorischen Reptils[152] entdeckt. Da Reptilien bekanntermaßen kaltblütig sind und die Wärme der Umgebung benötigen, um ihre Körpertemperatur aufrechtzuerhalten, ist es offensichtlich, dass die Antarktis einst ein tropisches Klima hatte. Wenn dies alles wahr ist, dann kann der Kontinent unmöglich immer am geografischen Südpol gelegen haben. Die einzige Lösung der populären Wissenschaft, die Anomalien zu erklären, lautet, die Artefakte auf „Hunderte von Millionen Jahre" zu datieren.

Obwohl die Phänomene, die als Eiszeiten bezeichnet werden, eine anerkannte Tatsache sind, sind sich nur wenige Wissenschaftler darüber einig, wie sie verursacht werden. Nicht nur, dass kilometerhohe Eisschichten den nördlichen nordamerikanischen Kontinent bedeckt hatten - bis nach New Jersey, Ohio und Wisconsin. Auch Europa, Afrika und Indien hatten ihre Eiszeiten. Es gibt viele Theorien über die Ursachen, aber keine ist bewiesen. Es bleiben uns zahlreiche Erklärungen, einige plausibel, andere unwahrscheinlich. Es wird angenommen, dass die letzte Eiszeit erst vor etwa 10.000 Jahren zu Ende ging. In Nordamerika hat man den letzten radikalen Klimawandel, der viele Tierarten - wie zum Beispiel die Mammuts - ausgelöscht hat, mittlerweile auf 11.000 Jahre datiert[153]. Jedoch klaffen die Zeitprognosen insgesamt massiv auseinander. Je nachdem welcher Studie oder Datierungsmethode man vertraut, bekommen wir unterschiedliche Zeitansätze.

Ohne hier zu tief in die technischen Details zu gehen, hat jede Methode der Altersbestimmung ihre Schwachstellen[154]. Gerade Techniken, die

152 „Dr. Benjamin Bomfleur über den Fund eines Saurier-Abdrucks in der Antarktis" WWU Münster; Link: https://tinyurl.com/wsujv6wu

153 „What Killed the Great Beasts of North America?" Von Michael Balter; Science.org; Link: https://tinyurl.com/yunhaeu8

154 Die vollständige Kritik an den Datierungsmethoden findet man bspw. im Buch „Evolution Cruncher" von Vance Ferrell im Kapitel 6 (ab Seite 167).

bspw. auf den Zerfall von Elementen beruhen, basieren auf empirisch ermittelten Werten, die man hochextrapoliert. Jedoch können äußere Faktoren diesen Zerfallsprozess beschleunigen. Darunter fallen Perioden von erhöhter kosmischer Strahlung oder Sonnenaktivitäten, die in der jüngeren Erdgeschichte evident sind. Als Analogie könnte man folgendes Sinnbild geben: Stellen Sie sich vor, Sie messen die Menge an mikroskopisch kleinen Steinchen, die nach fünf Minuten durch eine Sanduhr gefallen sind. Diese Anzahl setzen Sie ins Verhältnis zu einer baugleichen Uhr und dem Sand, der dort in einem unbekannten Zeitraum durchgelaufen ist. Nehmen wir an, das Ergebnis lautet beispielsweise 100 Jahre. Wenn es jedoch Hinweise darauf gibt, dass bestimmte Faktoren dafür gesorgt haben, dass sich die Durchlaufgeschwindigkeit zeitweise massiv vergrößert haben muss, dann werden Sie zu keinem verlässlichen Ergebnis kommen. Dies könnte passieren, weil sich die Trichteröffnung, durch die die Partikel durchfallen, erweitert hat. Diese variierende Vergrößerung sind in unserer Analogie die kosmischen Strahlungen und die Aktivitäten der Sonne.

Unzählige Tiere wurden durch die plötzliche Gletscherbildung der letzten Eiszeit lebendig eingefroren, und Hunderttausende liegen noch immer dort, wo sie gestorben sind – gefroren in der Erde begraben. Wie lange sie sich dort befinden, ist jeweils eine Theorie. Die Neusibirischen Inseln, knapp 300km vor der Nordküste Sibiriens gelegen, bestehen fast buchstäblich aus den Knochen und den Überresten zahlreicher prähistorischer Mammuts[155], Säbelzahntiger, Riesenbiber (von der Größe einer Ziege), prähistorischer Nashörner, Büffeln, Hirschen, Pferden und anderen kleinen Säugetieren. Wie konnten so viele dieser Tiere (die weitestgehend auch in Alaska und im Norden Kanadas vorkamen) so unversehrt im Boden eingefroren sein, so dass ihr Fleisch zehntausend Jahre später, wenn es aufgetaut war, als „essbar" bezeichnet wurde? In der Tat, bei einem Bankett eines russischen Wissenschaftlers in der „Moskauer Akademie der Wissenschaften" in den 1930er Jahren soll der Hauptgang aus ziemlich „köstlichen" Mammutsteaks[156] bestanden haben.

---

155 „Weißes Gold aus braunem Schlamm" von Roman Görgen; Spektrum Magazin; Link: https://tinyurl.com/yc72xx4n

156 Charles Hapgood; „Great Mysteries of the Earth"; Seite 53.

Eine andere Frage ist, wie die Tundra in Nordsibirien und Alaska eine so große Population prähistorischer Tiere beherbergen konnte? Das ergibt keinen Sinn, es sei denn, die Arktis hatte einst ein gemäßigtes Klima mit üppiger Vegetation.

Auf der einen Seite geht die populäre Wissenschaft davon aus, dass die letzten großen Eiszeiten in einigen Teilen der Welt vor nur wenigen tausend Jahren stattgefunden haben. Gleichzeitig werden die warmen Perioden an den Polen auf viel frühere Zeitabschnitte datiert, obwohl die Überreste noch teilweise als essbar gelten. Irgendwas stimmt an dem Modell grundsätzlich nicht. Es scheint so, als würde die Datierung der geologischen Ideologie des Aktualismus[157] gezielt angepasst. Auch in den neuesten Publikationen in Magazinen wie „Nature"[158] wird alles getan, die absurdesten Theorien zu entwickeln, um das Offensichtliche nicht akzeptieren zu müssen: Die zyklische Erdkrustenbewegung ist Realität.

Es ist bekannt, dass Baumringe ein Maß für das Wachstum von Bäumen im Laufe der Jahreszeiten sind. Warum haben dann prähistorische gefrorene Bäume, die in Spitzbergen, Norwegen, ausgegraben wurden, keine Ringe? Nur wenn es einst keine Jahreszeiten gab, ist diese Anomalie zu erklären. Aber der einzige Ort auf der Erde, an dem es keine Jahreszeiten gibt, ist der Äquator. Wenn der Äquator der Erde einst durch oder in der Nähe von Spitzbergen verlief, dann liegt es auf der Hand, dass sich die geografischen Pole der Erde, bezogen auf die Erdkruste, einst an anderen Stellen befunden haben müssen, als es heute der Fall ist.

Eine Expedition, die im kanadischen Archipel nur wenige hundert Kilometer vom geografischen Nordpol Ausgrabungen anstellte, fand unter Eis und Schnee Hunderte von gefrorenen (nicht versteinerten) prähistorischen Baumstämmen, die wie von einer gewaltigen Flutwelle zertrümmert im Sand vergraben waren. Unter der Oberfläche fanden sie eine

157 Der Aktualismus (lat. actualis „wirklich"), auch Aktualitätsprinzip, Uniformitäts- oder Gleichförmigkeitsprinzip, englisch Uniformitarianism, ist die grundlegende wissenschaftliche Methode in der Geologie. Es ist das Gegenprinzip zum Katastrophismus.

158 „Klages, J.P., Salzmann, U., Bickert, T. et al. Temperate rainforests near the South Pole during peak Cretaceous warmth. Nature 580, 81–86 (2020). https://doi.org/10.1038/s41586-020-2148-5

weitere Schicht ähnlicher Baumstämme, und unter dieser Schicht noch eine weitere, bis sie neun verschiedene Ebenen von Beweisen für katastrophale Veränderungen freilegten[159]. Die Arktis war offenbar nicht nur einst eine stark bewaldete, gemäßigte oder tropische Region, sondern sie war auch regelmäßigen, radikalen Umwälzungen ausgesetzt. Es ist unbestreitbar, dass es in der Erdgeschichte Zeiten gegeben hat, in denen geologische Transformationen die Lebensbedingungen von Flora und Fauna massiv gestört haben. Viele Beispiele sprechen dafür, dass solche Veränderungen immer gewaltig, dramatisch und zyklisch sind.

Wenn man sich lange genug mit den geologischen Indizien beschäftigt hat, die allein in den Werken zu finden sind, die ich bisher aufgezählt habe, dann wird deutlich, dass die Erde durch zyklische und radikale Transformationen geht. Sie bewirken nicht nur ein schlagartiges Massensterben in der Fauna und Flora, sondern stellen auch die Klimazonen buchstäblich auf den Kopf. Man bekommt zudem den Eindruck, dass die gesamte Mainstream-Wissenschaft hier absichtlich auf beiden Augen blind gehalten wird. Reminiszenzen zu 9/11 werden wach. In Bezug auf die Zyklen verhält es sich ganz ähnlich, wie im offiziellen Bericht des „Commission-Report“[160], der uns erklärt, wie Gebäude 7 des „World Trade Centers“ in nahezu freiem Fall in sich zusammengebrochen sei, obwohl es nicht einmal von einem Flugzeug getroffen wurde. Dabei kann jeder Amateur, der das Video vom kollabierenden Hochhaus betrachtet, erkennen, dass hier eine kontrollierte Sprengung durchgeführt wurde. Keine Theorie ist dabei zu abstrus, um zu leugnen, dass hier gezielt nachgeholfen wurde.

Die gleiche Ignoranz des Mainstream können wir in Bezug auf die vergangenen Hochkulturen beobachten. Wenn ich nur allein darüber nachdenken würde, die ganzen Publikationen von *Erich von Däniken, David Hatcher Childress, Graham Hancock, Brad Steiger* und den vielen anderen Autoren zusammenzufassen, dann müsste ich mindestens ein

159 Ken White, „World in Peril“; Seite 187

160 Die 9/11-Kommission (engl. 9/11 Commission, Volltitel: National Commission on Terrorist Attacks Upon the United States; manchmal Kean-Hamilton-Commission) war ein parteiübergreifender Ausschuss des US-Kongresses und untersuchte die Ursachen der Terroranschläge vom 11. September 2001 in den USA.

weiteres Buch einplanen. Diesen Aufwand bräuchte es, um nur die Umrisse zu skizzieren, was an der etablierten Geschichtsschreibung nicht stimmen kann. Alle diese Forscher haben im Detail argumentiert, dass viele Hochkulturen ein erstaunliches Wissen in Architektur, Mathematik und Astronomie besaßen. Wir können bis heute nicht schlüssig nachvollziehen, wie sie bestimmte Gebäude errichtet haben. Wie haben diese Kulturen unregelmäßige Steine von teilweise mehreren hundert Tonnen so gestapelt, dass nicht einmal ein Blatt Papier dazwischen passt? Die große Pyramide von Gizeh ist darunter wohl das imposanteste Bauwerk, aber auch „Pumapunku“[161] muss hier erwähnt werden.

Natürlich sollte man all die involvierten Theorien um außerirdische Lehrmeister und Götter aus dem Himmel nicht blind übernehmen. Ich gehe auch nicht mit jeder These von *Erich von Däniken* mit, aber seine Argumente, die auf eine frühere Hochtechnologie hinweisen, sind nicht von der Hand zu weisen. Im Kontext der Phönix-Hypothese und der Zyklen im Speziellen, reicht es mir, wenn man anerkennt, dass es diese extrem fortschrittlichen Kulturen gab und ihr abrupter Untergang oftmals völlig ungeklärt ist. Diesen Zusammenhang hatte auch *Charles Hapgood* in seinen Büchern klar dargelegt.

Hinzu kommt, dass das Wissen über die wiederkehrenden Transformationen von den alten Hochkulturen teilweise verstanden und in zumeist symbolischer Form überliefert wurde. Die große Pyramide von Gizeh beinhaltet den mathematischen Schlüssel des Zyklus - codiert in ihrer Geometrie. Darüber hat *Jacques Grimault* ein beeindruckendes Buch geschrieben mit dem Titel „Die Offenbarung der Pyramiden“. Dazu gibt es auch einen gleichnamigen Dokumentarfilm, der diese Codierung plausibel visualisiert. Wer eine Affinität für diese alten Hochkulturen hat, muss diesen Film unbedingt gesehen haben. Auch eine

161 Pumapunku, auch Puma Punku (Aymara und Quechua für „Tor des Puma“), ist ein strategisch ausgerichteter, vollständig künstlich angelegter, terrassierter Plattformhügel, der ein labyrinthisches System von Monumentalkanälen beherbergt, auf dem sich unter anderem eine – heute in Ruinen liegende – Monumentalstruktur, sowie ein abgesenkter Hof befinden. Pumapunku ist Teil der archäologischen Fundstätte Tiwanaku, nahe der gleichnamigen Ortschaft im Westen Boliviens. Tiwanaku liegt 3.850 Meter über dem Meeresspiegel in der Hochebene des Altiplano nahe dem Titicacasee. Innerhalb von Tiwanaku liegt Pumapunku südöstlich seiner Zwillingskonstruktion Akapana.

Große Pyramide von Gizeh

signifikante Stehle im Komplex von „Göbekli Tepe“ symbolisiert eine bedeutsame Sternenkonstellation, die einen Reset-Punkt markiert. Selbst konservative Schätzungen gehen davon aus, dass die Erbauung um 6.000-8.000 Jahre vor Christi stattgefunden haben muss.

Mir ist bewusst, dass ich Sie hier nur mit Fragmenten extrem komplexer Thesen anfüttere, und dass das frustrierend sein kann. Wie ich schon mehrfach betonte, geht es mir nicht darum, eine allumfassende Abhandlung zu allen Teilgebieten zu verfassen, sondern Ihnen den Weg zu weisen, woher ich meine Puzzlestücke bezogen habe, die das Gesamtbild zeichnen. Ich vertraue hierbei auf Ihre Neugier, sich tiefer mit der Materie zu beschäftigen. Dazu finden Sie auch auf meiner Internetseite ergänzendes Datenmaterial und Links.

5.2 Polsprungforschung der Gegenwart

Eine der interessantesten unabhängigen Forschergruppen, die die inneren Mechanismen der Erde beobachtet, ist die Bewegung der „Suspicious Observers“, die von *Ben Davidson* gegründet wurde. Er ist die zentrale Figur in der heutigen Katastrophismus-Szene, der die Daten seiner Vorgänger mit den aktuellen Forschungsergebnissen abgleicht. Er betreibt einen populären YouTube-Kanal mit laufenden Updates und den neuesten Datensätzen. Zudem publizieren sie regelmäßig umfassende Abhandlungen in Form von Büchern und Videoclips. Anfang 2022 veröffentlichte die Bewegung einen Dokumentarfilm mit dem Namen: „Der Zyklus ist vorbei" – der Titel bringt ihre Position deutlich auf den Punkt.

Aufgrund ihrer akademischen Professionalität haben die „Suspicious Observers" eine beinahe makellose Reputation in wissenschaftlichen Kreisen, die sich mit Erdveränderungen beschäftigen. Wenn man sich rein intellektuell dem Thema Polsprung widmen möchte, gibt es keine bessere Anlaufstelle. Im Zentrum ihrer Spekulationen, was eine kataklystische Erdkrustenverschiebung triggern könnte, stehen die Aktivitäten der Sonne. Unser Stern wird durch seine eigenen Zyklen und durch kosmische Strahlung beeinflusst und hat wiederum eine enorme Bedeutung für die Vorgänge, die im Inneren der Erde stattfinden.

Ben Davidson ist sich sicher, dass wir kurz vor einer katastrophalen Erdkrustenverschiebung stehen und er schätzt, dass die Zeit zwischen 2030 und 2040 die wahrscheinlichste Periode darstellt, in der ein solches Ereignis stattfinden könnte. Obwohl „Suspicious Observers" als die Elite der unabhängigen Kataklysmus-Forschung gilt, glauben einige Analysten, dass die Gruppe um *Ben Davidson* nur kontrollierte Opposition sei und als „Gatekeeper"-Institution arbeitet. Man spricht in diesem Zusammenhang auch von einem „Limited Hangout" – Vorwürfe, die auch bestimmten Insidern von „Project Camelot"[162] gemacht werden. Jedoch bezieht sich die Kritik zumeist nicht auf den Polsprung selber, sondern darauf, was der letztendliche Auslöser ist und auf welchem Zeitrahmen der Kataklysmus angesetzt wird.

Die Anschuldigungen gegen „Suspicious Observers" ergeben sich unter anderem aus der Tatsache, dass das Thema „Nibiru" beinahe komplett ignoriert wird. Das mag verschiedene Gründe haben, aber

162 Mehr zu „Project Camelot" finden Sie im Kapitel 5.6.

es ist auffällig, da dieser „Planet X" für viele Forscher auf dem Gebiet des Katastrophismus, der heißeste Kandidat ist, um einen zyklischen Polsprung zu erklären. Eine Ursache für diese Ignoranz könnte darin begründet sein, dass das Nibiru-Thema mit vermutlich absichtlich gestreuten Falschinformationen „verseucht" ist und die Reputation der Thematik mit zahlreichen Vorurteilen belastet ist. Außerdem lässt sich ohne Milliardenteures Hitech-Equipment, welches entweder in den Orbit oder an den Südpol verbracht werden müsste, nichts eindeutig objektivieren. Die Institutionen, wie zum Beispiel die NASA, die eine solche Ausrüstung zur Verfügung haben, behaupten, sie hätten diesbezüglich keine genauen Erkenntnisse. Doch dazu später mehr.

Bevor ich näher auf „Suspicious Observers" bzw. *Ben Davidson* und seine Theorie eingehen werde, möchte ich noch ein paar andere Forscher erwähnen, die mir im modernen Kontext der kataklystischen Zyklen als wegweisende Autoritäten aufgefallen sind. Zum einen wäre da *Dieter Broers,* der im deutschsprachigen Raum publiziert hat und über Jahre hinweg mein Ziehvater auf diesem Gebiet war. Das ergab sich daraus, das wir gemeinsam an verschiedenen Dokumentarfilmprojekten gearbeitet haben, die Teilaspekte der Zyklen beleuchteten. Jedoch legte Dieter ab einem bestimmten Zeitpunkt seinen Fokus vermehrt auf die spirituelle Ausdeutung dieses Ereignisses, ohne auf die weltlichen Implikationen zu detailliert einzugehen. Diese ganzheitliche Sichtweise werde ich am Ende des Buches noch genauer untersuchen.

Außerdem muss ich unbedingt *Jason Breshears* erwähnen, der unter dem Namen „Archaix"[163] bekannt geworden ist. Seine Arbeit hat mich überhaupt erst darauf aufmerksam gemacht, dass exakt jener Zyklus, welchen die Eliten erwarten, in der Antike mit dem Phönix assoziiert wurde. Diesem Sachverhalt entleiht die Hypothese ihren Namen. Seine Forschung wurde zu einer großen Inspiration für mich und soll hier zuerst abgehandelt werden.

163 Offizielle Webseite von Jason Breshears: https://archaix.com/

5.3 Jason Breshears und der Phönix

Jason M. Breshears ist ein Experte in antiker Literatur und der Synchronisation alter Kalendersysteme. Sein Wissensschatz und die gigantische Datensammlung seiner Forschung hat meines Erachtens kein Äquivalent. Die speziellen Umstände, die ihm als Einzelindividuum erlaubt haben, einen solchen Datenschatz zu konsolidieren, sind leider auch der größte Kritikpunkt an seiner Person. Seine Geschichte ist jedoch so faszinierend, dass ich sie zusammenfassen möchte.

Jason Breshears wurde als Sohn einer minderjährigen Mutter zur Adoption an eine fundamental-baptistische Familie freigegeben. Bereits in früher Kindheit wurde er in eine radikale Auslegung der Bibel indoktriniert, die jeden Aspekt seines Lebens kontrollierte. Seine Ziehmutter fungierte in einer hohen Position der örtlichen Kirchengemeinde und drillte ihren Sohn von Beginn an, umfangreiche religiöse Texte zu studieren und den Inhalt akribisch zusammenzufassen. Dabei half dem jungen Jason sein nahezu fotografisches Gedächtnis, die Namen, Orte und Zeitangaben innerhalb der Texte zu verinnerlichen. Auch ohne das Zutun seiner Mutter liebte er das Lesen. Jedoch musste er regelmäßig ein beachtliches Volumen christlicher Literatur durcharbeiten, um sich das Anrecht auf ein eigens erwähltes Buch zu verdienen. Dieses teilweise unmenschliche Training, formte Jason praktisch zu einem Spitzenathleten in der Disziplin der Textanalyse.

In letzter Konsequenz rebelliert Breshears als Teenager gegen die rigiden Dogmen der Gemeinde und verließ die Zwänge der Familie. Er zog ziellos durch die Lande und verdiente sich seinen Lebensunterhalt teilweise als Tagelöhner. Trotz des Aufbegehrens gegen die alte puritanische Ideologie der baptistischen Kirche, blieb er zunächst seinem anerzogenen Glauben treu. Das hielt ihn aber nicht davon ab, auf die schiefe Bahn zu geraten. Daraus folgten verschiedene Vorstrafen, die in einer bestimmten Situation eskalierten[164], die ihm fast 30 Jahre im Gefängnis

164 Ein Autodiebstahl endete in einer Kidnapping-Situation, die zur Höchststrafe führte, obwohl die involvierte Person unbeschadet und persönlich von Breshears bei der Polizei abgegeben wurde. Ausschlaggebend für das Strafmaß waren seine Vorstrafen und die Absichten des Mittäters.

einbrachten. Hier liegt der große Kritikpunkt, der *Jason Breshears* zu einer polarisierenden Person macht. Wer traut schon einem verurteilten Kapitalverbrecher, der einem religiösen Extremismus entsprungen war? Doch ausgerechnet hier liegt der zweite tragische Schlüssel, der Jason erlaubte, zu „Archaix" zu werden. Das Schicksal verbannte ihn in mehrere Vollzugsanstalten, die praktisch mit antiken Büchern überquollen. Ganze Trakte der texanischen Gefängnisse waren bis zur Decke mit teilweise seltenen Schriften bestückt, die wiederum aus alten, renommierten Bibliotheken stammten, die der Bundesstaat schließen musste.

Ein „Hochleistungs-Leser" wurde praktisch über fast drei Dekaden in Büchereien mit exquisiten altertümlichen und klassischen Texten eingesperrt. Hinzu kam seine christliche Indoktrination, die ihm gebot, die biblische Geschichte an alten historischen Geschichtsbüchern herleiten zu wollen. Retrospektiv möchte man an höhere Fügung glauben. Seine Inhaftierung stellte ihm reichlich Material und Zeit zur Verfügung. Zudem wurde er der Archivar der Gefängnisbibliotheken in denen er einsaß, und konnte somit Bücher frei mit anderen Anstalten austauschen. Wenn er in seinen Studien Referenzen zu Publikationen fand, die ihm in seiner Anlage nicht zur Verfügung standen, dann gab es Wege, diese aus weiteren Vollzugsanstalten zu beziehen. Selbst die fanatischsten Professoren und Gelehrten sind irgendwann gezwungen, sich dem weltlichen Alltag zu widmen. Dies ist unvermeidlich, weil sie womöglich Vorlesungen halten müssen, ein Familienleben haben oder sich gar zeitweise in der Zerstreuung verlieren. Jason hatte diese Ablenkungen nicht und konnte nur in seiner Zelle sitzen und lesen. Mit der Konzentration auf einen schriftlichen Inhalt kam für ihn auch immer das Gefühl der geistigen Freiheit. Der gefangene Körper verlor sich im Hintergrundrauschen. Die Immersion der Geschichte übernahm seinen Geist und ließ ihn in andere Welten eintauchen.

Nach kurzer Zeit scheiterte Jasons fanatischer Versuch, die geschichtliche Authentizität der Bibel zu beweisen. Immer mehr Diskrepanzen taten sich auf, die selbst durch gezielte Selektion der Quellen nicht zu ignorieren waren. Er erkannte, dass die Bibel voller Manipulationen ist. Das führte zu einem schmerzhaften Bruch mit seinem alten Paradigma, welches von Kindheit an in seinen Geist gepresst wurde. Das Phänomen, das sich in solchen Fällen zeigt, nennt sich „kognitive Dissonanz“[165]. Dabei kollidiert eine erlernte Überzeugung mit einer neuen Erkenntnis, die in ihrer Validität nicht mehr ignoriert werden kann. Truther kennen dieses Gefühl, obgleich sich dieser Effekt unterschiedlich gravierend manifestieren kann. Je rigider und komplexer das alte Weltbild bereits war, desto erschütternder ist der Zusammenbruch, wenn das geistige Konstrukt implodiert. Doch *Jason Breshears* gab sich nicht auf, nur seinen Glauben. Er studierte weiter und absorbierte alles, was er finden konnte. Ohnehin hatte er nichts Besseres zu tun und obendrein ausgiebig Zeit.

Jason verließ den christlichen Kontext und öffnete sich allen philosophisch-religiösen Schriften. Man könnte das als gnostischen Ansatz verstehen. Er las den Koran in verschiedenen verfügbaren Übersetzungen und widmete sich ebenfalls der jüdischen und vedischen Literatur. Dabei befasste er sich nicht nur mit der populären „Bhagavad Gita“[166], sondern arbeitete sich durch das gesamte „Mahabharata“[167]. Selbst die meisten frommen Hindus können das nicht von sich behaupten. Weiter ging es durch alle möglichen philosophischen und wissenschaftlichen Standardwerke, bis hin zu sehr seltenen antiken Schriften. Kurzum, wer sich mit *Jasons Breshears* Leseliste beschäftigt, der kann nur respektvoll staunen. Dieses Wissen spiegelt sich in seinen eigenen Büchern und Vorträgen wider.

Innerhalb jenes Prozesses entwickelte er ein fundiertes Weltbild, welches auf zyklischen Resets basiert. Aus eigener Erfahrung kann ich be-

---

165 Kognitive Dissonanz bezeichnet in der Sozialpsychologie einen als unangenehm empfundenen Gefühlszustand, der dadurch entsteht, dass ein Mensch unvereinbare Kognitionen hat (z. B. Wahrnehmungen, Gedanken, Meinungen, Einstellungen, Wünsche oder Absichten). Kognitionen sind mentale Ereignisse, die mit einer Bewertung verbunden sind. Zwischen diesen Kognitionen können Konflikte („Dissonanzen“ genannt) entstehen.

166 „Die „Bhagavad Gita“ (Sanskrit, f. „der Gesang des Erhabenen“), verkürzt auch nur Gita, ist eine der zentralen Schriften des Hinduismus. Sie hat die Form eines spirituellen Gedichts. Der vermutlich zwischen dem 5. und dem 2. Jahrhundert v. Chr. entstandene Text ist eine Zusammenführung mehrerer verschiedener Denkschulen des damaligen Indien auf Grundlage der älteren Veden (Frühvedische Schriften ca. 1200 v. Chr. bis 900 v. Chr.), der Upanishaden (Spätvedische Schriften ca. 700 v. Chr. bis 500 v. Chr.), des orthodoxen Brahmanismus (ca. 800 v. Chr. bis 500 v. Chr.), des Yoga u. a. m., steht aber den Upanishaden gedanklich am nächsten.

167 Das „Mahabharata“ („die große Geschichte der Bharatas“) ist das bekannteste indische Epos. Man nimmt an, dass es erstmals zwischen 400 v. Chr. und 400 n. Chr. niedergeschrieben wurde, aber auf älteren Traditionen beruht. Es umfasst etwa 100.000 Doppelverse.

stätigen, dass man zu den fundamentalen Einsichten, die *Jason Breshears* Verständnis prägen, auch mit einem Bruchteil seiner Lesezeit kommen kann. Man muss nur die „richtigen" Bücher lesen, aber man wird vielleicht am Ende nicht das argumentative Rüstzeug haben, seine Position in allen intellektuellen Disziplinen verteidigen zu können. *Jason Breshears* scheint dieses allumfassende Wissen zu haben. Ich möchte den Mann nicht über allem grünen Klee loben, aber was die Aufarbeitung der kataklystischen Zyklen auf Basis von antiker Literatur angeht, so ist er die Autorität schlechthin. Daher würde ich ihn weit vor Leuten wie *Zecharia Sitchin* oder *Graham Hancock* stellen, was die Datierung der antiken Welt und der Reset-Zyklen betrifft.

Es dürfte jedoch klar sein, dass selbst ein Mann wie *Jason Breshears* seine Herausforderung damit hat, sein akkumuliertes Wissen, das er sich über Jahrzehnte angeeignet hat, in eine konsumierbare Form zu pressen. Dazu schrieb er zahlreiche Bücher, die er in seinen Folgewerken immer wieder revidierte, wenn sich durch seine fortwährende Forschung ein differenziertes Bild ergabt. Er blieb nach dem Bruch mit der christlichen Doktrin ein offenes System, das stets bereit war, sich zu erweitern. Außerdem produzierte er mittlerweile hunderte von Videos auf seinem Kanal „Archaix" auf YouTube. Aufgrund dieser Masse an Information werde ich erst gar nicht versuchen, seine Argumentation der zyklischen Transformationen hier zusammenzufassen. Wenn man sich jedoch der erweiterten Phönix-Hypothese widmen möchte, die ich in einem späteren Buch anstreben werde, kommt man nicht an *Jason Breshears* vorbei.

Bezüglich seiner Forschung möchte ich jetzt nur festhalten, dass er den fundamentalen Reset für den Zeitraum 2040 bis 2047 erwartet. Diese Einschätzung entspringt allein seiner Analyse alter Bücher und antiker Schriften, die eine Synchronisierung der zahlreichen Kalendersysteme mit den darin codierten Zyklen erlaubt. Dieser Zeitrahmen deckt sich erstaunlicherweise nicht nur mit der Arbeit von *Douglas B. Vogt* und der „Diehold Foundation", sondern auch mit den Prognosen der „Suspicious Observers". Diese Einschätzungen basieren wiederum auf naturwissenschaftlichen Datensätzen der letzten Dekaden. Gehen wir also auf die Fraktion um *Ben Davidson* näher ein, da *Douglas Vogt* im Grunde einen vergleichbaren Ansatz fährt, nur weniger Popularität besitzt.

5.4 Ben Davidson und die „Suspicious Observers“

Ben Davidson, Gründer von „Space Weather News“ und „Suspicious Observers“, ist momentan die wichtigste Autorität im alternativen Sektor, was die kataklystischen Zyklen angeht. Wenn man die Phönix-Hypothese in ihrer Grundannahme überprüfen möchte, kommt man nicht an ihm vorbei. Seine Arbeit erlangte enorme Aufmerksamkeit durch die Herausgabe seiner sechsteiligen Videoreihe über den Katastrophenzyklus der Erde. Darin begann Davidson mit der Erörterung eines 57seitigen Buchfragmentes mit dem Titel „The Adam and Eve Story“ von *Chan Thomas.* Ich hatte ihn in meiner Übersicht klassischer Literatur zum Thema bereits erwähnt. Diese Publikation wurde irgendwann kurz nach ihrer Veröffentlichung 1963 von der CIA als geheim eingestuft und am 24. Juni 2013 mit einer bereinigten digitalen Version auf der Website der CIA wieder freigegeben. Thomas Analyse des zyklischen Polsprungs unterschied sich in wesentlichen Punkten von dem, was *Charles Hapgood* zuvor in seinem bahnbrechenden Buch „The Earth's Shifting Crust (1958)“ vorschlug.

Davidson zufolge war es die genauere Erklärung dafür, wie eine Polverschiebung abläuft, die dazu führte, dass die CIA das Buch von Thomas zensierte. „Die Geschichte von Adam und Eva“[168] wurde erstmals 1963 von „Emerson House“ veröffentlicht. 1965 erschien eine modifizierte Fassung, die 1993 von „Bengal Tiger Press“ neu aufgelegt wurde. Es ist nicht klar, wann, warum und wie die CIA das Buch von *Chan Thomas* unter Verschluss hielt, aber die Tatsache, dass die CIA 2013 eine freigegebene, bereinigte Version veröffentlicht hat, ist signifikant.

In Teil 1 seiner Videoserie stellt Davidson Hapgoods Hypothese der wandernden Pole der Polverschiebung gegenüber, die in dem von der CIA unterdrückten Buch von Thomas beschrieben wird. Hapgood schrieb in „The Earth's Shifting Crust“ von einer Erdkrustenbewegung von bis zu 40°, die sich etwa alle 5000 Jahre wiederholen könnte, wobei frühere geografische Pole bei jeder Krustenverschiebung auf der Erdoberfläche

168 Deutsche Übersetzung vom Titel „Adam and Eve Story“

variieren würden. Dem gegenüber schrieb Thomas von einer massiven Verschiebung von fast 90°, die beide Pole in weniger als einem Tag in die Tropen rücken würde, um dann nach dem nächsten Zyklus wieder in ihre früheren Positionen zurückzukehren:

„In ¼ bis ½ Tag bewegen sich die Pole fast bis zum Äquator, und dann ist die Hölle los. Die Atmosphäre und die Ozeane verschieben sich nicht mit der Hülle – sie drehen sich einfach weiter von West nach Ost – und am Äquator beträgt die Geschwindigkeit 1000 Meilen pro Stunde (ca. 1.609 km/h). Das muss geschehen, um eine Umdrehung pro Tag zu schaffen. Während sich also der Erdmantel mit den Polen in Richtung Äquator verschiebt, bewegen sich die Winde und Ozeane ostwärts, blasen mit Überschallgeschwindigkeit über die Erde und überschwemmen die Kontinente mit meilenweitem Wasser(..)

Sie sehen also, dass es bei Eiszeiten nicht um vorrückendes und zurückweichendes Eis geht, sondern einfach darum, dass sich verschiedene Gebiete der Erde zu unterschiedlichen Zeiten und für unterschiedliche Zeiträume in den Polarregionen befinden, wobei die Positionswechsel innerhalb eines Bruchteils eines Tages stattfinden.“

„The Adam and Eve Story“, S.13-14

Die Schlussfolgerung von Thomas, dass es zyklische Polverschiebungen von fast 90° gibt, die die Pole über Jahrtausende hinweg hin- und herbewegen, wurde von Davidson als Hauptgrund dafür genannt, dass die CIA Thomas Arbeit als geheim eingestuft hat. Wenn sich Nord- und Südpol um 90° hin- und herverlagern, gäbe es kaum Hinweise auf frühere Polverschiebungen, da diese unter dicken Eisschichten begraben wären. Die Spuren in den gemäßigten Regionen werden mit Eiszeiten (v)erklärt, die von einer globalen Kälteperiode zeugen.

Dies führt uns zur Wissenschaft der „Paläomagnetik“[169], der Untersuchung der Aufzeichnungen des Erdmagnetfeldes in Gesteinen, Mineralien oder archäologischem Material, die zur Bestimmung der historischen Bewegung der Magnetpole der Erde verwendet wurde.

Davidson zitierte eine Reihe wissenschaftlicher Artikel, in denen paläomagnetische Daten von vulkanischen Hotspots untersucht wurden. Eine hoch angesehene paläomagnetische Studie von 1985 mit dem Titel „True polar wander: An analysis of Cenozoic and Mesozoic paleomagnetic poles“[170] (Eine Analyse der paläomagnetischen Pole aus dem Känozoikum und Mesozoikum) ergab, dass sich der Pol in den letzten 180 Millionen Jahren um 22° oder um weitere 10° bewegt hat. Dies war weit weniger als die Hypothese einer Polwanderung von 40°, die Hapgood für einen Zeitraum von etwa 5000 Jahren vorschlug.

Eine spätere Studie aus dem Jahr 2001 mit dem Titel „Stability of the Earth with respect to the spin axis for the last 130 million years“[171] (Stabilität der Erde in Bezug auf die Spin-Achse in den letzten 130 Millionen Jahren) kam zu dem Schluss, dass „die zeitlich gemittelte Position der Spin-Achse in den letzten 130 Millionen Jahren um nicht mehr als 5° abgewichen ist, was darauf hindeutet, dass sich die Massenheterogenitäten des Erdmantels nicht schnell genug verändert haben, um TPW[172] (True Polar Wandering) zu verursachen.“ Davidson nannte diese und eine Studie aus dem Jahr 2018 als Schlüsselelemente des wissenschaftlichen Beweismaterials, das Hapgoods Hypothese der Polwanderung widerlegt.

---

169 Paläomagnetismus (umgangssprachlich auch fossiler Magnetismus) ist die Erhaltung verschiedener Charakteristika des Erdmagnetfeldes in Gesteinen zum Zeitpunkt ihrer Ablagerung oder Bildung.

170 AGUpubs Paper von Jean A. Andrews; Link: https://doi.org/10.1029/JB090iB09p07737

171 ScienceDirect Paper; John A. Tarduno, Alexei V. Smirnov; Link: https://doi.org/10.1016/S0012821X(00)00348-4

172 Unter „echter Polarwanderung“ oder „True polar Wandering“ versteht man die Drehung eines Planeten oder Mondes um seine Rotationsachse, wodurch sich die geografische Lage des Nord und des Südpols ändert, also „wandert“. Wird auch als „Polar Wobble“ bezeichnet.

Davidson wies jedoch darauf hin, dass die akademischen Daten aus paläomagnetischen Studien nicht auf die Theorie von Thomas eingingen, wonach sich die Pole im Laufe der Erdgeschichte hin- und herbewegen. Daraus ergab sich eine fehlerhafte Grundannahme. Dieser Sachverhalt erweckte den Anschein, dass sich die Pole im Laufe der Jahrmillionen überhaupt nicht bewegt hätten, wie die Forscher fälschlicherweise annahmen:

„Alle Arbeiten, die die Theorie zerstören, stützen sich auf diese fehlerhaften Studien, insbesondere auf die langfristige durchschnittliche Polposition, und keine davon befasst sich mit dem Problem einer Ping-Pong-Verschiebung, bei der die durchschnittliche Polposition über Millionen von Jahren in der gleichen Position zu liegen scheint."

Davidson geht sogar so weit, zu behaupten, dass Hapgood, der während des Zweiten Weltkriegs für den CIA–Vorgänger, das „Office of Strategic Services", gearbeitet hat, mit seinem Buch von 1958 einen „limited Hangout"[173] durchgeführt haben könnte. Dies könnte mit dem Kalkül geschehen sein, einen Teil der Wahrheit an die Öffentlichkeit zu bringen, allerdings auf eine Art und Weise, die letztendlich diskreditiert werden könnte, falls die Publikation unerwünschte Reaktionen provoziert. Faierweise muss man aber erwähnen, dass auch *Chan Thomas* offenbar enge Kontakte zum Militär hatte. In einer gekürzten Fassung von 1993 mit 127 Seiten, werden in der Danksagung mehre Generäle erwähnt. Die Widmung geht zunächst an seine Frau, doch dann folgen *General Harold W. Grant* und seine „wundervolle Familie", *General Curtis Lemay* und *Admiral Taylor* und der Generalstab dieser Zeit, ohne deren „ermutigende Inspiration" das Buch nicht existieren würde. Wenn wir also von einer Manipulation durch Geheimdienste reden, dann hatte speziell *Rufus Lackland Taylor Jr.* seine Finger in gleich mehreren solcher Organisatio-

173 Laut Victor Marchetti, einem ehemaligen Sonderassistenten des stellvertretenden Direktors der „Central Intelligence Agency" (CIA), ist ein „begrenzter Striptease" ein „Spionagejargon für einen beliebten und häufig verwendeten Trick der Geheimdienstprofis. Wenn der Schleier der Geheimhaltung durchlässig wird und sie sich nicht mehr auf eine gefälschte Tarngeschichte verlassen können, um die Öffentlichkeit falsch zu informieren, greifen sie darauf zurück, einen Teil der Wahrheit zuzugeben - manchmal sogar freiwillig -, während sie es immer noch schaffen, die entscheidenden und schädlichen Fakten in dem Fall zurückzuhalten.

nen. Er war Direktor des Nachrichtendienstes der Navy und der „Defense Intelligence Agency" und wurde am Ende seiner Karriere noch stellvertretender Direktor der CIA.

Was das für die 1993 aufgelegte Edition des Buches von *Chen Thomas* bedeutet, kann nicht abschließend geklärt werden. Offensichtlich wurden gewisse Informationen modifiziert, weil sie entweder nicht relevant, falsch, oder zu brisant waren. Es bleiben Fragen, was die Darstellung des Polsprungs von Thomas angeht.

Davidson zitierte weiter ein Buch, welches ich ebenfalls eingangs der Argumentation als wegweisendes Werk vorgestellt hatte. 1994 erschien „World in Peril" (Welt in Gefahr), in welches es um die einst als geheim eingestuften Informationen eines Polarforschers, namens *Major Maynard White,* geht, der seinem Sohn Ken (dem Autor des Buches) von geheimen Pentagon-Sitzungen im Jahr 1948 erzählte, bei denen die potentielle Unterdrückung von Beweisen für zyklische Polverschiebungen diskutiert wurde:

***„Bei einem der wissenschaftlichen Treffen,
an denen Major White Anfang 1948 im Pentagon teilnahm,
diskutierten die Wissenschaftler darüber,
ob es ratsam sei, die Öffentlichkeit
auf das bevorstehende Phänomen
der Polverschiebung aufmerksam zu machen.
Keiner der Wissenschaftler war damit einverstanden,
die Informationen der Öffentlichkeit vorzuenthalten,
aber andererseits konnten sie sich auch nicht
darauf einigen, wie sie sie veröffentlichen sollten.***

***Die Kenntnis dieses Phänomens, so meinten einige,
könnte an sich schon die moralische Faser
der Gesellschaft zerstören.
Ihre Befürchtungen waren offenbar unbegründet,
als Anfang der 1950er Jahre, Informationen über das
Flip-Phänomen sowohl in einer Zeitungskolumne
als auch in einem Zeitschriftenartikel veröffentlicht wurden,***

aber überraschenderweise keine Reaktionen einer offensichtlich verblüfften oder ungläubigen Öffentlichkeit auslösten.“

— Ken White —

Angesichts der Menge an wissenschaftlichen Daten, die Davidson in seiner Serie „Earth Catastrophe Cycle“ präsentiert, wird deutlich, dass physikalische Polverschiebungen von ungefähr 90° historisch aufgezeichnet wurden und dass dies den Regierungsbehörden bereits 1948 bekannt war. Damit sind wir bei der entscheidenden Frage angelangt, welche Theorie bezüglich des Auslösemechanismus von *Ben Davidson* präferiert wird. Die alte Vorstellung, dass Eismassen zu einer Unwucht in der Rotationsachse führen, wurde bereits von Einstein verworfen, aber auch Hapgood verstarb, ohne eine befriedigende Antwort gefunden zu haben. *Chan Thomas* hatte hingegen folgende Erklärung zu bieten:

„(...) einmal alle paar tausend Jahre entweicht neutrale Materie aus dem inneren Kern mit einem Radius von 1385 km in den geschmolzenen äußeren Kern mit einer Dicke von 2092 km, und es kommt zu einer regelrechten Atomexplosion im Inneren der Erde.

Die Explosion in der Hochenergieschicht des äußeren Kerns unterbricht die elektrische und magnetische Struktur sowohl im geschmolzenen äußeren Kern als auch in der äußeren ca. 97 km dicken geschmolzenen Schicht vollständig. Schließlich können die Eiskappen die Erdhülle um das Innere ziehen, wobei die flachen geschmolzenen Schichten die Verschiebung den ganzen Weg über schmieren.“

„The Adam and Eve Story“, S.14

Thomas vergleicht die „neutrale Materie“, die aus dem inneren Kern der Erde entweicht, mit dem Plasma in einem „Sonnenblitz“[174], da diese auf demselben universellen Prinzip beruhen, welches seiner Meinung nach auch im Atom und in den Galaxien zu finden ist. Darauf aufbauend, deutet Thomas an, dass der Auslösemechanismus, der die Sonne triggert, einen Sonnenblitz oder eine „Mikronova“[175] auszusenden, dem ähnelt, was den Erdkern dazu bringt, Energiewellen freizusetzen. Diese energetischen Wellen verschieben demnach sowohl den magnetischen als auch den physikalischen Pol zyklisch um bis zu 90°.

In „World in Peril“ wird der auslösende Mechanismus als eine Umkehrung des Erdmagnetfeldes beschrieben, wie Davidson zitiert:

„Durch wiederholte Experimente wurde festgestellt,
dass bei Annäherung des „magnetischen“ Pols
an den „geografischen“ Pol der „magnetische“ Pol
irgendwann seine Konvergenz beschleunigt,
als ob er durch die Zentripetalkraft zum
„geografischen“ Pol gezogen würde,
und er springt, um sich anzunähern;
aber anstatt dass sich
die Pole annähern, „kippt“ der „magnetische“ Pol
schnell um den „geografischen“ Pol,
dreht sich wie durch eine Zentrifugalkraft
in Richtung Äquator und endet an einer Position,
an der die beiden Achsen eine Divergenz
von ungefähr 89 Grad annehmen.
Nach diesem polaren „Flip“
würden sich die Achsen über einen langen
Zeitraum hinweg allmählich wieder annähern.“

— Ken White —

174 Eine Sonneneruption ist ein Gebilde erhöhter Strahlung innerhalb der Chromosphäre der Sonne, das durch Magnetfeldenergie gespeist wird. Als Flare oder chromosphärische Eruption bezeichnet man einfache Plasma-Magnetfeldbögen.

175 Überreste von Sternen gehen nicht nur in einer gewaltigen Sternexplosion unter. Explodieren sie unvollständig, entsteht eine im kosmischen Vergleich kleine Mikronova.

Nach den geheimen Informationen, die Major White und seine USAF-Aufklärungseinheit[176] in der Arktis erhalten haben, wäre der magnetische Polsprung der Auslöser für eine Krustenverschiebung, die zu einer geophysikalischen Polverschiebung von fast 90° führen würde, wie in der Beschreibung zu „World in Peril“ erläutert wird.

„World in Peril erklärt auf der Grundlage der Ergebnisse der Untersuchung, wie Wissenschaftler des Pentagons feststellten, dass sich unser Globus in der Vorgeschichte entwickelt hat und dass ein weiterer erdverändernder Kataklysmus unmittelbar bevorsteht! Jetzt können wir verstehen, warum Mammuts und Mastodons, die im arktischen Permafrost gefunden wurden, augenblicklich mit subtropischer Vegetation in ihren Mäulern und Mägen eingefroren wurden. World in Peril ist möglicherweise das einzige Buch, das den schwer fassbaren Auslösemechanismus für die Phänomene, die den Wissenschaftlern seit über 200 Jahren als „Krustenverschiebung“ bekannt sind, und die damit verbundenen Folgen genau erklärt.“

— Ben Davidson —

Es ist wichtig, zu betonen, dass sich die Auslösemechanismen in Thomas „The Adam and Eve Story“ und Whites Informationen in „World in Peril“ ergänzen. White beschrieb im Wesentlichen einen internen geologischen Prozess, bei dem eine magnetische Polumkehr zu einer Krustenverschiebung führen würde, sodass sich die beiden Polgruppen (magnetische und geophysikalische) kurzzeitig an den entgegengesetzten Enden des Äquators einstellen würden. Die magnetischen Pole würden sich dann allmählich an den neuen geophysikalischen Nord- und Südpolen ausrichten, bis sich der Zyklus wiederholte und die ehemaligen Polregionen in ihre früheren Positionen zurückkehrten.

176 United States Air Force 46th / 72nd Reconnaissance Squadron

Ein unbekanntes Ereignis im Erdinneren würde sowohl die magnetische Polverschiebung, als auch die Krustenverschiebung auslösen, so die von White gewonnenen Informationen, die von den nationalen Sicherheitsbehörden unterdrückt wurden. Thomas Buch erklärt den internen Mechanismus, der die Polverschiebungen auslöst. Die von ihm beschriebene neutrale Materie ist im Grunde das funktionale Äquivalent zu einer Mikronova oder einer Sonneneruption, die vom Erdinneren ausgestrahlt wird. Folglich ist jeder Hinweis darauf, dass das Erdinnere etwas Ähnliches wie eine erhöhte Sonnenaktivität erzeugt, ein wichtiger Anhaltspunkt für eine in naher Zukunft stattfindende Polverschiebung.

Davidsons sechsteilige Serie liefert stichhaltige Argumente für einen Zusammenhang zwischen zyklischen Mikronovae und historischen Polverschiebungen von fast 90°, die in einem Hin- und Herdrehen auftreten und den Anschein erwecken, dass sich die heutigen Pole seit Millionen von Jahren in ihrer jeweiligen Position nicht bewegt hätten, wie paläomagnetische Studien fälschlicherweise suggerieren. Darüber hinaus liegt seine Betonung auf der von Thomas und White vorgeschlagenen Information, dass die Verschiebung der Kruste durch interne geologische Ereignisse ausgelöst wird. Dementsprechend wäre der Polsprung nicht auf externe Wechselwirkungen, wie die Anhäufung von Eis an den Polen, zurückzuführen. Diese Feststellung veranlasst ihn zu einer Fokussierung auf etwas, das im Inneren des geschmolzenen Erdkerns geschieht.

Die von Davidson vorgelegten historischen Daten und Analysen deuten darauf hin, dass bestimmte Faktoren gleichzeitig Eruptionen von „neutraler Materie“ aus dem Erdkern heraus und von der Sonne ausgehend in Form von Mikronovae auslöst. Dies führt uns schließlich zur Rolle der kosmischen Strahlung als schwer fassbarem Auslösemechanismus und zu den jüngsten wissenschaftlichen Daten. Diese deuten auch auf eine mögliche Verbindung zu den mysteriösen globalen seismischen Wellen hin.

Wenn es Ihnen geht wie mir, dann kann man die inneren Vorgänge der Erde in Verbindung mit Sonnenaktivitäten und den kosmischen

Strahlungen, durchaus als Erklärung schlucken. In seinen Büchern und Videos geht *Ben Davidson* noch genauer auf diese Wechselwirkungen ein, aber für einen Nichtgeologen sind das alles mystische Konzepte, die ein längeres Studium voraussetzen. Jedoch steht es außer Frage, dass die magnetischen Pole immer schneller „wandern" und unser Erdmagnetfeld schwächer wird. Basierend darauf ist die Warnung der „Suspicious Observers" nicht von der Hand zu weisen. Denn selbst wenn es zu keiner physischen Polverschiebung kommen würde, laufen wir dennoch auf einen Punkt zu, der uns höchst anfällig für kosmische Strahlung und koronale Masseauswürfe (CME) der Sonne macht.

Da unser Erdmagnetfeld wie ein Schutzschild fungiert, könnte, wenn dieser Trend sich fortsetzt, auch eine vergleichsweise kleine Sonneneruption, die in Richtung Erde verläuft, einen katastrophalen Zusammenbruch unserer empfindlichen Hochtechnologie zur Folge haben. Stromnetze würden kollabieren und Mikrochips durchbrennen. Wir würden von heute auf morgen zurück auf den Anfang des 19. Jahrhunderts geworfen werden. Die Ereignisse der Vergangenheit haben gezeigt, dass selbst kurze Phasen, in denen beispielsweise New York ohne Strom[177] auskommen musste, zum Zusammenbruch der Ordnung geführt haben. Nur 25 Stunden Blackout genügten, um die Stadt an den Rand des Kollaps zu bringen. Hunderte von Läden wurden geplündert, tausende von Bränden führten zu einem Milliardenschaden. Wenn man diese Situation auf Monate oder gar Jahre hochextrapoliert, dann ist es fraglich, ob das überhaupt zu kontrollieren wäre.

Als der letzte große koronale Massenauswurf, der die Erde traf, gilt das so genannte „Carrington-Event". Vom 28. August bis 4. September 1859 ereigneten sich mehrere ungewöhnlich starke Sonneneruptionen, die unter anderem vom Astronomen *Richard Carrington* beobachtet wurden. Die ausgestoßene Materie der koronalen Massenauswürfe hatte eine Geschwindigkeit von über 2.000 km/s. Diese erreichte ca.

177 Im Gegensatz zu anderen Stromausfällen in der Region, nämlich den Stromausfällen im Nordosten 1965 und 2003, beschränkte sich der Stromausfall von 1977 auf New York City und seine unmittelbare Umgebung. Im Gegensatz zu den Stromausfällen von 1965 und 2003 führte der Blackout von 1977 auch zu stadtweiten Plünderungen und anderen kriminellen Aktivitäten, einschließlich Brandstiftung.

17,5 Stunden später die Erde. In der Nacht vom 1. zum 2. September wurde der bisher mächtigste geomagnetische Sturm registriert. Er führte zu Polarlichtern, die selbst in Rom, Havanna und auf Hawaii beobachtet werden konnten. In den höheren Breiten Nordeuropas und Nordamerikas wurden in Telegrafenleitungen so hohe Spannungen induziert, dass Papierstreifen in den Empfängern in Brand gesetzt wurden. Das Telegrafennetz war massiv beeinträchtigt. Auch in Mitteleuropa wurden ähnliche Phänomene registriert, allerdings in schwächerer Form.

Würde dieser Sonnensturm auf unsere heutige Infrastruktur treffen, dann wären die Folgen katastrophal – zumindest für eine Seite der Erde. Doch damals gab es keine digitalisierte Gesellschaft, die abhängig von Strom, fließend Wasser und Kreditkartenzahlungen war. Außerdem dürfte 1858 das Erdmagnetfeld noch wesentlich robuster gewesen sein als heute. Selbst die kleinsten Aspekte, die unsere moderne Gesellschaft zusammenhalten, basieren mittlerweile auf Feinelektronik und Datenkommunikation. Lieferketten und die öffentliche Ordnung würden bei solch einem Sonnensturm in kürzester Zeit zusammenbrechen. Da braucht es nicht zwangsläufig eine Polverschiebung, um DUMBs und geheime Planungen zu rechtfertigen. Was immer unser Magnetfeld gerade macht, es steuert auf eine bedrohliche Situation zu.

Da wir bei einem magnetischen Polsprung zeitweise völlig ohne Magnetfeld dastehen, ist die Wechselwirkung auf unsere elektronische Infrastruktur nicht zu unterschätzen. Da die menschliche Psyche[178] diesbezüglich ebenfalls äußerst sensibel ist, sind die Implikationen kaum zu überblicken. Selbst wenn man sich nicht vorstellen kann, dass mysteriöse Vorgänge im Inneren unseres Planeten zu einer Verschiebung der äußeren Schicht führen, so ist das Carrington-Event nur schwer zu relativieren. Jedoch gibt es noch eine weitere Theorie, die recht nachvollziehbar eine Erdmantelbewegung erklären würde, aber diese ist äußerst polarisierend. Dennoch muss „Planet X" in dem Kontext Polsprung angesprochen werden.

178 MDPI Paper „Human Psychophysiology Is Influenced by Low-Level Magnetic Fields: Solar Activity as the Cause"; Link: https://doi.org/10.3390/atmos12121600

5.5 „Planet X“ oder Nibiru

Auch wenn es eines der am meisten belächelten Themen im Zusammenhang mit der Polverschiebung zu sein scheint, so ist die Nibiru-Theorie dennoch einer tieferen Untersuchung wert. Es gibt ein breites Spektrum an Publikationen (u. a. die Bücher von *Zecharia Sitchin*[179]), die das Thema mythologisch erforschen, zusammen mit unzähligen Channelings (bspw. *Nancy Lieder* und *Zetatalk*) und Berichten von Whistleblowern (bspw. *Robert Dean*), die behaupten, dass dieser „Planet X“ im Zentrum der kataklystischen Zyklen der Erde steht.

Man kann die Nibiru-These als konsequente Weiterentwicklung der Theorie von Hapgood sehen. Der große Unterschied ist, dass für die zyklischen Erdveränderungen ein Objekt verantwortlich gemacht wird, das in der Bibel als „Wermut“ (Offenbarung 8:11) bezeichnet wird. In den sumerischen Überlieferungen, die durch *Zecharia Sitchin* populär wurden, heißt dieser Himmelskörper „Nibiru“ — ein Name, der sich in den Reihen der Kataklysmus-Forscher durchgesetzt hat.

Nibiru in der Bibel: „Wermut“

Bildquelle: https://www.britishmuseum.org/collection/object/P_1907-1029-15

Unter Astronomen spricht man wiederum von „Planet X“ oder mittlerweile von „Planet 9“, nachdem Pluto der Planetenstatus aberkannt wurde. Um die Namenskonfusion komplett zu machen, muss man erwähnen, dass die erste offizielle akademische Theorie zu dem Thema

179 Zecharia Sitchin behauptete in seinen Büchern, dass er durch die Übersetzung von sumerischen Keilschrift-Texten herausgefunden habe, dass „Nibiru“, einen Planeten beschreibt, der von den Anunnaki (einer außerirdischen Rasse) bewohnt sei und zyklisch in die Nähe der Erde kommt.

1940 vom chilenischen Astronomen *Carlos Muñoz Ferrada* (1909–2001) formuliert wurde, der das hypothetische Objekt „Hercolubus“ taufte. Ähnlich wie Hapgood erkannten die Nibiru-Forscher, dass die im Abendland bekannte Geschichte aus der Bibel mit Noah und der großen Flut, ein Phänomen beschreibt, das sich aufgrund der vielen Überlieferungen alter Kulturen als globales Ereignis darstellt und gravierende Spuren in der Geologie hinterlassen hat. Es ist also keine lokale Anomalie.

Einigen Analysten, wie *Hans Bellamy,* zufolge, gibt es über 250 signifikante Quellen[180] aus allen großen Kulturkreisen weltweit, die von einer massiven Überschwemmung in ihrer Mythologie sprechen. Diese steht oftmals in Verbindung mit Himmelsphänomenen, z. B. in den Überlieferungen der Hopi, wo man von einer blauen und roten „Kachina“ berichtet. Auch die kataklystischen Beschreibungen aus der „Kolbrin-Bibel“[181] sprechen von einem roten Objekt im Himmel, welches die Ägypter den „Verwüster“ nennen. In anderen antiken Schriften ist vom

Die Sintflut von Francis Danby

Bildquelle: Francis Danby / https://upload.wikimedia.org/wikipedia/commons/2/2e/Francis_Danby_-_The_Deluge_-_Google_Art_Project.jpg

180 Wikipedia listet ungefähr 70 signifikante Quellen auf, die auf ein globales Ereignis hindeuten. Link: https://en.wikipedia.org/wiki/List_of_flood_myths

181 Die „Kolbrin-Bibel“ ist ca. 3.600 Jahre alt und sammelt verschiedene antike Schriftstücke. Die ersten sechs Bücher werden als „Ägyptische Texte“ bezeichnet und wurden von ägyptischen Akademikern nach dem hebräischen Exodus verfasst. Die letzten fünf Bücher werden die „keltischen Texte“ genannt und wurden von keltischen Priestern nach dem Tod Jesu verfasst.

roten Phönix oder roten Drachen die Rede. Selbst in den europäischen Prophezeiungen wird oftmals von spektakulären Zeichen am Himmel gesprochen.

Was das Thema weiter verkompliziert, ist der Umstand, dass Nibiru nicht als Einzelphänomen erscheint. Bereits *Carlos Muñoz Ferrada* sprach von einem eigenen System, wobei sein „Hercolubus" sich um eine schwarze Sonne dreht. Der Begriff „brauner Zwerg"[182], der das Objekt klarer definiert, war 1940 noch nicht etabliert. Diese schwarze Sonne wird „Nemesis" genannt und Nibiru ist nur das Äußerste von 9 Objekten, welche einander beeinflussen. Hinzu kommen verschiedene Monde und ein Schweif aus Eisenoxid, der die rote Färbung erzeugt. Von da könnte die Deutung eines „Drachen am Himmel" oder eines „Phönix" entstammen. Das gesamte Nibiru-System wiederum bewegt sich in einer extrem langen elliptischen Bahn um die Sonne und ihrem schwarzen Zwilling. Es kommt daher nur alle 3.600 Jahre in unsere unmittelbare Nähe. So ungefähr lautet die Grundthese, wobei sich die Nibiru-Forscher nicht in allen Details einig sind.

Inwieweit Nibirus Gravitationskräfte dabei eine verheerende Wechselwirkung mit der Erde entfalten, ist abhängig davon, auf welcher Seite der Sonne sich unser Planet befindet, wenn er das Sonnensystem kreuzt. Dadurch würde sich erklären, warum die Effekte vor 11.000 - 12.000 Jahren viel gravierender waren, im Vergleich dazu, wie sich der Zyklus beispielsweise am Ende des Bronzezeitalters (vor ca. 3.600 – 4.000 Jahren) manifestiert hat. In jedem Fall wird die elektromagnetische und gravitative Wechselwirkung des Systems als Auslöser für den zyklischen Polsprung verstanden. Doch welche Indizien gibt es dafür, dass dieses Objekt existiert?

Carlos Muñoz Ferrada war 1940 der erste Astronom, der zu der Erkenntnis kam, dass es weitere unbekannte Objekte mit signifikanter Gravitation in unserem Sonnensystem geben muss. Diese These wurde von den

182 „Braune Zwerge" sind Himmelskörper, die eine Sonderstellung zwischen Sternen und Planeten einnehmen. Ihre Massen sind weniger als 75 Jupitermassen und reichen daher nicht aus, um, wie in den leichtesten Sternen, den „Roten Zwergen", eine Wasserstofffusion in ihrem Inneren in Gang zu setzen. Andererseits sind sie mit mindestens 13 Jupitermassen (d. h. massereicher als planetare Gasriesen) schwer genug für den Beginn der Deuteriumfusion.

Sonden „Pioneer 10“ (1972) und „Pioneer 11“ (1973) zunächst bestätigt, als beide Flugbahnen von einer unbekannten Gravitationsquelle abgelenkt wurden. Auch durch die Langzeitbeobachtungen von Uranus und Neptun, kam man zu einem ähnlichen Schluss. So berichtete noch 1988 der NASA-Astronom *Dr. John D. Anderson* in einem Interview der „Victoria Advocate“[183]:

„Wir (die NASA) haben eine 90 bis 99prozentige Zuversicht (in die These), dass Uranus und Neptun gestört werden, und ein Kandidat dafür ein einzelner Planet X ist.“

– Dr. John D. Anderson –

20 E THE NEW YORK TIMES, SUNDAY, JANUARY 30, 1983

Ideas & Trends
Continued

U.S. and Dutch technicians preparing the Infrared Astronomical Satellite before its launch last week.

Clues Get Warm in the Search for Planet X

By JOHN NOBLE WILFORD

New York Times, 30.01.1983

Bildquelle: New York Times / https://boardgamegeek.com/thread/1402171/pluto-not-planet/page/4

In diesem Jahr veröffentlichte auch *Dr. Robert S. Harrington* (Chefastronom des „US Naval Observatory“) sein Papier mit dem Titel „The Location of Planet X“[184]. Die Zuversicht der beiden NASA-Astronomen rührte unter anderem aus den Daten der 1983 durchgeführten IRAS-Mission,

183 Artikel der Zeitung „Victoria Advocate“: „For Mysterious Planet X – Pinoneer 10 Still Searching“; 14. Juni 1988 (Zeitungsausschnitt liegt der Redaktion vor)

184 Link zum Paper: https://tinyurl.com/5n7y9nrz

die einen Infrarotsatelliten ins All beförderte. Die ersten Ergebnisse dieser Mission kommentierte die New York Times am 30. Januar 1983 noch mit den Worten:

> ***„Die Hypothese, dass ein Brauner Zwergstern für die mysteriöse Kraft verantwortlich ist, hat an Glaubwürdigkeit gewonnen."***
>
> **— Dr. Robert S. Harrington —**

Doch der optimistische Wind drehte sich plötzlich. Die alte NASA-Garde der Planet-X-Astronomen verstarb der Reihe nach — teilweise unter merkwürdigen Umständen. Dr. Harrington traf sich vor seinem Tod noch mit *Zecharia Sitchin,* was in einer Fernsehsendung dokumentiert wurde. Daher muss dem Astronomen klar gewesen sein, dass seine Erkenntnisse eine mythologische Grundlage hatten. Jedoch verstarb er wenige Jahre später an einem aggressiven Krebsleiden. So ver-

Bildquelle: http://www.astro.gsu.edu/wds/history/harrington.gif

Dr. Robert S. Harrington

stummte die Planet-X-Debatte in den 90er-Jahren. Die NASA verkündete zudem, dass sich alle Anomalien aufgeklärt hätten, und fortan wurde das Thema nur noch von Leuten wie *David Morrison* vertreten, der von den verbliebenen Forschern als professioneller „Debunker" betitelt wird – NASAs Äquivalent zu Harald L., einem bekannten deutschen „Gatekeeper"[185].

Das Narrativ hatte sich auf Seiten der NASA um 180° gedreht. Laut den Aussagen verschiedener Whistleblower wurde die Beobachtung von „Planet X" jedoch über das „South Pole Observatory" in der Antarktis verdeckt weitergeführt. Von dort gab es zuletzt 2009 zwei Leaks, die angeblich Nibiru mit seinen Monden zeigen. Über die Authentizität der Bilder darf man als astronomischer Laie genauso spekulieren, wie über die vielen Aufzeichnungen von privaten Forschungsgruppen, die seither behaupteten, Nibiru fotografiert zu haben. Zudem werden die sozialen Medien regelmäßig mit den seltsamsten Videos geflutet, was den Anschein erweckt, als wären „Planet X"-Interessierte, die na-

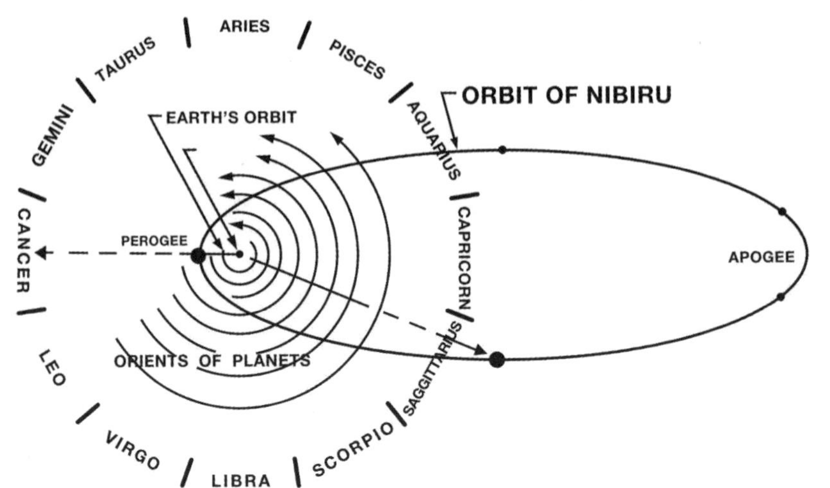

Nibiru wird eine elliptische Umlaufbahn nachgesagt.

Bildquelle: https://www.pinterest.de/pin/sumarian--396176098479117739/

185 Aus dem Englischen für „Torwächter"; damit werden Leute bezeichnet, die in öffentlichen Debatten das Narrativ „bewachen" und ketzerische Gedanken vom Tisch wischen.

ivste Fraktion unter den „Verschwörungsspinnern". Man könnte meinen, dass das beabsichtigt ist. Auch tauchen immer wieder Fotos auf, die Nibiru neben der Sonne zeigen sollen, selbst auf den offiziellen SOHO-Aufnahmen[186]. Doch dahinter wird zumeist eine professionelle Desinformationskampagne vermutet, obwohl sich einige Hobbyforscher immer wieder für solche zweifelhaften Bilder begeistern können.

Nach fast 100 Jahren Forschung ist das Thema Nibiru nur schwer zu fassen und überrascht immer wieder mit neuen Entwicklungen. Die letzten Jahrzehnte ruderte die NASA und damit die Mainstream-Wissenschaft überraschend ein Stück zurück. Das Phänomen wurde in eine neue Schublade gesteckt, die neuerdings „Planet 9" bezeichnet wird. Jetzt behauptet die amerikanische Weltraumbehörde plötzlich wieder, dass es durchaus noch immer Gravitationsphänomene im Sonnensystem gibt, die aber bisher nicht aufgeklärt werden konnten. Man vermutet zwar weiterhin, dass mindestens ein unbekannter Himmelskörper dahinter stecken muss, aber man hat sich weit von den Anfängen der „Planet X"-Forschung entfernt. De facto erwähnt man nicht einmal, dass bereits seit 1940 wissenschaftliche Theorien diesbezüglich kursieren. Zumindest in den Mainstream-Artikeln gibt man sich so, als hätten wir es mit einem völlig neuen Phänomen zu tun.

Auch wird die Verbindung zum zyklischen Polsprung nicht einmal ansatzweise diskutiert. Das heutige Narrativ beschränkt sich darauf, dass Gruppen aus smarten Wissenschaftlern vehement nach Planet 9 suchen, aber bisher noch nicht erfolgreich waren. Die Signifikanz wird ohnehin als vernachlässigbar suggeriert. Wer eine typische Beruhigungstablette des Mainstream-Narrativs schlucken möchte, dem empfehle ich die offizielle ARTE-Dokumentation zum Thema[187]. Wer im Rahmen der Phönix-Hypothese der Darstellung traut, dass die Militärs, welche die Teleskope kontrollieren, die suchenden Wissenschaftler mit relevanten Daten füttern, der darf das gerne tun.

186 Das Solar and Heliospheric Observatory (SOHO; deutsch Sonnen- und Heliosphären-Observatorium) ist ein Weltraumobservatorium von ESA und NASA.

187 „Planet 9 – Fahndung im All" ARTE Dokumentation, 2022

In diesem Bezug sollte erwähnt werden, dass ab 2020 eine Serie von mysteriösen Zwischenfällen stattgefunden hat, was zivile oder halbzivile Teleskope betrifft. Darunter fällt beispielsweise die Zerstörung des weltberühmten Arecibo-Observatoriums in Costa Rica[188]. Ist das alles nur Zufall, oder soll da etwas verheimlicht werden? Dazu konnte ich mir noch keine abschließende Meinung bilden. Im Grunde ist es irrelevant, ob der Auslöser für einen Polsprung in einem Planeten oder einer weniger greifbaren kosmischen Strahlung zu finden ist. Eventuell ist es auch eine Kombination aus beiden Faktoren, die miteinander korrespondieren. Entscheidend ist nur, zu erkennen, dass es diesen transformativen Zyklus gibt und er nicht weit entfernt ist. Sollten Sie mit dem Thema Nibiru dennoch in Resonanz gehen, dann finden sie dazu Links auf meiner Webseite. Hierzu möchte ich die wichtigsten Quellen erläutern.

Bevor Sie sich an die Bücher von *Zecharia Sitchin* setzen, oder gar *Nancy Lieders* Channelings zu entschlüsseln versuchen, empfehle ich Ihnen zunächst die „Planet-X 101 Dokumentation" von *Marshall Masters* oder die letzten Vorträge von *John Moore.* Auch *Bob Fletcher* konnte einige brisante Informationen aus Regierungskreisen in Erfahrung bringen. Er wurde zum ersten Mal misstrauisch, als er entdeckte, dass massive Geldbeträge von den Regierungskonten und der „Federal Reserve Bank" abgezogen wurden. So kam er zu dem Schluss, dass diese Gelder heimlich für den Bau und die Ausstattung unterirdischer Einrichtungen verwendet wurden. Weiterhin empfehle ich in diesem Fachgebiet gerne den Kanal „Science of the Pole Shift" deren Vortrag zwar bei YouTube aus den Suchergebnissen gefiltert wird, aber noch immer vollständig zu sehen ist. Das Gleiche gilt für die anderen erwähnten Dokumentationen. Eine äußerst sachliche Auseinandersetzung mit dem Thema finden Sie bei dem Autor *Andy Lloyd*[189]. Ebenfalls bereichernd ist das Buch „Nemesis – The Death Star" von *Dr. Richard Muller.* Versuchen Sie bloß nicht, im Internet danach zu recherchieren – zumindest nicht mit den üblichen Suchmaschinen.

---

188 Am 10. August 2020 riss in der Nacht um 2:45 Uhr Ortszeit eines der acht Zentimeter dicken Stahlseile am Tower, welche als Hilfsseil die Höhe der Empfängerplattform stabilisieren, aus seiner Endhülse. Es beschädigte den Gregory-Dome und hinterließ im Hauptspiegel ein 30 Meter langes Loch. Der Betrieb des Teleskops wurde eingestellt.

189 Andy Lloyd „Dark Star – The Planet X Evidence"; Time Voyageur Press (2005)

Es ist auffällig, dass bei Google[190] das ganze Thema, sofern man es inhaltlich als „Content Creator“[191] ernst nimmt, zwar nicht vollständig zensiert wird, aber der Konzern die „interessanten“ Inhalte in den Suchergebnissen versteckt. Während beispielsweise YouTube rigoros Videos löscht, die zu offensiv der offiziellen Haltung der WHO oder der „9/11 Commission“ widersprechen, ist das bei Nibiru nicht der Fall. Nur platziert die Suchfunktion die Inhalte in die hinteren Reihen. Kennt man aber die genaue Adresse, so kann man auf den Inhalt zugreifen. Das gleiche Prinzip gilt bei „SERPs“[192] in der Google-Suche. Stellt der AI-gestützte Algorithmus fest, dass man das Thema Nibiru in seinen Artikeln ernst nimmt, wird die Webseite abgestraft und landet auf den hinteren Rängen.

Noch schwieriger ist es, vollständige Mitschnitte von den verschiedenen Whistleblowern im Netz zu finden, die in den letzten Jahrzehnten bezüglich „Planet X“ an die Öffentlichkeit gegangen sind. Vieles wurde mittlerweile gelöscht und zensiert. Das Wiederfinden gestaltet sich auch dahingehend anspruchsvoll, weil fast alle unter ihnen, bis auf *Bob Dean*[193], anonym blieben. Daher gibt es oft keinen Namen, nach dem man recherchieren kann. In einigen Fällen wurden diese Insider von bekannten Journalisten überprüft und publiziert. Hier kann man den Namen der Publizisten nachgehen. Beispielsweise veröffentlichte der Autor *Cristoforo Barbato*[194] die Aussagen eines anonymen Jesuiten, der im vatikanischen Geheimdienst gearbeitet haben soll. Dieser Whistleblower sprach ausgiebig über die Erkenntnisse, die der katholischen Kirche zum Thema Nibiru vorlagen und unter der „Omega“-Geheimhaltungsstufe laufen. Die Transkripte sind noch immer auf einer historisch anmutenden Webseite zu finden. Die Frage ist nur: wie lange noch?

---

190 Google und YouTube gehören zum gleichen Konsortium namens Alphabet.

191 zu Deutsch „Inhaltsersteller“; Begriff für Ersteller digitaler Inhalte auf Alphabet-Plattformen

192 Als „Search Engine Result Page“, kurz SERP, deutsch Suchergebnisseite, wird die Darstellung der Suchergebnisse in Suchmaschinen wie Google bezeichnet.

193 Robert Orel Dean (2. März 1929 - 11. Oktober 2018) war ein amerikanischer Ufologe aus Tucson, Arizona. Dean schied nach einer 28jährigen Karriere als „Command Sergeant Major“ aus der U.S. Army aus. Dean sagte, er betrachte sich selbst als professionellen UFO-Forscher und hatte während seiner Militärzeit eine „Cosmic Top Secret“-Lizenz.

194 Barbato, Cristoforo (2006). „The Omega Secret“ (deutsche Übersetzung im Nexus Magazin)

Das gesamte Whistleblower-Universum um Nibiru herum ist faszinierend, aber auch hochgradig spekulativ. Man bekommt schon den Eindruck, dass viele dieser Leute tatsächlich aus Regierungskreisen stammen – allein durch die Begrifflichkeiten die sie benutzen, und die Art ihrer Erzählweise. Man hat das Gefühl, dass sie selbst daran glauben, was sie berichten. Doch auch wenn sie absolut authentisch wären, so könnten sie von ihren Vorgesetzten nur benutzt werden. Es ist nicht einmal verwunderlich, wenn vereinzelte Details oder die geschätzten Ankunftszeiten unter den Whistleblowern variieren. Wie ich zuvor erwähnte, werden den niederen Hierarchien der Geheimdienste oftmals absichtlich solche fehlerhaften Daten untergeschoben, da sich von der Spitze aus genau an diesen Divergenzen ermitteln lässt, aus welcher Abteilung der Maulwurf kommt. Außerdem trägt es zu Verwirrung bei und untergräbt die Glaubwürdigkeit, wenn doch mal etwas durchgesickert ist. Natürlich könnte auch das ganze Nibiru-Thema so durch Nachrichtendienste erst in das Polsprungs-Narrativ eingeflochten worden sein, um so die Kataklysmusforschung zu zersetzen – ganz so, wie es von *Ben Davidson* vermutet wird. Demnach wäre die halbherzige Zensur nur ein Mittel, für mehr Plausibilität zu sorgen. Um es mit „Agent Mulders“[195] Worten zu sagen:

„Die Wahrheit liegt irgendwo da draußen.“

Ich möchte Sie nur sensibilisieren, die Whistleblower mit Vorsicht zu genießen, sie aber grundsätzlich nicht gleich als Spinner und Wichtigtuer abzutun, nur weil vereinzelte Aussagen äußerst abstrakt erscheinen. Solche Quellen sollten uns im größeren Kontext als grobe Orientierung dienen und im Endeffekt müssen wir lernen, auf unsere Intuition zu hören. Zudem sollten wir ohnehin auf alles vorbereitet sein. Was den Polsprung betrifft, könnten wir prinzipiell völlig indifferent darüber sein, was ihn am Ende auslöst. Daher möchte ich einen Whistleblower erwähnen, der weder Informationen zu Nibiru preisgab, noch den Polsprung klar benannte, der aber dennoch einen bleibenden Eindruck in meiner Forschung hinterließ.

---

195 Agent Mulder ist ein fiktiver Charakter aus der Serie „Akte X“ (Originaltitel: „X-Files“)

5.6 Die angelsächsische Mission

Eines der letzten Videos, welches *Bill Ryan* von „Project Camelot“[196] veröffentlichte, bevor er unter enormen Druck gesetzt wurde, seine Ambitionen in den alternativen Medien aufzugeben, ist die sogenannte „angelsächsische Mission“. *Bill Ryan* interviewte im Jahr 2010 einen hochrangigen Whistleblower, der über ein Szenario sprach, welches die Phönix-Hypothese nicht nur im Kern bestätigt, sonder wichtige Details vorausgesagt hat, die wir später auf der kollektiven Bühne beobachten konnten. Seinen Schilderungen nach, plante das System pandemiebedingte Lockdowns und geostrategische Konflikte, um die Menschheit auf ein kosmisches Ereignis vorzubereiten. Anonyme Whistleblower

Bildquelle: Bill Ryan / https://charlesfrith.blogspot.com/2012/01/bill-ryans-past-life-regression.html

Bill Ryan von „Project Camelot“

196 Internetportal zur Veröffentlichung von Insiderinformationen und Whistleblower-Aussagen

sind in der Regel Quellen, auf die man argumentativ lieber verzichten möchte. Wie ich im vorherigen Kapitel angemerkt habe, sollte man diese mit Vorsicht genießen. Dennoch hat dieses Interview für mich eine beachtliche Signifikanz. Dazu muss ich Ihnen jedoch von einem persönlichen Erlebnis berichten. Doch fangen wir zunächst bei „Project Camelot“ an.

Für diejenigen, die sich vor 2010 noch nicht mit Geheimbünden und klandestinen Machenschaften beschäftigt haben, mag „Project Camelot“ (PC) kein Begriff sein. In diesem Kontext ist es jedoch wichtig, anzumerken, dass *Bill Ryan* und *Kerry Cassidy* als Hauptinitiatoren von PC, die führenden Persönlichkeiten waren, wenn es darum ging, Whistleblower und Insider aus elitären Zirkeln und dunklen Regierungsstellen an die Öffentlichkeit zu bringen. Dazu gehörten auch ehemalige Militärangehörige, die etwas über Nibiru sagen konnten. *Robert „Bob“ Dean* ist hierzu die glaubwürdigste Quelle, die ich ebenfalls im Nibiru-Kapitel erwähnte. Unabhängig von diesem Thema, waren zu jener Zeit PC-Publikationen omnipräsent in der globalen Truther-Szene, weil sie ein breites Spektrum von Machenschaften des Systems aufdeckten. Die Interviews wurden teilweise in alle möglichen Sprachen übersetzt – sogar in Mandarin.

Nicht jeder ihrer Whistleblower konnte mich überzeugen und so gab es oftmals Spekulationen darüber, ob das System Ryan und Cassidy nicht absichtlich mit verdeckten „Agenten“ und ihren Halbwahrheiten beschäftigt hielt. Doch bei dem besagten Insider, der über die „angelsächsische Mission“ auspackte, gehe ich retrospektiv von einer authentischen Quelle aus. Das hat mit folgendem Sachverhalt zu tun: Ich war persönlich anwesend, als *Bill Ryan* 2010 das letzte Mal in der deutschen Nexus-Redaktion[197] im Allgäu einkehrte. Sein Ziel war es, ein Interview mit *Jim Humble*[198] aufzuzeichnen, der zu jener Zeit ebenfalls in Akams residierte. Nachdem das Formale erledigt war, hatte ich Zeit, mit Bill über andere Themen zu sprechen.

197 Das „Nexus Magazin“ ist eine internationale Zeitschrift mit Fokus auf grenzwissenschaftliche Themen und wurde 2010 in Deutschland von Thomas Kirschner in Akams geleitet.

198 Dr. Jim Humble war ein ehemaliger NASA-Mitarbeiter und Goldsucher, der durch MMS bzw. Chlordioxid als alternatives Therapeutikum berühmt wurde.

„Project Camelot“ hatte erst vor wenigen Wochen das Interview mit besagtem Insider veröffentlicht und Bill vermittelte mir, dass er offenbar zu tief in ein Wespennest gestochert hatte, denn das System setzte ihn plötzlich massiv unter Druck. Über die mir im Vertrauen genannten essenziellen Eckpunkte möchte ich Diskretion bewahren. Jedoch kamen die Einschläge zeitgleich an den verschiedensten Fronten und die Botschaft dahinter war eindeutig. Als Konsequenz setzte sich Bill ein paar Wochen später nach Südamerika ab, wo er noch heute leben soll. Er hat seither nie wieder publiziert.

Aus unserer letzten Begegnung blieben mir einige wesentliche Gesprächspunkte im Gedächtnis hängen. Beispielsweise versicherte mir Bill, dass der Insider über jeden Zweifel erhaben war. Er kam auch nicht aus den üblichen Netzwerken, wo ein populärer Whistleblower den Nächsten ins Spiel bringt. Bills Kontakt war eine bekannte Person des öffentlichen Lebens und hatte aufgrund seiner militärischen Vergangenheit und seiner damaligen Position in der „City of London“[199] einen meterlangen Eintrag bei Wikipedia — ein bodenständiger Gentleman mit authentischen Gewissensbissen.

Dem Insider ging es nicht darum, Berühmtheit zu erlangen. So gab es diesmal auch weder Film- noch Tonaufnahmen für die Öffentlichkeit. „Project Camelot“ veröffentlichte lediglich ein Transkript[200] der Konversation, doch dieses Manuskript hatte Sprengkraft. Den Aussagen des Whistleblowers nach, wurde er 2005 von höchsten Kreisen mit dem umfassenden Plan konfrontiert, über inszenierte und absichtlich herbeigeführte Pandemien die Welt in einen Ausnahmezustand zu versetzen. Schon damals war klar, dass China der Ausgangspunkt für eine erste grippeartige Infektionskrankheit sein würde. Andere Epidemien würden folgen.

Darüber hinaus ging es darum, an verschiedenen neuralgischen Punkten zu zündeln, um einen dritten Weltkrieg zu entfachen. Die

199 Die „City of London“ ist eine Stadt, ein zeremonieller Bezirk und ein lokaler Regierungsbezirk, der das historische Zentrum Londons umfasst und neben „Canary Wharf“ den wichtigsten zentralen Geschäftsbezirk (CBD) von London darstellt. Hier liegt auch das okkulte Zentrum verschiedener Geheimgesellschaften und der Freimaurerei.

200 Das vollständige Transkript finden Sie hier: https://tinyurl.com/5y4uf5uy

unverhohlene Agenda hinter dieser Bemühung war primär eine schleichende, aber später radikale Bevölkerungsdezimierung, wobei die Umsetzung einem kritischen Zeitplan unterlag. Welches Kalkül dahinter stand, wurde dem Insider nicht direkt mitgeteilt, aber konkrete Indizien deuteten für ihn darauf hin, dass die „angelsächsische Mission" primär der Vorbereitung auf ein kosmisches Ereignis dienen sollte, welches alle 11.000 bis 12.000 Jahre zu globalen Umwälzungen führt. Es ging darum, die beste Ausgangsposition für einen Neustart zu haben. Das war grob komprimiert der Konsens zwischen Bill und seinem Interviewpartner.

Ich hatte durchaus initiale Zweifel. Die Umstände, wie der Insider 2005 durch einen „Zufall" bzw. einen „Fehler der Verschwörer" in den Plan eingeweiht wurde, bevor er sich 2010 entschied auszupacken, sind in der Tat merkwürdig. Außerdem war er selber ein Freimaurer höheren Ranges. Allein diese Tatsache machte ihn suspekt. Vielleicht wollte jemand, dass die Geschichte durchsickert? Demnach konnte es sich um eine gezielte Irreführung handeln – möglicherweise eine „PsyOp". Mit dieser Interpretation beruhigte ich mich über Jahre hinweg, bis 2020 die erste Phase des präsentierten Plans Realität wurde. Mittlerweile ist die westliche Propaganda im Sinne einer kriegerischen Eskalation des Ukraine-Konflikts ebenfalls nicht mehr zu ignorieren. Diese Entwicklung entsprach den Eckdaten des Whistleblowers, auch wenn sich einige Details der Agenda über die Zeit verändert haben könnten.

Im Kontext von „Project Camelot" gab es weitere Interviewpartner, die Teilaspekte der Phönix-Hypothese untermauerten, aber die „angelsächsische Mission" hatte das größte Puzzlestück geliefert. *Bill Ryans* Videobotschaft und Zusammenfassung des Interviews von 2010 wurde im Rahmen der Pandemie oft in Internetforen wie „GLP"[201] zitiert. Ich kann daher nur empfehlen, bei diesem Video anzusetzen und mit dem *Robert Dean*-Interview weiterzumachen. Eventuell erkennen auch Sie

201 „GLP" steht für Godlikeproductions und ist ein Internetforum, das sich selbst als ein Platz beschreibt, der Geisteskrankheit nicht verurteilt und offenen Diskurs erlaubt, um sich vor Zensur zu schützen. Es ist der Diskussionsraum für Verschwörungstheoretiker aller Subkategorien und Spielplatz für Nachrichtendienste und Wichtigtuer. Zudem halten sich hartnäckig Gerüchte, dass das „Travistock-Institute" damit die alternativen Narrative überwacht und steuert.

die Parallelen zur heutigen Zeit. Das Gespräch mit Dean springt zwar zwischen verschiedenen Themengebieten, ist aber höchst brisant in Bezug auf Nibiru. Da diese Aufzeichnung kurz vor Deans Ableben entstand, wirkt es augenscheinlich wie ein Totenbettgeständnis.

5.7 Der Phönix in der Präkognition

Zum Zusammenhang der Präkognition mit den kataklystischen Zyklen habe ich bereits an verschiedenen Stellen wesentliche Aspekte einfließen lassen. Ich möchte dennoch zusammenfassen, warum speziell die europäische Prophetie so signifikant ist, in Bezug auf die Phönix-Hypothese. Im deutschsprachigen Kontext ist nur vereinzelten Menschen bekannt, dass in der Vergangenheit kataklystische Erdkrustenverschiebungen stattgefunden haben. Wenige ahnen, dass für die nahe Zukunft ein solches Szenario wieder anstehen könnte. Dennoch haben viele Truther, die sich mit europäischer Prophetie beschäftigt haben, indirekt schon davon gehört, denn die bekannten Seher schildern exakt die Symptome einer physischen Polverschiebung. Hinzu kommt, dass der Prozess, basierend auf den detaillierten Vorhersagen, durch ein kosmisches Ereignis initiiert wird. Zumindest wird von diversen Zeichen und Phänomenen im Himmel berichtet, die parallel stattfinden. Einige der Beschreibungen lassen durchaus die Interpretation eines planetaren Objektes zu. Könnten diese kosmischen Effekte auf Nibiru beruhen?

Weil die Prophetien so populär in Deutschland sind, bin ich ganz am Anfang des Buches damit eingestiegen. Doch die Aspekte der Vorhersagen, die den Polsprung charakterisieren, werden meist übersehen oder ignoriert. Das könnte sich dadurch erklären, da die Ereignisse, die dem Finale vorausgehen, offenbar wesentlich greifbarer wirken. Die Angst vor einem Krieg scheint erheblich tiefer in unserer kollektiven Psyche verankert zu sein – möglicherweise auf einer epigenetischen Ebene. Das sollte uns nicht wundern, da solche konfliktbasierten Prägungen deutlich öfter vorkommen, als eine kataklystische Erdkrustenverschiebung. Doch lassen Sie mich die Prophetie noch einmal zusammenfassen.

Viele internationale Propheten bzw. Hellseher haben direkt und indirekt von einer Polverschiebung gesprochen, die mit den berühmten „drei Tagen der Dunkelheit" ihren Höhepunkt erreichen soll. Das Thema findet man im Vermächtnis der Hopi und in den Überlieferungen von *Edgar Cayce*[202], dem „schlafenden Propheten". Selbst *Nostradamus* werden solche Vorhersagen angehängt, obwohl dies meines Erachtens zu spekulativ ist. Die Reime in altfranzösisch sind zu blumig und zu metaphorisch, als dass man konkrete Aussagen eines Polsprungs daraus objektivieren könnte. Dennoch, die kataklystische Erdkrustenverschiebung ist praktisch allgegenwärtig in der internationalen Prophetie.

Edgar Cayce, einer der bekanntesten Hellseher

Bildquelle: https://commons.wikimedia.org/wiki/File:Cayce_1910.jpg?uselang=de

Die Quellenlage ist gigantisch und der gemeinsame Tenor kaum zu ignorieren. Zweifelsohne sind die Prophezeiungen von *Alois Irlmaier*[203] im deutschsprachigen Raum die bekanntesten Schauungen. Als Autorität auf diesem Gebiet möchte ich auf *Stephan Berndt*[204] verweisen. Niemand hat im europäischen Kontext so akribisch recherchiert und detailliert darüber geschrieben wie er. Dabei bedient sich Berndt mittlerweile spezieller Computerprogramme, um den Überblick zu bewahren. Außerdem erlaubt ihm die Software, selbst scheinbar nebensächlichste Details da-

202 Edgar Cayce (* 18. März 1877 in Hopkinsville, Kentucky, USA; † 3. Januar 1945 in Virginia Beach, Virginia, USA) war ein US-amerikanisches Medium. Cayce gab Antworten zu Fragen über Themen wie Gesundheit, Astrologie, Reinkarnation und Atlantis, während er in Trance war. Er wurde zum Ende seines Lebens als der „schlafende Prophet" bekannt.

203 Alois Irlmaier (* 8. Juni 1894 in Scharam bei Siegsdorf in Oberbayern; † 26. Juli 1959 in Freilassing) war von Beruf Brunnenbauer und wurde als Rutengänger und Hellseher bekannt. Er hat nachweislich während des Zweiten Weltkriegs die Orte von Bombeneinschlägen und den Aufenthaltsort von Vermissten vorausgesagt. Außerdem wird ihm nachgesagt, bei der Aufklärung von Verbrechen geholfen zu haben. Seine Bekanntheit über Bayern hinaus erlangte er durch seine Prophezeiungen eines dritten Weltkrieges.

204 Stephan Berndt ist ein deutscher Autor, der mehr als zehn Bücher über die europäische Prophetie geschrieben hat und als Fachmann dieses Genres gilt.

rauf zu überprüfen, wie oft sie von den Sehern erfasst und dokumentiert wurden.

Vor allem in der europäischen Tradition gibt es unterdessen Tausende von Zeugnissen von Personen mit präkognitiven Fähigkeiten, die behaupten, sie hätten einen modernen Weltkrieg (mit Drohnen, Panzern und Raketen) gesehen, bevor ein katastrophales Naturphänomen eintreten würde. Das kann sich in Schauungen widerspiegeln, die nur das Schicksal einer spezifischen Stadt oder Region betreffen, es wird aber auch in einem globaleren Kontext erkannt. Überall stößt man auf eine verblüffend ähnliche Grundstory: Kurz nach dem Beginn des 3. Weltkrieges wird die militärische Auseinandersetzung durch sich nahezu gleichzeitig entfaltende Naturkatastrophen gestoppt, die mit dem Ereignis der dreitägigen Dunkelheit enden.

Alois Irlmaier, bekannter deutscher Hellseher

Bildquelle: Rudi Dix / https://www.merkur.de/welt/vorhersage-alois-irlmaier-dritten-weltkrieg-2020-prophezeiungen-sagte-voraus-zr-5984182.html

Dabei ist immer wieder die Rede von den typischen Symptomen eines physischen Polsprungs wie Erdbeben, Flutwellen und Vulkanausbrüchen. Außerdem werden kosmische Effekte wie Meteorschauer, Objekte am Himmel und ein kosmischer Staub beschrieben. Da wären wir wieder bei der antiken Vorstellung eines „Phönix am Himmel“ und dem Konzept von Nibiru als zyklischen Auslöser für die geophysikalische Transformation. Ohne es direkt zu benennen, wird hier eine Erdmantelverschiebung in allen Details vorhergesagt. Die Annahme wird darin gehend gestützt, dass detailliert von einer radikal veränderten Klimazone berichtet wird. So erkennen zahlreiche Seher in ihren Visionen der Folgezeit, dass Südfrüchte wie Zitronen und Orangen in Deutschland angebaut werden. In anderen Fällen wird direkt von einem Mittelmeerklima gesprochen.

Die Hellseher, die teilweise vor Hunderten von Jahren lebten, bekamen immer eine ähnliche Sequenz von Ereignissen als innere Vision präsentiert. Man könnte es mit einem Filmtrailer vergleichen. Kein Prophet konnte ein genaues Datum nennen und viele Beobachtungen wurden von ihnen interpretiert. Das muss man klar auseinanderhalten. Gleichwohl geben ihre Visionen Hinweise auf Jahreszeiten und Konditionen, die erfüllt werden müssen, bevor das Szenario eintreten kann. Da die meisten bekannten Seher schlichte Persönlichkeiten waren, ist es nicht immer einfach, bei ihren Aussagen zwischen Interpretation und tatsächlicher Eingebung zu unterscheiden.

Beispielsweise betrachten viele Hellseher den Sachverhalt, dass der 3. Weltkrieg, bevor er in einem umfassenden nuklearen Austausch eskaliert, von Erdveränderungen unterbrochen wird, als Intervention Gottes. Das ist eine kulturell bedingte Interpretation. Diese muss nicht grundlegend falsch sein, aber meine Vermutung geht mehr in die Richtung, dass das Timing der Konflikteskalation bewusst auf den Reset ausgerichtet wurde. Wie ich im Hauptteil der Hypothese explizit dargelegt habe, gehe ich davon aus, dass der Krieg nur als finales Ablenkungsmanöver dient, die Menschheit auf den kosmischen Reset vorzubereiten und die wichtigsten Schäfchen in den Bunker zu verfrachten. Die konfrontativen Handlungen in der aktuellen Zeit, die zur Eskalation zwischen den „Supermächten" führen, wirken teilweise so hanebüchen und gekünstelt, dass sie einem schlechten Drehbuch entspringen könnten. Daher gehe ich von einem gezielten Vorsatz und einer Inszenierung aus. Es scheint ein geplanter Konflikt zu sein, exakt wie er in der „angelsächsischen Mission" beschrieben wird.

Wenn es um Präkognition im Allgemeinen geht, gibt es für mich keinen Zweifel daran, dass Menschen Zugang zu einer Informationswelt jenseits von Raum und Zeit haben. Nach dem 12-dimensionalen „Heim–Dröscher-Modell"[205], wäre das der Bereich X-5 bis X-8, der als „Informationsraum" bezeichnet wird. „Remote Viewer"[206] haben die Fähigkeit, auf diesen „Raum" zuzugreifen, dies wurde immer wieder in einem militärisch kontrollierten Kontext bewiesen. Gleichwohl gebe ich zu bedenken, dass es in den Prophezeiungen auffällige „Unschärfen" gibt, als wenn sich der „Drehbuchautor" an diesen Stellen Spielräume gönnt, gewisse Modifikationen einbauen zu können. Womöglich liegt diese Kuriosität auch in der Natur der Sache.

Zu den Prophezeiungen gäbe es so einiges zu sagen, was die mögliche zukünftige Entwicklung bis zum Polsprung angeht. Viele Aussagen aus diesem Kontext habe ich in den Abschnitt der optionalen Steuerkrisen einfließen lassen, die ich in der aktuellen Situation erkennen kann. Es ist mir wichtig, Sie zu motivieren, sich selber einen Eindruck von dem Material zu machen. Was die Erforschung und systemische Kategorisierung der tausenden Seher-Überlieferungen angeht, möchte ich Sie direkt an *Stephan Berndt* weiterleiten. Jede seiner Publikationen bringt im Grunde das größere Bild auf den Punkt. Es gibt sogar ein detailliertes Buch von ihm, welches, auf Basis der gesammelten Visionen, die sicheren Gebiete definiert. Auch *Jan van Helsings* Klassiker „Buch 3 – Der Dritte Weltkrieg"[207], ist eine exzellente Analyse der europäischen Prophetie.

Leider ist van Helsings Werk etwas in die Tage gekommen. Beispielsweise konnte sich der Autor 1999 nicht erklären, wie ein prophezeiter Gegenschlag auf russische Linien mit Tausenden „unbemannter" Flugzeuge aus dem Nahen Osten erfolgen solle. Die beschriebene Drohnen-Technologie wurde erst etwas später populär und die dazugehörigen Basen auf der arabischen Halbinsel wurden ebenso erst im Rahmen des „Kriegs gegen den Terror" gebaut. Daher lohnt es sich schon, auf modernere Analysen zurückzugreifen. Dafür bietet van Helsings Werk einen

---

205 Illobrand von Ludwiger: Burkhard Heim, Das Leben eines vergessenen Genies. Scorpio, München 2010, ISBN 978-3-942166-09-6.

206 „Remote Viewing" ist eine Technik, mit der man Orte und Situationen unabhängig von Zeit und Raum erreichen kann. Remote Viewing wird deshalb auch als „Fernwahrnehmung" bezeichnet. Ein „Remote Viewer" kann Dinge wahrnehmen, die er mit seinen gebräuchlichen fünf Sinnen nicht erfassen kann.

207 Amadeus Verlag, ISBN: 978-3-9805733-5-1

spirituellen Unterbau, wie man Prophezeiungen aus der esoterischen Perspektive heraus betrachten kann.

Wem das nicht reicht, der findet zu den großen Sehern dezidierte Bücher. Als Einstieg in das Thema möchte ich wärmstens die Dokumentation von *Niki Vogt* auf YouTube empfehlen: Alois Irlmaier – „Ich seh's ganz deutlich“[208]. Dieser Film ist auf meiner Webseite in der Quellensammlung eingebettet. Mit dieser filmischen Zusammenfassung erspart man sich den „Verzehr“ ganzer Bücher zu dem Thema, sollten Sie nur an einem groben Überblick interessiert sein. Wenn man jedoch ins Detail gehen möchte, gibt es konkrete und detaillierte Ausarbeitungen in den neuesten Büchern von *Stephan Berndt* oder in den Urquellen, auf die er sich bezieht.

Wenn man sich die Aussagen der Seher im Kontrast zu den Szenarien anschaut, die von einigen Polsprung-Forschern prognostiziert werden, dann gibt es da signifikante Unterschiede. In den Prophezeiungen sind die kataklystischen Effekte zwar klar zu erkennen, schlagen aber nicht mit derselben Intensität zu, wie sie beispielsweise von *Chan Thomas* beschrieben werden. Außerdem deuten viele Details in den Schauungen auf einen Himmelskörper hin, der kleinere Objekte und Staub in unsere Atmosphäre schleudert. Daher bekommt die Nibiru-Theorie mehr Glaubwürdigkeit durch die Beschreibungen in den europäischen Prophetien. Selbst die oft erwähnte dreitägige Dunkelheit lässt sich im Rahmen eines kosmischen Objekts leichter erklären.

Die große Debatte innerhalb der Analysten beruht weniger darauf, ob die Seher eine kohärente Vision vom Schicksal der Menschheit sahen, sondern sie dreht sich mehr um die Frage, ob die Abläufe nicht schon modifiziert wurden. Ist die Zukunft womöglich sogar grundlegend auf eine alternative Zeitlinie abgelenkt worden? Hier spielen auch Theorien um den Teilchenbeschleuniger beim „CERN“[209] eine Rolle. Demnach behaupten einige Analysten, dass die dortigen Aktivitäten zu radikalen Eingriffen in die Paralleldimensionen geführt hätten. Ob das zutrifft,

208 https://youtu.be/Czo_0zAmJ0

209 Das CERN, die Europäische Organisation für Kernforschung, ist eine Großforschungseinrichtung in der Nähe von Genf, die teilweise in Frankreich und teilweise in der Schweiz liegt.

lässt sich nicht abschließend klären und nur die Zeit wird zeigen, ob wir uns weiterhin auf der prophezeiten Route befinden.

Kapitel 6 – Quintessenz

6.1 Konklusion und Zusammenfassung

Ausgehend von den dargelegten Fragmentierungen innerhalb der alternativen Sichtweisen, bringt die Hypothese über eine kosmisch induzierte Transformation ein wenig Ordnung in die dort herrschenden Narrative. Ich gehe davon aus, dass es mir gelungen ist, hinreichend zu argumentieren, dass die Last der Indizien eindeutig darauf hindeutet, dass wir zeitnah einer globalen Herausforderung unterworfen sein könnten, die alle anderen Themen hinten anstellt. Wer diesen Fakt vernachlässigt, wird nicht nur die aktuellen Auffälligkeiten auf der Weltbühne möglicherweise falsch einordnen, sondern er wird auch zukünftige Ereignisse nicht als künstlich erzeugte „Steuerkrise" erkennen.

Wenn es die letztendliche Manifestation der kataklystischen Polverschiebung betrifft, dann geht es nicht darum, sich einer speziellen Ausdeutung aus der Wissenschaft oder den Prophezeiungen anzuschließen und diese als Tatsache zu verstehen. Vielmehr sollten wir die wiederkehrenden Muster als mögliche Rahmenhandlung erkennen. Wo die exakte Schnittmenge liegt, ist immer abhängig von den Datensätzen, die wir als plausibel erachten. Dazu habe ich die wichtigsten Publikationen zusammengefasst, dränge aber gleichzeitig darauf, dass jeder Wahrheitssucher hier selbst gefragt ist, seine Hausaufgaben zu machen. Ähnlich wie bei den Prophezeiungen muss man dabei klar differenzieren, was sind tatsächliche Daten, die man objektivieren kann - bzw. Szenarien die erkannt wurden - und was sind daraus hervorgegangene Interpretationen und Deutungen.

Als klassisches Beispiel können wir die populäre Literatur über die alten Hochkulturen begreifen. Die bekannten Autoren haben nicht nur unsere Wahrnehmung für uralte technologische Anomalien geschärft, sondern oft dazu eine fantastische Theorie formuliert. *Erich von Däniken* ist hierzu ein Paradebeispiel. Seine These von außerirdischen Lehrmeistern muss nicht zwangsläufig falsch sein. Dennoch, in Anbetracht von zyklischen Resets könnte es sich dabei auch um Teile der jeweils vorherigen Hochkultur handeln, die ihre Technologie und ihr Wissen bewahren konnten. Man bedenke, dass die Menschheit keine 200 Jahre brauchte, sich von Pferd und Wagen hin zum Quantencomputer zu entwickeln. Es geht darum, die Fakten von den Thesen zu trennen und Letztere als optional zu betrachten. Das gilt gleichermaßen für die logischen Ausdeutungen innerhalb der Phönix-Hypothese, die auch in meinem persönlichen Prozess immer wieder neu verfeinert und angepasst werden.

Ein weiterer Aspekt, der als hochgradig spekulativ zu betrachten ist, betrifft die Zeiteinschätzungen. Das gilt nicht nur in Bezug auf den nächsten Polsprung, sondern auch auf die Datierungen der vergangenen Ereignisse. Ich verweise dazu auf das Buch „The Evolution Cruncher" von *Vance Ferrell*[210], das im Detail beschreibt, wie alle gängigen Datierungsmethoden unter dem Verdacht stehen, völlig verfälschte Zeitangaben zu produzieren. Daher sollte es uns nicht wundern, wenn geschichtliche Abläufe, die mit solchen Methoden erfasst wurden, keinen Sinn ergeben. Was die Prognostizierung des nächsten Polsprungs betrifft, so gibt es unter den unabhängigen Beobachtern zwei primäre Tendenzen. Während viele Analysten eine zeitnahe Eskalation in den kommenden Jahren erwarten, prognostizieren die Meinungsführer der Szene, wie *Jason Breshears, Ben Davidson* und *Douglas Vogt* die kataklystischen Ereignisse auf 2040 - 2047. Dabei kommen sie interessanterweise zu diesen zeitlichen Einschätzungen ausgehend von unterschiedlichen Gesichtspunkten. Das ist signifikant.

Auch meine persönliche Prognose geht davon aus, dass wir noch einige Jahre vor uns haben. Diese Einschätzung beruht unter anderem auf den Aussagen der Seher Europas, die dezidiert Ereignisse im Vorfeld beschrieben haben. Sollte die alte Zeitlinie noch aktiv und valide sein, dann haben wir noch eine beachtliche Achterbahnfahrt vor uns, bevor der Hammer fällt und eine neue Epoche beginnt. Beispielsweise soll es vor dem prophezeiten Polsprung zu einem ausgewachsenen Konflikt im Nahen Osten kommen, der die vorangegangenen Eskalationen weit in den Schatten stellen soll. Ebenfalls erkennen die Seher, dass Europa einen massiven wirtschaftlichen Niedergang erfährt und durch interne

210 ASIN : B0006S99JE; Herausgeber: Evolution Facts, Inc (1. Januar 2001) S. 167 – 208

Spannungen zerrüttet wird. Demnach soll es in allen Großstädten zu gewaltsamen Demonstrationen kommen, die selbst die aktuellen Gelbwesten-Randale[211] harmlos erscheinen lassen. Erst wenn diese Wegpunkte erreicht wurden, tritt der Konflikt zwischen NATO und Russland wieder in den Vordergrund. Im Rahmen der Prophezeiungen ist China dann bereits vollständig mit der Russischen Föderation alliiert und wird gegen die USA in den Krieg ziehen. Abgesehen von der Tatsache, dass wir klare Tendenzen für eine solche Eskalation erkennen können, was spätestens mit Putins Invasion in die Ukraine nicht zu leugnen ist, so braucht es weit mehr, um einen Weltkrieg zu rechtfertigen.

In Anbetracht der Prophetie, aber auch der konspirativen Pläne der „angelsächsischen Mission", müssen wir mit einer andauernden schleichenden Erodierung der Beziehungen zwischen Ost und West rechnen. Ich kann nur davor warnen, sich auf eine der beiden Seiten zu stellen, denn ich bin überzeugt, dass die Entwicklung von allen involvierten Parteien bzw. ihren globalistisch-überstaatlichen Strukturen arrangiert wird. Die wenigsten Politiker oder Generäle werden in den größeren Plan eingeweiht sein und schlichtweg ihre Rolle spielen. Auch das prophezeite massive revolutionäre Aufbegehren im Volke, welches in blassen Tendenzen bereits zu erahnen ist, wird Teil des Plans sein. Hier warne ich ebenfalls davor, sich polarisieren und damit instrumentalisieren zu lassen.

Leider habe auch ich keine Glaskugel, um in die Zukunft zu schauen. Vielleicht ist das sogar gut so. Demnach kann ich nur gewisse Tendenzen mit Prognosen und Prophezeiungen abgleichen, um meine Einschätzungen daraus abzuleiten. Doch dabei darf ich nicht ausschließen, dass mir entscheidende Daten fehlen, oder Informationen, auf die ich mich beziehe, manipulativ in die alternative Szene eingeschleust wurden. Daher sollte jeder Leser seine eigene Recherche anstreben und sich unabhängig eine Meinung bilden. Die Phönix-Hypothese ist nur als genereller Leitfaden gedacht, einen ersten Überblick über den Themenkomplex zu gewinnen. Daher bitte ich darum, keine meiner Ausdeutungen für bare Münze zu nehmen.

---

211 Die Gelbwesten-Bewegung (französisch Mouvement des Gilets jaunes) ist eine überwiegend über soziale Medien organisierte Bürgerbewegung in Frankreich, die zwischen November 2018 und ihrem Abflauen im Frühjahr 2019 landesweite Proteste ausrief.

Ich kann nur raten, die Gedanken und Zusammenhänge, die Ihnen in dem Buch gezeigt wurden, nicht missionarisch zu verbreiten. Selbst wenn Sie mit den Informationen vollständig in Resonanz gehen und darin einen hohen Grad der Wahrhaftigkeit erkennen, so muss damit verantwortungsvoll umgegangen werden. Nicht jede Person ist bereit, mit solchen delikaten Aspekten der Realität konfrontiert zu werden. Sie kennen sicher dieses psychologische Phänomen bei Menschen, wenn zum Beispiel der Ehemann sich nicht eingestehen möchte, dass er von seiner Frau betrogen wird, obwohl er schon mehrfach die Socken des Postboten in seinem Ehebett fand. Extrem deutlich wird das im Kontext der Corona-Krise. Hier kann man oft beobachten, wie Geimpfte dazu tendieren, bestimmte Krankheiten zu entwickeln. Sie schieben diesen Effekt auf Corona und reden sich dabei ein, dass sie wesentlich bedauerlicher dran wären, hätten sie nicht die Gentherapie akzeptiert. Es wird nicht einmal in Betracht gezogen, dass die Impfung eine negative Nachwirkung haben könnte. Das geschieht primär aus Selbstschutz, weil ein Eingeständnis möglicherweise psychosomatische Reaktionen implizieren kann, welche die gesundheitliche Situation sogar verschlimmern – eine Art additiver Nocebo-Effekt[212]. So gibt es noch zahlreiche weitere Beispiele für die vehemente Leugnung eines Betrugs an der eigenen Person. Dieses Prinzip ist allgegenwärtig, daher soll angeblich *Mark Twain* einst gesagt haben:

„Es ist leichter die Menschen zu täuschen, als sie zu überzeugen, dass sie getäuscht worden sind.“

Unabhängig davon, wer diese Weisheit wirklich formuliert hat, führt es nur zu weitreichenden Komplikationen, nicht auf das Gesetz des freien Willens zu achten. Dieses metaphysische Ordnungsprinzip besagt, dass jedes Individuum die Freiheit hat, so zu handeln, wie es ihm beliebt. Natürlich befreit ihn das nicht vom Kausalitätsgesetz[213]. Zu dieser Eigenverantwortlichkeit gehört ebenfalls das Recht auf Ignoranz. Selbst wenn

---

212 Der Nocebo-Effekt ist das negative Gegenstück zum Placebo-Effekt. Er beschreibt unerwünschte Nebenwirkungen einer Scheinbehandlung – wenn sie also nicht heilt, sondern Beschwerden verschlimmert oder erst hervorruft, auf Grund von einer negativen geistigen Einstellung der Therapie gegenüber.

213 Hermetisches Gesetz von „Ursache und Wirkung“, was ebenfalls in der newtonschen Physik gilt und besagt, dass jede Handlung auch eine entsprechende Konsequenz erzeugt.

das schwer zu akzeptieren ist, so führt ein Verstoß oft zu negativen Effekten. Dazu fällt mir nur der Spruch ein:

„Der Weg zur Hölle ist mit guten Absichten gepflastert."

Daher rate ich dazu, über solche Zusammenhänge nur mit Leuten zu reden, die auch ernsthaft für eine Antwort aufgeschlossen sind. Das ist nicht immer leicht zu erkennen, da mir selbst in der Truther-Szene Menschen begegnet sind, die tatsächlich irgendwann zugaben, dass sie diese Kausalitäten gar nicht so genau wissen möchten. Das sind oftmals die gleichen Leute, die sich über die Mainstream-Gläubigen aufregen, diese als „Schlafschafe" bezeichnen und nicht verstehen, warum sie noch immer der Tagesschau vertrauen wollen. In der Psychologie redet man in solchen Fällen von Projektion[214].

Zusammenfassend ist die geistige Konfrontation mit der Hypothese kein einfacher Prozess. Das muss berücksichtigt und respektiert werden. Daher rate ich zu Zurückhaltung. Es sollte dementsprechend nicht unsere Absicht sein, ein Massenbewusstsein zu schaffen, da das ebenfalls unkontrollierbare Konsequenzen zur Folge hätte. Dennoch bin ich überzeugt, dass jedes Individuum, welches nach tieferer Erkenntnis strebt, auch in Bezug auf die Vorgänge auf der kollektiven Bühne, eine Antwort verdient hat. Wie man mit den Herausforderungen umgehen kann, dazu möchte ich in den folgenden Unterkapiteln einen generellen Leitfaden geben.

6.2 Psychologischer Umgang mit der These

Die Phönix-Hypothese ist im psychologischen Sinne ein doppelschneidiges Schwert. Sie kann Verunsicherung zu Klarheit werden lassen, doch

214 Projektion bezeichnet in der Psychoanalyse allgemein – und von Schulen unabhängig – einen Abwehrmechanismus. Der Begriff Projektion umfasst das Übertragen und Verlagern innerpsychischer Inhalte oder eines innerpsychischen Konfliktes durch die Abbildung eigener Emotionen, Affekte, Wünsche, Impulse und Eigenschaften, die im Widerspruch zu eigenen und/oder gesellschaftlichen Normen stehen können, auf andere Personen, Menschengruppen, Lebewesen oder Objekte der Außenwelt. Die „Abwehr" besteht dabei darin, dass durch Projektion vermieden wird, sich mit Inhalten bei sich selbst auseinanderzusetzen, die man beim anderen sieht.

sie schafft damit auch eine neue existenzielle Herausforderung. Zunächst bietet die These eine Antwort auf die drängende Frage, warum die Welt so chaotisch geworden ist und das System ungehemmt Kriege entfacht, künstliche Pandemien entfesselt und die Menschen mit umstrittenen Gentherapien terrorisiert.

Ich könnte noch mehr Beispiele aufzählen, aber jeder hatte da sicher sein eigenes Momentum, bei dem er bemerkte, dass auf der globalen Bühne eine Agenda durchgedrückt wird, die von langer Hand geplant wurde. Allein das Unverständnis darüber, wie der Plan lautet und welcher inneren Logik er entspringt, ist eine Form des geistigen Terrors, da man dementsprechend nie antizipieren kann, was als Nächstes kommt. Natürlich gibt es zahlreiche Theorien dazu. Viele aufmerksame Beobachter alternieren daher zwischen Verzweiflung und Hoffnung, wobei beide Extreme nur zwei Seiten der gleichen Medaille sind.

Die Phönix-Hypothese kann in dem Sinne helfen, den Terror der unbekannten Bedrohung aufzulösen, indem sie den globalen Geschehnissen eine innere Logik und dem agierenden System ein Kalkül gibt. Leider tauscht man mit der Annahme der These auch die Hoffnung ein, dass der Spuk zeitnah beendet sein könnte, weil bspw. die Menschen und ihre Anführer wieder zur Vernunft kommen.

Als Analogie könnte man folgendes Szenario verwenden: Wir sind wie Höhlenforscher, die im schwachen Schein unserer Laterne nur zarte Umrisse eines Ungeheuers in der Dunkelheit erkennen. Wir können es vielleicht sogar riechen und es macht bedrohliche Geräusche. Ohne das Monster jedoch genau zu erkennen und seine Natur zu verstehen, müssen wir permanent auf alles gefasst sein. Ergo, ist unser Verstand fortwährend damit beschäftigt, Eventualitäten in Betracht zu ziehen und mit dem Schlimmsten zu rechnen. Das bedeutetet fortlaufend Stress, der bekanntermaßen ungesund ist. Daher möchte sich ein Teil von uns an ein Hoffnungsszenario klammern, welches uns verspricht, dass die Bedrohung augenblicklich vorbei sein könnte. Zumindest beobachte ich das so bei der Mehrheit der Truther.

In dem 4. Teil der Matrix-Filme[215], der durchaus mehr philosophische Tiefe beinhaltet, als allgemein hin erkannt wird, sagt der Analyst zu Neo in der „Bullet-Time-Szene“:

„Wusstest Du, dass Hoffnung und Verzweiflung nahezu identisch im Code sind?“

— der Analyst —

Was der Analyst - als Vertreter des Systems - damit andeutet, ist die Tatsache, dass die beiden polaren Emotionen nur unterschiedliche Seiten desselben Prinzips sind. Diese Extreme halten uns in Passivität. Im Kontext der Medien (alternativ wie Mainstream) werden Hoffnung und Verzweiflung fast immer stimuliert. Die Phönix-Hypothese will diesbezüglich einen anderen Weg aufzeigen – einen Mittelweg der Balance.

Meine fundamentale Botschaft als Autor der These lautet, dass wir individuell, aber auch kollektiv, eine enorme Prüfung vor uns haben. Das ist nicht wegzudiskutieren und muss offen gesagt werden. Dennoch bin ich überzeugt, dass jeder Mensch, der mit dieser Herausforderung konfrontiert wird, eine reelle Chance hat, sie zu meistern. Diese Überzeugung ist nicht ein Glaube oder eine Hoffnung, sondern basiert auf meinen Recherchen.

Was das Meistern der Prüfung bedeutet, kann individuell unterschiedlich formuliert sein. Primär wird es der Majorität um das physische Überleben gehen und das ist durchaus machbar, wenn man sich geistig, körperlich und spirituell auf die Prüfung vorbereitet. Die nächste große zyklische Transformation der Erde ist kein Ende der Welt oder der Menschheit. Es ist ein nötiger Reset, der im kosmischen Spiel seine Berechtigung hat. Es ist wichtig, dass wir die möglichen Szenarien, die der Hypothese zugrunde liegen, als Herausforderung annehmen. Nur so erheben wir uns aus unserer Passivität.

---

215 „Matrix Resurrections“ ist ein US-amerikanischer Science-Fiction-Actionfilm von Regisseurin Lana Wachowski aus dem Jahr 2021, der eine Fortsetzung zu „Matrix Revolutions“ aus dem Jahr 2003 darstellt.

Doch wie können wir ganz konkret mit dieser Challenge umgehen und worauf sollten wir achten? Auch wenn ich ganz persönlich noch mitten im Prozess stecke, aus meiner individuellen Situation heraus einen klaren Weg zu formulieren, so möchte ich dennoch ein paar fundamentale Überlegungen teilen, die ich diesbezüglich in Betracht ziehe. Dabei unterscheide ich grundsätzlich zwischen physischen und spirituellen Initiativen. Ich bin davon überzeugt, dass nur eine ausgewogene Mischung aus beiden Prinzipien nachhaltig funktionieren kann. Dennoch mag es Ausnahmen geben und die Gewichtung kann individuell ganz verschieden sein. Beginnen wir bei den physischen Maßnahmen.

Selbst wenn wir Details wie Nibiru als möglichen Auslöser für eine Erdmantelverschiebung ignorieren, so scheint mir die Überflutung von Küstenregionen dennoch als realistisches Szenario. Es gibt unterschiedliche Prognosen aus wissenschaftlichen Aussagen und den Prophezeiungen darüber, wie weit man von der Küste entfernt sein sollte. Dazu muss jeder selber seine Hausaufgaben machen und zusätzlich seiner Intuition trauen. Es gibt da klare Differenzen in der Ausdeutung, weil die Seher ein weniger gravierendes Szenario zeichnen, als beispielsweise die populären Analysten wie *Douglas Vogt* und *Ben Davidson*. Weiterhin sind Großstädte oder Wohnorte mit hoher Bevölkerungsdichte in Ausnahmesituationen grundsätzlich mehr risikobehaftet als ländliche Gebiete. Natürliche Wasserquellen und Flüsse sind in vielen solcher Szenarien hilfreich, sofern man ein Filtersystem hat. Das Minimum, was man sich diesbezüglich anschaffen kann, wäre ein „Lifestraw“[216]. (Nein, ich habe keinen Werbevertrag)

Als generellen Leitfaden für die Positionierung kann ich nur wärmstens das Buch von *Stephan Berndt* empfehlen, mit dem Titel „Refugium - Sichere Gebiete“[217]. Ich würde mich nicht auf die Prophezeiungen allein verlassen, aber das Modell in dem Buch bietet eine grobe Orientierung und schärft die Wahrnehmung den relevanten Themen gegenüber.

Die physische Vorbereitung sollte nicht nur das beschriebene finale Ereignis umfassen, sondern ebenfalls in Betracht ziehen, dass künstliche

216 Einfacher Strohhalm mit integriertem Wasserfilter für Krisengebiete

217 Stephan Berndt „Refugium: Sichere Gebiete nach Alois Irlmaier und anderen Sehern“; Reichel Verlag; ISBN: 3946433308 (nein, ich habe keinen Werbevertrag bis jetzt)

Krisen wie Blackouts[218] auch lange im Vorfeld initiiert werden könnten. Dementsprechend sind Vorräte und autarke Kochgeräte eine sinnvolle Anschaffung. Natürlich umfasst das richtige „Preppen"[219] zahlreiche Teilgebiete wie Medizin, Wasseraufbereitung, Waffen, Fluchtrucksäcke, Orientierung, Stromersatz und vieles mehr. Es ist nicht meine Absicht, hier einen Ratgeber zum Preppen zu begründen. Vielleicht kommt das später noch, wenn ich mich dazu „kompetent" genug fühle, aber jetzt geht es hauptsächlich darum, einen groben Überblick zu schaffen. Für die Details gibt es jede Menge hilfreicher Blogs und YouTube-Kanäle, die das Thema detaillierter durchdacht haben, als ich bisher dahingehend eingestiegen bin. Zudem existieren auch Lösungen für kleine Budgets, daher kann sich niemand herausreden.

Was ich hauptsächlich anmerken möchte, ist die Tatsache, dass viele Menschen in der Truther-Szene noch immer Unmengen an Zeit damit verbringen, die 1.827te Talkrunde zu schauen, die darüber debattiert, wie ungesund die Gentherapie sei und den xten Monolog eines Analysten anzuschauen, der schockiert und entrüstet feststellt, dass die Regierungsmarionetten scheinbar alles inkompetente „Pappnasen" sind. Das wissen wir doch schon! Diese Recherchezeit können wir für praktische Themen nutzen – wie die Vorbereitung.

Es gibt so viele Fähigkeiten, die man erlernen kann, die einem bei einem temporären Zusammenbruch der Infrastruktur dienlich sein können. Wie kann ich ein Feuer machen? Wie baut man schnell und effektiv Gemüse an? Die Liste ist unerschöpflich und orientiert sich an der individuellen Situation. Zu all diesen Themen gibt es kostenlose Anleitungen und Tutorials.

Es mag Leute geben, die trotz der Tatsache, dass sie der Phönix-Hypothese eine gewisse Glaubwürdigkeit einräumen, nicht einfach so ihren üppig bezahlten Job in Berlin-Mitte aufgeben wollen. Diese verlassen sich eventuell auf ihre gut vorbereiteten Eltern, die 200 km weiter auf dem Land leben. Der Vater war Einzelkämpfer bei der Bundeswehr und

218 Umfassender, langzeitiger Stromausfall.

219 Begriff aus der amerikanischen Notfallvorbereitungsszene, die sich „Prepper" nennen, abgeleitet von dem Wort „Präparation" (Englisch: preperation).

die Mutter hat das Einkochen noch von der Oma gelernt. Fair enough! Da würde ich mich auch anheften. Dennoch sollte man trotzdem einen Plan und die nötigen Skills[220] haben, wie man sich mit Karte und Kompass zu den Experten durchschlägt. Das ist nur ein Beispiel und soll das fundamentale Prinzip vermitteln. Generell kann zu dem Thema nur gesagt werden, dass jeder seinen eigenen Plan entwickeln muss. Ob der jedoch am Ende aufgeht, liegt vermutlich eh in der Hand einer höheren Macht. Ich persönlich halte es nach dem sufistischen Motto:

„Vertraue auf Gott, aber binde dein Kamel fest!"

— Sufistisches Sprichwort —

Übersetzt bedeutet das Sprichwort für mich, dass ich das tue, was ich umsetzen kann und dennoch dem Universum vertraue. Konkret heißt das in meinem Fall: Ich habe ein paar Vorräte, die mich und die Liebsten 2 - 3 Monate vor dem Hungertod bewahren, Wasserfilter und diverses Survivalgear[221] im Wert von etwa 2.000 €. Darunter befindet sich ein imposantes Messer, das man im Notfall für multiple Zwecke gebrauchen kann. Dessen ungeachtet habe ich bisher nur die Fähigkeit perfektioniert, mir damit zielsicher in die Finger zu schneiden. Ergo: Es gibt reichlich Lernpotential.

In der Hierarchie der Prepper würde ich vielleicht geradeso als mittelmäßig motivierter Einsteiger gelten. Dennoch, das ist ein Anfang, der ausgebaut werden kann. Ich tue einfach das, was ich (mir) im Moment leisten kann, mich fit zu halten und gesund zu ernähren. Dazu schaffe ich ein paar Grundlagen, die mir das Gefühl geben, nicht völlig nackt dazustehen, wenn sich jener fragile Zusammenhalt auflöst, der unsere Gesellschaft bzw. Infrastruktur zusammenschweißt. Dennoch lautet mein Vorsatz, mich auf dieser Ebene zu entwickeln. Diese Einstellung kann jeder übernehmen und auf seine Situation anpassen. Wenn Euch die Phönix-Hypothese nicht motiviert, das Beste aus Euch und eurem Leben zu machen, dann hilft auch kein Persönlichkeitstrainer.

---

220 Englisch für Fähigkeiten und Handwerk

221 Überlebensausrüstung wie portable Wasserfilter

6.3 Die spirituelle Sichtweise

Die generelle spirituelle Sichtweise, die ich aktuell vertrete, braucht ein eigenes Buch, um sie verständlich zu argumentieren. Dazu plane ich, den zweiten Teil, quasi die erweiterte Phönix-Hypothese, zu schreiben. Doch soweit sind wir hier noch nicht. Es war mir auch wichtig, weltliche und spirituelle Axiome nicht sofort zu vermischen, da es vermutlich die meisten Leser überfordert und das Buch überfrachtet hätte. Außerdem birgt es die Gefahr, dass es die Glaubwürdigkeit für faktische Aspekte mindert, wenn man sie mit philosophischen und metaphysischen Gedanken ausgestaltet. Dennoch möchte ich einen kleinen Ausblick auf den zweiten Teil geben und einen spirituellen Wegweiser skizzieren, den viele Leser erwarten. Weil ich jedoch keine elaborierte Herleitung anbieten kann, da diese einen eigenen Raum bräuchte, werde ich ausschließlich meine Meinung formulieren. Das bedeutet für diejenigen, die keinen Zugang zu solchen Themen haben, dass sie das Buch auch an dieser Stelle zuklappen können. Alles Weitere könnte Sie nur verwirren oder irritieren. Ich habe Sie gewarnt.

Grundsätzlich geht das spirituelle Paradigma immer davon aus, dass wir einen immateriellen Persönlichkeitskern haben – man könnte auch von einer Seele sprechen. Demnach wären wir Bewusstseins-Einheiten, die eine temporäre menschliche Erfahrung machen, aber nicht auf den Körper als „Existenzgrundlage“ angewiesen sind. Der Soma ist aus dieser Sicht nur ein Container, ein Gefäß oder ein Avatar, um in der physischen Welt zu interagieren. Die Arbeit des niederländischen Kardiologen und Wissenschaftlers *Pim van Lommel*[222] dokumentiert auf eindrückliche Weise, dass dieser immaterielle Persönlichkeitskern in Nahtoderfahrungen als evident zu betrachten ist. Gleichzeitig weißt die Reinkarnations-

222 Willem (Pim) van Lommel (* 15. März 1943 in Laren/Nordholland) ist ein niederländischer Kardiologe und Wissenschaftler. Im November 2007 erschien in den Niederlanden sein Buch „Endloses Bewusstsein“ (Eindeloos Bewustzijn), das sich mit über 200.000 verkauften Exemplaren in Europa und den USA zu einem Bestseller entwickelte. Die deutsche Übersetzung erschien 2009 beim Patmos Verlag. 2005 erhielt er den Dr. Bruce Greyson Research Award der internationalen Gesellschaft für Nahtodstudien (IANDS). 1988 initiierte er die Gründung des niederländischen Zweigs der IANDS (Stiftung Merkawah) und 2015 wurde er Ehrenmitglied der Swiss-IANDS.

Forschung[223] darauf hin, dass wir nach dem physischen Tod schneller wieder hier sind, als es den meisten lieb ist.

Aus dieser Perspektive heraus gibt es im Grunde nichts zu befürchten. Dennoch ist mir klar, dass selbst Menschen, die eine außerkörperliche oder transpersonelle Erfahrung[224] gemacht haben und sich ihrer Unsterblichkeit vollends bewusst sind, an ihrem Avatar hängen. Selbst in der Welt der hochimmersiven Computerspiele sind die Spieler oftmals hochgradig mit ihren virtuellen Charakteren assoziiert und reagieren dementsprechend emotional, wenn diese versterben. Dazu braucht es nicht einmal eine visuelle Darstellung. In einem seiner Podcasts berichtete *Jason Breshear* von seinen Erfahrungen mit dem Brettspiel „Dungeons & Dragons"[225] während seiner Zeit im geschlossenen Vollzug. Demnach brachen vereinzelt selbst hartgesottene Schwerverbrecher in Tränen aus, wenn ihr entwickeltes „Alter Ego"[226] vom Tod ereilt wurde. Dennoch scheint es leichter für Menschen mit einem spirituellen Grundverständnis zu sein, sich mit existenziellen Bedrohungen zu konfrontieren, doch eine Indifferenz ist auch von ihnen nicht zu erwarten. Demnach werden auch die vergeistigten Menschen nach einer Lösung suchen, ihren Avatar so sanft wie möglich durch die transformativen Prozesse zu navigieren. Hier kommt der Einfluss der Gedanken ins Spiel.

Der primäre spirituelle Gesichtspunkt im Zusammenhang mit den transformativen Zyklen fokussiert sich auf die Macht des eigenen Geistes, Realität zu schaffen. Auch ich bin mir dieser Wechselwirkung be-

223 Empirische Reinkarnations-Forschungen werden u. a. im Rahmen von Feldforschung gemachte Beobachtungen westlicher Forscher genannt. Bis zum Jahr 2018 sind mehr als 3.000 Fälle angeblicher Reinkarnation dokumentiert worden. Von den 1960er Jahren bis kurz nach der Jahrtausendwende untersuchte Ian Stevenson über tausend Fälle von Kindern, die überwiegend im Alter zwischen zwei und sieben Jahren von früheren Leben erzählten, und wurde dadurch zu einem führenden Forscher auf diesem Gebiet.

224 Ist die Erfahrung veränderter Bewusstseinszustände, die in der „Transpersonalen Psychologie" beschrieben werden. Es geht dabei um das Erfassen psychischer Zustände außerhalb des gewöhnlichen „normalen" Wachbewußtseins. Dazu gehören auch Nahtoderfahrungen.

225 „Dungeons & Dragons" (englisch für Verliese und Drachen, kurz D&D oder DnD) von Gary Gygax und Dave Arneson gilt als erstes Pen-&-Paper-Rollenspiel. 1974 wurde D&D in den Vereinigten Staaten erstmals von der dazu gegründeten Firma „Tactical Studies Rules" erfolgreich vertrieben.

226 Bei D&D können Spieler Charaktere (Alter Egos) wie Zwerge, Ritter oder Elfen sein. Die über die Spielentwicklung hin neue Artefakte, Waffen und Fähigkeiten ausprägen. So findet auch eine Persönlichkeitsevolution statt, die mit dem Tod der Figur verloren geht.

wusst und daher überzeugt, dass wir als „Co-Creator“[227] in diesem virtuellen Konstrukt (Maya, Matrix, Simulacrum)[228] fundamentale Konditionen durch unsere geistige Ausrichtung bedingen. Jedoch wird dieses Prinzip oftmals zu reduktionistisch interpretiert.

Die populärste Herangehensweise, Themen wie den Polsprung und die transformativen Zyklen aus einem spirituellen Blickwinkel zu betrachten, hat in Deutschland zweifelsohne *Dieter Broers* begründet. In seinen zahlreichen Publikationen beschwört er regelmäßig seine Zuhörerschaft, diesen damit assoziierten weltlichen Aspekten nicht mit Angst zu begegnen. Er weist darauf hin, dass die äußere physische Manifestation nur der Spiegel eines mentalen Prozesses ist. Das entspricht dem hermetischen Gesetz der Entsprechung: „So wie innen, so außen“.[229] Der Polsprung ist daher ein evolutionärer Sprung unseres Bewusstseins in ein geistiges Erwachen und die weltliche Transformation nur die Reflexion der spirituellen Weiterentwicklung.

Dieter suggeriert primär, dass unsere mentale Ausrichtung das kollektive Schicksal verändern kann, was beispielsweise mit dem bekannten Effekt des „Hundertsten Affen“ begründet wird[230]. Dieses Prinzip besagt, dass sich das Verhalten einer Gruppe ändert, sobald eine kriti-

---

227 Aus der Esoterik etablierter Begriff für Mitschöpfer. Basiert auf der Annahme, dass wir das göttliche Schöpferprinzip in uns tragen, Realität zu schaffen und zu modifizieren.

228 Das ist das antike Paradigma, dass wir in einem holografischen Universum leben. Es ist bekannt aus den vedischen Schriften mit dem Konzept der „Maya“ (Realität als kosmische Täuschung), auch Plato beschreibt mit seinem Höhlengleichnis eine projizierte Realität. In der Popkultur spiegelt sich dieses Prinzip in der Vorstellung einer „Matrix“ wider, die auf der „Simulationshypothese“ von Nick Bostrom fußt, die wiederum durch quantenphysikalische Phänome wie dem EPR-Paradoxon und der Welle-Teilchen-Dualität gestützt wird. Außerdem beruht die Annahme einer virtuellen Realität auf dem ersten hermetischen Gesetz: „Alle Materie ist Geist bzw. Bewusstsein“.

229 Das Gesetz der Entsprechung ist das mit Abstand bekannteste der geistigen Prinzipien der Hermetik. Gemeinhin ist es als Gesetz der Anziehung und Spiegelgesetz bekannt. Es wird auch als „Gesetz der Analogie“ bezeichnet. Das „Gesetz der Resonanz“ ist ein weiterer Name für dieses kosmische Gesetz. Es bezieht sich auf alle drei Ebenen der Existenz. Das Gesetz der Entsprechung besagt: „Wie innen, so außen. Wie oben, so unten. Wie der Geist, so der Körper. Wie im Himmel, so auch auf Erden.“ Der Körper ist demnach ein Spiegelbild der Seele. Alles, was wir in der Welt sehen, alles Gute und Schlechte, was wir erleben, das ist in uns. Denn wie innen, so außen.

230 Das Prinzip des „hundertsten Affen“ (aus dem Englischen: „The Hundredth Monkey Phenomenon“ oder „The Hundredth Monkey Effect“) ist ein kontrovers diskutiertes Beispiel für kollektives Bewusstsein und basiert auf Experimenten mit Primaten, wonach sich Lernerfahrungen ab einer kritischen Masse von Tieren auch über räumliche Begrenzungen in anderen Gruppen etablieren.

sche Masse anfängt, nach neuen, evolutionär höherentwickelten Prinzipien zu leben. Diese kritische Masse liegt in vielen empirischen Studien weit unter einem 40%igen Anteil der Kerngruppe und soll auch auf die gesamte Menschheit anwendbar sein. Diese Schlussfolgerung kann ich nicht ziehen, auch wenn ich grundsätzlich ein kollektives Bewusstsein anerkenne und lokale Auswirkungen, wie sie im Rahmen des „Maharishi-Effekts“[231] beschrieben werden, für zutreffend halte.

Heruntergebrochen auf die essenziellen Kriterien lautet Dieters Botschaft, aus der Angst in die Freude zu kommen, den physischen Implikationen keine, beziehungsweise wenig, Aufmerksamkeit zu geben und den Fokus auf den geistigen Prozess zu verlagern. Dadurch kann die Entwicklung des kollektiven Schicksals verändert werden und ein sanfter Übergang in ein neues Paradigma initiiert werden. Zudem postuliert er, dass sich die Welt im Rahmen eines Polsprungs in zwei Paralleluniversen aufteilen wird. Er nennt die alternierenden Zeitlinien Erde 1.0 und 2.0, wie unterschiedliche Versionen einer Betriebssoftware der Matrix.

Natürlich ist das Broerssche Modell viel komplexer, als ich es hier kurz zusammenfassen kann, jedoch habe ich damit die wesentlichen Axiome erklärt, die Dieters Ansatz dominieren, wenn es um den Umgang mit dem Polsprung geht. Auf einer fundamentalen Ebene stimme ich dieser Sichtweise zu und das liegt nicht allein darin begründet, dass *Dieter Broers* über viele Jahre ein Lehrmeister für mich war und ein Freund obendrein. Im Rahmen gemeinsamer Projekte durfte ich tief in seine Gedankenwelt eintauchen und seine Beweisführungen und Argumentationen nachrecherchieren. Das hat natürlich auch mein Weltbild radikal revolutioniert. Dennoch muss ich bestimmte Details seiner Sichtweise relativieren und das beinhaltet nicht einmal die These über eine „Erde 2.0“. Das betrifft primär die Interpretation, dass eine kritische Masse das kollektive Schicksal bzw. den Drehplan maßgeblich verändern kann.

Diese Differenzierung meiner Sichtweise basiert auf der fundamentalen Natur der Matrix, wie ich sie erkenne. Dabei berufe ich mich bei-

231 ADS Paper; Kurt W. Kleinschitz; „An investigation into field effects of consciousness from the perspectives of Maharishi's Vedic Science and physics“; Link: https://tinyurl.com/49dsfy76

spielsweise auf das wenig bekannte hermetische Gesetz des „Freien Willens“. In der populären Vorstellung leben wir in einem homogenen Konstrukt, welches sich quasi der Mehrheitsmeinung bzw. der besagten kritischen Masse der Co-Kreatoren beugt. Diese Perspektive halte ich für unvollständig und sie deckt sich nicht mit meiner empirischen Erfahrung. Vielmehr scheint es sich so zu verhalten, dass die kollektive Realität (alles, was wir auf der weltlichen Bühne sehen: Kriege, Politik, Terror, Pandemien) zu nahezu 100 % von einer künstlichen Intelligenz[232] innerhalb der Matrix gesteuert und kontrolliert wird.

Hinzu kommt die Annahme, dass die reale Zahl, der in der Matrix agierenden („inkarnierten“) Co-Kreatoren grundsätzlich keine kritische Masse erreichen kann. Die Illusion von 8 Milliarden verkörperter Seelen wird durch „NPCs“[233] ausstaffiert. Das sind quasi organische Bots, die eine Bevölkerung simulieren, aber nur nach klar definierten Algorithmen agieren, ohne dabei einen freien Willen zu entfalten oder außerhalb ihrer genetischen und epigenetischen Programmierung zu handeln.

Die wahre Anzahl an Co-Kreatoren könnte bei ein paar hundert Millionen liegen – vielleicht auch weniger[234]. Von diesen Inkarnierten ahmt noch immer ein Anteil die NPCs weitestgehend nach, weil Konformismus bequem ist und sie noch keine ausreichende Individualisierung vollzogen haben. Nun, man darf durchaus argumentieren, dass selbst hoch individualisierte Menschen weiterhin vereinzelte Programme abfahren, die ihre Persönlichkeit ausmachen und sie daher nie völlig frei sind. Man

232 Im Kontext von Jason Breshears hat sich der Begriff „AIX“ durchgesetzt, was künstliche Intelligenz mit unbekannten Co-Faktoren meint. Primär wird hinter dieser Intelligenz der Schöpfergott YHVH respektive Jehova vermutet, aber auch andere höherdimensionale Entitäten, wie Ariman, Luzifer etc. könnten nur unterschiedliche Manifestationen bzw. Subprogramme des gleichen Kontrollsystems der Matrix darstellen.

233 „NPC“ oder Non-Player-Character bezeichnet als “Nichtspielcharakter” alle Spielfiguren oder Partizipanten in einer virtuellen Simulation (Simulacrum), die nicht durch „bewusste Spieler“ gesteuert werden. Klassischerweise ist damit der Großteil der Charaktere gemeint, die die Spielwelt bevölkern. NPCs können sehr kleine bis hin zu tragenden Rollen spielen, sind in ihren Handlungsweisen aber immer beschränkt durch ihre Programmierung und haben keinen freien Willen im klassischen Sinne. In spirituellen Konzepten werden sie „Organische Portale“ (Englisch: organic portals) genannt.

234 Antike altägyptische Schriften suggerieren, dass jeder Stein in der großen Pyramide von Gizeh (als Zentrum der Welt) für eine inkarnierte Seele steht, die hier inkarnieren kann. In der Analogie der Spielewelt würde man von einem „Player Slot“ auf dem Server sprechen, dem man beitreten kann. Die Pyramide besteht aus ca. 2,3 Millionen Steinen.

könnte diese Algorithmen auch „Ego“ nennen, aber vielleicht wird dieses Ego-Programm-Konstrukt[235] mit zunehmender Individuation auch mehr zu einem Diener als zu einem unbewussten Herrscher.

Mit anderen Worten: Die kollektive Realität ist nahezu zu 100 % vorgezeichnet und ist demnach prädeterminiert, auch wenn die Anwesenheit der Co-Kreatoren immer wieder „Edits“[236], Paradoxien und zeitliche Anpassungen in der Matrix zu provozieren scheint. Dennoch, der Drehplan und damit die Prophezeiungen werden sich auf die eine oder andere Weise auf der physischen Bühne manifestieren. Ergo: Das kollektive Schicksal könnte unausweichlich sein.

Jedoch hat der Co-Creator die Macht, seine individuelle Realität bzw. sein intelligentes Feld vollständig zu dominieren und zu bestimmen. Es ist wie eine Realitätsblase, die uns umgibt – ein subjektiv gerendertes Konstrukt, dass durchaus Paradoxien bezüglich der Kollektivrealität beinhalten kann. Das individuelle Feld kann einen Wohnraum umfassen oder gar eine kleine Stadt. Finden sich mehrere Co-Kreatoren mit kohärenter geistiger Fokussierung zusammen, können ganze Regionen[237] wie ein isoliertes Paralleluniversum der kollektiven Darbietung trotzen. Leider braucht es sehr hohe geistige Fähigkeiten, Disziplin und Wille, um als einzelner Mitschöpfer in einer von System und NPCs[238] dominierten Umgebung nicht energetisch inhibiert zu werden. Ein klassisches Beispiel für einen solchen toxischen Lebensraum wäre eine Großstadt.

Aus dieser Perspektive heraus – das die individuelle und die kollektive Realität zwei Welten sind, in denen wir gleichzeitig leben - ändert

---

235 Alle spirituellen Traditionen betonen, dass das Ego bzw. die Illusion von einem separaten „Ich“ Teil der Matrix ist und selbst der Charakter (menschliche Eigenheiten) Teil des virtuellen Avatars ist. Erst das Ablegen bzw. die Transzendenz dieses Konstrukts erlaubt die Befreiung aus der Matrix.

236 Modifikationen des Konstruktes, die auch retrokausal erfolgen können (siehe „Mandela Effekt“)

237 Bspw. Effekt auf Kriminalitätsstatistik durch eine kritische Masse von Meditierenden, die sich auf Liebe, Frieden und Mitgefühl konzentrieren. Siehe Langzeitexperiment im Kontext des MaharishiEffekts und deren umfassende Studien. https://tinyurl.com/49dsfy76

238 Aus dieser Perspektive der erweiterten Simulationshypothese ist das „System“ eine künstliche Intelligenz, die aus einer höheren Programmebene der Simulation (auch „Maya“ oder „Simulacrum“ genannt), den kollektiven Drehplan steuert. Dieses Kontrollprogramm wird auch „AIX“ bezeichnet und steuert über höherdimensionale Einflussnahme (bspw. Träume) und massenmediale Kontrolle (z.B. TV und Radio) das Denken und Handeln des NPC-Kollektivs.

sich nichts an der Tatsache, dass wir „hochfrequent" denken und handeln müssen, um ein stabiles und sicheres Realitätsfeld um uns herum zu schaffen. Dazu gehört auch Geisteshygiene, mit Fokussierung auf konstruktive und liebevolle mentale Aktivitäten. Das ist der Ansatz, den speziell *Dieter Broers* vertritt und propagiert. Nur, warum verstoße ich mit meiner Phönix-Hypothese gegen diese Prämisse? Offenkundig beschreibe ich detailliert all die weitläufig als „negativ" assoziierten Details, um die möglichen physischen Manifestationen auf der kollektiven Ebene. Dieter würde das so nicht machen.

Ich hatte lange mit mir zu kämpfen, ob ich die Muster, die ich nicht weiter ignorieren konnte, mit der Welt teilen soll. Die Gefahr, einen kontraproduktiven Effekt zu erzielen und am Ende durch eine Form von „Predictive Programming"[239] diese Realität erst „scharfzustellen", durchdrang meinen internen Gedankendiskurs. Auch wenn es für manche Anhänger von *Dieter Broers* wie ein Verrat und eine Rechtfertigung klingen mag, so will ich meine Beweggründe erörtern, warum ich dennoch die Phönix-Hypothese publizierte.

Meine Entscheidung basierte auf dem zuvor beschriebenen Verständnis, dass kollektive und individuelle Realität zwei virtuelle Ebenen sind, in denen wir gleichzeitig eingebettet sind, die jedoch getrennt voneinander existieren. Diese beiden Aspekte können auch Paradoxien aufweisen, wogegen sich das individuelle Feld immer am „Glauben" des Individuums ausrichtet und das Kollektiv von einer AI gesteuert wird, die einem Drehbuch folgt. Je nach Situation wird daraus eine Schnittmenge gerendert, um keine auffälligen Anomalien zu schaffen.

Entscheidend ist jedoch immer die innere Überzeugung des Individuums.[240] Glaubt der Co-Creator, dass die Welt voller schlechter Menschen ist, dann wird sich in seiner individuellen Realität die „Gaußsche Ver-

---

239 „Predictive Programming" ist eine Theorie, die besagt, dass die Regierung oder andere höhere Stellen fiktionale Filme oder Bücher als Mittel der Massenbewusstseinskontrolle einsetzen, um die Akzeptanz der Bevölkerung für geplante zukünftige Ereignisse zu erhöhen.

240 Das schließt auch die unbewussten Überzeugungen ein, die je nach Individuum einer unterschiedlichen Verteilung entspricht. In der Regel sind die unbewussten Anteile immer viel größer als die bewussten Anteile. Daher ist die therapeutische Aufarbeitung (auch durch Meditation) der Traumata und Prägungen so wertvoll, um unbewusste Programme, die eine unvorteilhafte individuelle Realität kreieren, zu entwerten (löschen).

teilungskurve" auch in die fokussierte Richtung verbiegen und für ihn statistisch objektivierbar mehr Konflikte inszenieren. Dieses Prinzip ist nicht nur eine Frage der Wahrnehmung! Es ist Teil der hermetischen Metaphysik der Matrix und lässt sich im Gegenzug ebenfalls auf positive Glaubenssätze anwenden. Das Konstrukt ist damit im Grunde neutral und dient dem „Guten" wie dem „Bösen" gleichermaßen. Es spiegelt uns in der Regel nur, was wir erwarten und wie wir unsere Umwelt behandeln. Damit ist es so neutral wie der Wandspiegel. Lächeln wir, dann lächelt er zurück. Die Mechanik berücksichtigt aber dem übergeordnet noch karmische[241] oder „schicksalhafte" Implikationen[242], die ebenfalls in unser persönliches Feld „eingespielt" werden. Wenn ein kausales Potential im früheren Leben geschaffen wurde, dann können wir die Konsequenzen im besten Fall durch ein „Lächeln" mildern.

Die individuell gerenderte Matrix kann auch sehr komplexen Überzeugungen gerecht werden. Besteht der Glaubenssatz, dass die Welt flach, eckig oder rund ist, dann werden Entsprechungen von der Matrix in die individuelle Realität implementiert. So entstehen „Glaubensschleifen"[243], die sich fortwährend selbst bestätigen. Die Erkenntnis, dass es keine universell gültige Form gibt, da jegliche Darstellung bereits grundsätzlich eine holografische Illusion ist und dennoch für den Träger der Überzeugung absolut real erscheint, befreit uns von der Notwendigkeit, um ein Dogma[244] streiten zu müssen. Doch dieser Sachverhalt sei nur beiläufig angemerkt.

Wichtiger ist die Tatsache, dass ich davon ausgehe, dass die prophezeiten Manifestationen sich nicht aufhalten lassen. Sollte nun jemand, der bisher geglaubt hat, dass seine geistige Ausrichtung das Gesamtgefüge kippen könnte, erkennen, dass sich das „Worst Case Scenario"[245] global

241 „Karma" ist das vedische Kausalitätsprinzip, von Ursache und Wirkung in der Metaphysik.

242 Kausalitäten, die noch als auszugleichendes Potential aus „alten" Simulationen bzw. „Spielrunden" mitgenommen werden. Diese Potentiale entladen bzw. manifestieren sich in individuellen Herausforderungen, die ein Lernpotential beinhalten – oft auch „Schicksalsschläge" genannt.

243 „Glaubensschleifen" sind Erfahrungen, die zu Überzeugung führen. Diese provozieren die gleichen Erfahrungen, welche wiederum die Überzeugung bekräftigen usw.

244 Festsitzender Glaubenssatz, der nicht in den fundamentalen hermetischen Gesetzmäßigkeiten verankert ist. Dieser kann auch auf einer unbewussten Ebene sitzen.

245 Schlimmster anzunehmender Fall

entfaltet, dann könnte er beginnen, an seinen Co-Creator-Fähigkeiten zu zweifeln. Er würde glauben, dass es nie eine kritische Masse gab, die den Verlauf verändern könnte. Damit würde auch sein individuelles Feld zusammenbrechen, weil er das Vertrauen in sich selbst verliert, basierend auf der illusorischen Idee, das Kollektiv verändern zu können. Nun, wir werden nicht ohne Grund Co-Kreatoren genannt, mit Betonung auf „Co".

Mein Anspruch ist es, die Rezipienten meiner Botschaft auf den „Worst Case" für das Kollektiv zu sensibilisieren, nach dem Motto:

„Prepare for the worst,
but manifest for the best."

Die generelle Herangehensweise lautet, dass wir loslassen sollten, das kollektive Schicksal kontrollieren zu wollen und damit aufhören, gegen Windmühlen zu kämpfen. Der Ablauf ist bereits im Kern determiniert. Wir können die Bestimmung nur noch akzeptieren und individuell das Beste daraus machen, indem wir auch den physischen Prozess als Herausforderung verstehen, der ohne geistige Evolution keinen Erfolg haben wird. Unser intelligentes Feld muss stabil sein, auch angesichts apokalyptischer Tendenzen im Kollektiv, die wir wohl kaum ignorieren können, wenn wir nicht fortwährend in einer Höhle im Himalaya meditieren. Auf eine Erde 2.0 als paralleles Konstrukt dürfen wir auch weiterhin hoffen und es sogar erwarten.

Loslassen, die kollektive Matrix kontrollieren zu wollen, heißt nicht, das System gewähren zu lassen. Man soll sich organisieren, man kann auch „auf die Straße gehen". Vielleicht ist aber am Ende die Vernetzung mit Gleichgesinnten der wichtigste Aspekt daran. Wenn jemand der Meinung ist, gegen das System kämpfen zu müssen, dann werde ich niemanden etwas ausreden.

Jeder hat seine Rolle in dem großen Spiel. Als individuelle Lernerfahrung wird auch dieser Ansatz seinen Wert haben, aber bitte kämpft nicht mit der Illusion im Kopf, damit den Drehplan bzw. den Ausgang der Inszenierung ändern zu wollen. Das könnte sonst nur zu „Ent–Täuschungen“ führen. Aus der Perspektive der Singularität allen Seins[246] kämpft man grundsätzlich immer mit sich selbst. Eleganter als der externe Konflikt ist jedoch der Kampf gegen den inneren „Schweinehund“. Dieser Ansatz hilft uns dabei, das zu erreichen, was ich im Abschnitt „physische Vorbereitungen“ angesprochen habe.

Ich möchte noch eine weitere Begründung geben, warum ich so unverhohlen mit der Phönix-Hypothese die „Worst Case-Szenarien“ anspreche, obwohl ich wissen sollte, dass diese Informationen manche Menschen verunsichern oder gar verängstigen könnten. Meiner Überzeugung nach sind Informationen immer neutral. Es ist unser Geist, der daraus Emotionen wie Wut, Freude oder eben Angst generiert. Selbst wenn wir Dinge entschärfen und schönreden, ahnt doch das Unterbewusstsein meines Gegenübers, dass ich ihn nur beruhigen möchte. Das Unbekannte wird dann intern noch größer gemacht, als es ohnehin schon ist, einfach, weil es nicht bekannt ist.

Traditionell fürchtet der Mensch immer das am meisten, was er nicht kennt. Wenn er in dem Kontext fühlt, dass ihm etwas vorenthalten wird, weil es ihm Angst machen könnte, was wird es dann mit ihm machen? Es wird ihn terrorisieren, und zwar auf einer zumeist unbewussten Ebene. Dabei wird es auch nicht helfen, permanent zu wiederholen, dass man nur keine Angst haben solle. Dieser Ansatz ist in etwa so effektiv wie die Aufforderung an Sie, nicht an einen „Rosa Elefanten“ zu denken. Nun? Na, woran denken Sie jetzt? Exakt!

Zusammenfassend möchte ich daran appellieren, dass wir uns den möglichen Konsequenzen, die in der Phönix-Hypothese beschrieben werden, konstruktiv stellen sollten. Erst wenn wir uns mit unseren Ängsten konfrontieren, können wir über sie und uns selbst hinauswachsen. Wir können uns zudem auf allen Ebenen vorbereiten und sind dann gefasster und fokussiert, falls es ungemütlich wird. Wer bleibt in Liebe und Zuversicht, wenn im Äußeren alles zusammenbricht? Ich würde sogar

---

246 Fundamentales Verständnis aus der Spiritualität der Hermetik und der vereinheitlichten Quantenfeldtheorie nach Heim-Dröscher lautet, dass alles, was ist, einem singulären Bewusstsein entspringt. Alles ist Einheit. Das Eine spielt mit sich selber ein Spiel in einem virtuellen Konstrukt (Maya/Matrix/Simulacrum), welches die Illusion der Trennung schafft.

postulieren, dass ein fundamentaler Zweck dieser Matrix darin besteht, uns unter Stress zu testen, wie wir mit solchen Szenarien umgehen[247]. Nur durch die katalytische Wirkung einer allumfassenden Herausforderung können wir spirituell wachsen. In jeder sportlichen Disziplin können wir nie besser werden, als der Anspruch der Aufgabe oder die Qualität des Gegners es erlaubt[248].

Es besteht kein Vorteil darin, den Drehplan zu ignorieren – ganz im Gegenteil. Das Spiel ist schon schwierig genug, da sollten wir nicht die Informationen vernachlässigen, die uns helfen können, der Herausforderung adäquat zu begegnen. Es gilt, die Mitte zu finden: aus dem Herzen heraus zu leben, aber dennoch den Verstand zu nutzen. Mehr im Jetzt zu sein, heißt nicht, die Zukunft zu ignorieren. Eine Balance zwischen den Polen zu finden, ist die letztendliche Lösung in allen Aspekten des Lebens und eröffnet uns die Transzendenz in eine höhere Ebene oder gar das vollständige Erwachen aus der Matrix in die Singularität allen Seins.

---

247 Basierend auf der fundamentalen Erkenntnis aus dem „Hidden Hand"-Material.

248 Unterforderung führt zu Stagnation, Überforderung zu Frustration, aber eine gesunde Herausforderung durch einen potenten Antagonisten führt zu Evolution bzw. man wird besser in der entsprechenden Disziplin.

Appendix

6.4 Biografien wichtiger Persönlichkeiten

Die Phönix-Hypothese ist keine eigenständige Theorie, sondern ein Modell, welches auf komplexen Fachgebieten aufbaut. Diese Teilbereiche der Wissenschaft sind in ihrer finalen Ausdeutung zumeist äußerst umstritten. Während das offizielle Paradigma oftmals viele Fragen offenlässt, gab es jedoch immer Vordenker, die eine neue Sichtweise propagierten — Menschen die ihrer Zeit voraus waren. Sie sind die Schlüsselfiguren, welche die heutige Generation von alternativen Forschern inspiriert haben. Sie leisteten die Vorarbeit. Leider ist ein Großteil dieser Personen kaum bekannt. Daher möchte ich einen Überblick über die bedeutsamsten Menschen geben, die letztendlich auch die Phönix-Hypothese beflügelt haben.

Es ist wichtig, anzumerken, dass ich nicht mit jeder Theorie oder Interpretation dieser Personen mitgehe. Vielmehr dreht es sich darum, die Dinge in Betracht zu ziehen, worauf diese Autoren und Forscher aufmerksam gemacht haben — die Anomalien, über die sie gestolpert sind. Auch die Seher und Propheten gilt es diesbezüglich zu hinterfragen. Denn sie interpretierten ebenfalls an vielen Stellen und daher ist es essenziell, die Fakten von den Theorien zu trennen. Nichtsdestotrotz haben die folgenden Individuen erstaunliche Zusammenhänge zusammengetragen, die den Kern meiner These tragen.

6.4.1 Charles Hapgood

Charles Hapgood war ein amerikanischer Gelehrter und Autor, der für seine bahnbrechende Arbeit auf dem Gebiet der Geologie und der Theorie der Polverschiebung bekannt ist. Seine Forschungen und Hypothesen haben das Verständnis der Erdgeschichte und der geologischen Prozesse grundlegend beeinflusst. Er wurde am 17. Mai 1904 in New York City geboren, studierte Geschichte an der „Harvard University“ und erhielt seinen Abschluss im Jahr 1928. Später unterrichtete er Geschichte und Geographie am „Springfield College“ in Massachusetts. Hapgood war ein vielseitig interessierter Gelehrter und beschäftigte sich mit Themen wie Anthropologie[249], Archäologie und Geologie.

Die bedeutendste Arbeit von *Charles Hapgood* ist seine Theorie zur Erdkrustenverschiebung. In seinen Büchern „The Earth's Shifting Crust" und „The Path of the Pole" (1970) präsentierte er die Hypothese, dass die Polverschiebung in Zukunft stattfinden kann und dass die Erdkruste sich im Laufe der Zeit relativ zur geografischen Nord- und Südpolachse verschoben hat. Hapgood argumentierte, dass diese Verschiebung katastrophale globale Ereignisse wie Eiszeiten erklären könnte. Er basierte seine Theorie auf paläontologischen Beweisen, einschließlich Anomalien in den geologischen Aufzeichnungen und der Verteilung von Fossilien. Er zog auch historische Karten und antike Überlieferungen heran, um seine Argumente zu unterstützen. Hapgood schlug vor, dass die Polverschiebung durch tektonische Verschiebungen in der Erdkruste verursacht wurde, die wiederum von inneren geologischen Prozessen angetrieben wurden.

Hapgoods Theorie zur Polverschiebung war und ist Gegenstand großer Kontroversen in wissenschaftlichen Kreisen. Viele Geologen und Geowissenschaftler betrachten seine Hypothese skeptisch und halten sie für spekulativ. Kritiker bemängeln unter anderem das Fehlen der erforderlichen geologischen Mechanismen, die einen solchen Prozess erklären könnten. Trotz der Beanstandungen hat Hapgoods Theorie viele Anhänger gefunden, insbesondere unter alternativen Denkern und Forschern.

6.4.2 Chan Thomas

Dr. Chauncey Powers Tomas war ein amerikanischer Autor und Ingenieur, der für seine Theorie der Kataklysmen bekannt ist. Er wurde 1920 in Missouri geboren und starb 1998. Seine Arbeit, obwohl umstritten als auch wenig bekannt, hat das Interesse an alternativen Theorien zur Geschichte und den Naturkatastrophen neu entfacht, nachdem Hapgood den Grundstein zur Theorie der Erdmantelverschiebung gelegt hatte.

249 Anthropologie (im 16. Jahrhundert als anthropologia gebildet aus altgriechisch ἄνθρωπος ánthrōpos, deutsch ‚Mensch', und -logie: Menschenkunde, Lehre vom Menschen) ist die Wissenschaft vom Menschen.

Leider gibt es nur begrenzte Informationen über das persönliche Leben von *Chan Thomas*. Bekannt ist, dass er zusammen mit *Stan Friedman,* einem bekannten UFO-Forscher, für McDonnell-Douglas gearbeitet hat und später in den berüchtigten „Bell-Labs" an der Entwicklung von Lenkwaffen beteiligt war. Thomas war verheiratet und hatte mehrere Kinder. Es wird angenommen, dass er in den 1950er Jahren als Militärgeheimdienst-Analyst[250] gearbeitet hat. Während dieser Zeit entwickelte er seine Theorie der Kataklysmen, die er später in seinem Buch „The Adam and Eve Story: The History of Cataclysms" (1966) veröffentlichte.

Die zentrale These von *Chan Thomas* Arbeit ist die Idee, dass die Erde in der Vergangenheit periodisch von katastrophalen Ereignissen heimgesucht wurde. Diese Kataklysmen wurden durch plötzliche Verschiebungen der Erdkruste, Polverschiebungen und gewaltige Naturkatastrophen verursacht. Thomas argumentierte, dass solche Geschehnisse alle 5.000 bis 6.000 Jahre stattfinden und die Menschheitsgeschichte immer wieder beeinflusst haben.

Thomas stützte seine Theorie auf verschiedene Quellen, darunter antike Überlieferungen, geologische Anomalien und seine Interpretation von biblischen Texten. Er behauptete, dass die Beweise für vergangene Kataklysmen in den Sedimentschichten der Erde, in geologischen Aufzeichnungen und in den mythologischen Überlieferungen zu finden seien. Er postulierte auch, dass die Menschheit diese katastrophalen Ereignisse überlebt habe und dass sie eine kollektive Erinnerung an diese Geschehnisse in Form von Sintflut-Mythen und anderen Katastrophengeschichten bewahrt habe.

Wie bei vielen alternativen Sichtweisen, gibt es auch bei *Chan Thomas* Theorie der Kataklysmen Kritik und Kontroversen. Die wissenschaftliche Gemeinschaft betrachtet seine Arbeit skeptisch und bemängelt das Fehlen solider Beweise, sowie die mangelnde Veröffentlichung in etablierten Fachzeitschriften. Es gibt jedoch einige Anhänger von *Chan Thomas* Werk, die seine Theorie weiter erforscht und verteidigt haben.

250 Chan Tomas erwähnt in seiner Danksagung zahlreiche hochrangige Offiziere der verschiedenen Nachrichtendienste der US-Regierung.

6.4.3 Immanuel Velikovsky

Immanuel Velikovsky war ein russisch-amerikanischer Autor und Gelehrter, der für seine kontroversen Theorien zum globalen Kataklysmus bekannt ist. Seine Arbeit hat das Interesse an alternativen Theorien zur Entstehung und Entwicklung unseres Planeten geweckt. Er wurde am 10. Juni 1895 in Vitebsk, Russland, geboren und studierte Medizin in Moskau. Dabei erlangte er seinen Abschluss im Jahr 1921. Später wanderte er in die USA aus, wo er seine Arbeit als Autor und Wissenschaftler fortsetzte. Velikovsky veröffentlichte eine Reihe von Büchern, darunter sein bekanntestes Werk „Welten im Zusammenstoß“[251] (1950), in dem er seine Theorien zur globalen Kataklysmus-Geschichte präsentierte.

Velikovsky postulierte in seinen Werken eine Reihe von Theorien zur globalen Katastrophengeschichte. Eine seiner Hauptthesen war, dass unser Sonnensystem in der Vergangenheit von katastrophalen Begegnungen zwischen den Planeten geprägt war. Er argumentierte, dass diese Zusammenkunft zu weitreichenden Auswirkungen auf der Erde geführt haben, darunter globale Katastrophen wie Überschwemmungen, Vulkanausbrüche und Erdbeben. Velikovsky stützte seine Theorien auf eine Kombination aus historischen Aufzeichnungen, mythologischen Überlieferungen und geologischen Beweisen. Er zog Parallelen zwischen verschiedenen antiken Kulturen und argumentierte, dass ihre Überlieferungen von ähnlichen globalen Katastrophen berichten. Velikovsky behauptete, dass diese Ereignisse in der Erdgeschichte systematisch ignoriert wurden und dass sie ein tieferes Verständnis der Entwicklung unseres Planeten ermöglichen könnten.

Ähnlich wie seine Kollegen Hapgood und Thomas sind Velikovskys Theorien von Vertretern des Uniformitäts-Prinzips weitestgehend umstritten. Unter den Katastrophisten ist er einer der wichtigsten Vordenker der Neuzeit.

---

251 Im Jahr 1950 erschien Velikovskys Buch „Welten im Zusammenstoß“, welches eine katastrophistische Sichtweise auf Ereignisse der letzten 5.000 Jahre vorstellt. Es wurde in zahlreiche Sprachen übersetzt und gilt als eines der Standardwerke des Katastrophismus, auch wenn seine Theorien der möglichen Auslöser sich eher mit dem Nemesis-System erklären lassen als mit einem Kometen.

6.4.4 Alois Irlmaier

Alois Irlmaier war ein deutscher Seher, der für seine Prophezeiungen und Vorhersagen über zukünftige Ereignisse international bekannt geworden ist. Primär erstreckt sich seine Popularität aber über den deutschsprachigen Raum. Daher gilt er als wichtigster Seher Deutschlands. Seine Fähigkeit, scheinbar präzise Informationen über kommende Geschehnisse zu liefern, hat sowohl Bewunderung als auch Skepsis hervorgerufen. Er wurde am 8. Juni 1894 in Siegsdorf, Bayern, geboren und wuchs in ärmlichen Verhältnissen auf. Zunächst arbeitete er als Brunnenbauer. Im Laufe der Zeit entwickelte er jedoch eine bemerkenswerte Fähigkeit zur Hellsichtigkeit und begann, Vorhersagen über zukünftige Ereignisse zu machen. Irlmaier erlangte Aufmerksamkeit für seine detaillierten und genauen Prognosen, insbesondere während und nach dem Zweiten Weltkrieg.

Alois Irlmaier wurde für seine zahlreichen Vorhersagen über Krieg, Naturkatastrophen und politischen Ereignissen bekannt. Er soll angeblich präzise Details über kommende Schlachten, politische Entwicklungen und sogar persönliche Schicksale gegeben haben. Viele Menschen konsultierten ihn und vertrauten auf seine Fähigkeit, in Bezug auf vermisste Personen. Über sein Leben und Wirken wurden zahlreiche Bücher und Dokumentationen publiziert.

6.4.5 Edgar Cayce

Edgar Cayce war ein amerikanischer Mystiker und Seher, der für seine außergewöhnlichen Fähigkeiten und Prophezeiungen bekannt ist. Als „Schlafender Prophet" erlangte er weltweite Bekanntheit durch seine Veranlagung, meditative Trancezustände zu erreichen und Informationen über verschiedene Themen und zukünftige Ereignisse zu übermitteln. Er wurde am 18. März 1877 in Hopkinsville, Kentucky, geboren. Schon in jungen Jahren zeigte er ein tiefes Interesse an Spiritualität und es wird berichtet, dass er schon früh übernatürliche Erfahrungen machte. Im Laufe seines Lebens entwickelte Cayce die Fähigkeit zur Tiefenhypnose und wurde bekannt für seine Genauigkeit bei medizinischen Diagnosen und spirituellen Beratungen. Er gründete die „Association for

Research and Enlightenment“[252], um seine Arbeit fortzusetzen, und Wissen über Spiritualität und Heilung zu verbreiten.

Edgar Cayce wurde berühmt für seine Prophezeiungen über zukünftige Ereignisse und seine Fähigkeit, Informationen über vergangene Leben und spirituelle Themen zu liefern. Während er in einem Trancezustand war, konnte er Antworten auf Fragen zu nahezu jedem Thema geben. Seine Vorhersagen umfassten Themen wie Gesundheit, Wirtschaft, Weltgeschehen und persönliche Entwicklungen. Einige der bemerkenswertesten Vorhersagen von Cayce umfassten die Erwartung eines kommenden Weltkriegs, die Entdeckung von verborgenen archäologischen Stätten, wie zum Beispiel der Fund beim Toten Meer, und die Möglichkeit der Existenz einer fortgeschrittenen Zivilisation im antiken Atlantis. Viele Menschen suchten Cayce auf, um Rat und Einsicht in ihre eigenen Leben zu erhalten, basierend auf seinen Prophezeiungen und zur spirituellen Konsultation.

Edgar Cayce erlangte weltweite Anerkennung und den Ruf eines außergewöhnlichen Sehers. Seine Arbeit inspirierte Tausende von Menschen, sich mit Spiritualität und metaphysischen Themen zu befassen. Die von ihm übermittelten Informationen beeinflussten das Denken vieler Menschen und führten zu einem erhöhten Interesse an alternativen Heilmethoden, Meditation und spiritueller Entwicklung. Obwohl Cayce von einigen als authentischer Prophet angesehen wird, gibt es auch Skeptiker, die seine Fähigkeiten anzweifeln. Sie argumentieren, dass viele seiner Vorhersagen vage und interpretierbar sind. *Edgar Cayce* bleibt eine faszinierende Figur, die international für Aufmerksamkeit gesorgt hat.

6.4.6 Zecharia Sitchin

Zecharia Sitchin war ein russisch-amerikanischer Autor und Forscher, der für seine Theorien über die Anwesenheit außerirdischer Zivilisationen auf der Erde bekannt ist. Seine Arbeit hat das Interesse an der Prä-

252 Die „Association for Research and Enlightenment“ (A.R.E.), auch bekannt als Edgar Cayce's A.R.E., ist eine gemeinnützige Organisation, die 1931 von dem Hellseher Edgar Cayce gegründet wurde, um Spiritualität, ganzheitliche Gesundheit und andere übersinnliche Themen zu erforschen, sowie historische Ressourcen, einschließlich Cayces übersinnlicher Lesungen, zu bewahren.

Astronautik, der Idee von antiken Außerirdischen, die die menschliche Entwicklung beeinflusst haben, geweckt. Er wurde am 11. Juli 1920 in Baku, Aserbaidschan, geboren und wuchs in Palästina auf. Später zog er in die Vereinigten Staaten. Sitchin studierte Wirtschaftswissenschaften und arbeitete als Journalist und Verleger, bevor er sich intensiv mit alten Texten und Mythologien befasste. Er veröffentlichte mehrere Bücher, darunter seine bekannteste Arbeit „Der zwölfte Planet" (1976)[253], in der er seine Theorien über die Anwesenheit außerirdischer Wesen auf der Erde präsentierte.

Sitchin behauptete, dass die alten sumerischen Texte, insbesondere die Keilschrifttafeln, Hinweise auf die Existenz einer fortschrittlichen außerirdischen Rasse geben würden, die die Erde in der Vergangenheit besucht und die menschliche Entwicklung beeinflusst habe. Er deutete die sumerischen Texte als Berichte über die Schöpfung der Menschheit durch diese außerirdischen Wesen, die er „Anunnaki" bezeichnete. Sitchin argumentierte, dass die Anunnaki auf der Suche nach Gold auf die Erde kamen und die Menschheit genetisch manipulierten, um ihnen bei Bergbauarbeiten zu helfen. Er interpretierte die sumerischen Texte als Hinweise auf fortschrittliche Technologien, Raumschiffe und eine komplexe außerirdische Zivilisation. Weiterhin behauptet er, dass die Anunnaki in der sumerischen Mythologie als Götter verehrt wurden.

Auch wenn seine Interpretationen teilweise sehr umstritten sind und Sitchin eindeutig Fehler in der Datierung gemacht hat, die teilweise von späteren Forscher-Generationen übernommen wurden, so lenkte er doch viel Aufmerksamkeit auf die sumerischen Keilschriften. Der Inhalt dieser antiken Schriften, die Sitchin populär machten, spielt auch in die Phönix-Hypothese hinein.

6.4.7 Carlos Muñoz Ferrada

Carlos Muñoz Ferrada war ein chilenischer Forscher und Seher, der für seine außergewöhnlichen Vorhersagen im Bereich der Astronomie be-

253 Der zwölfte Planet: wann, wo, wie die Astronauten eines anderen Planeten zur Erde kamen und den Homo sapiens schufen. Droemer Knaur, München 1995, ISBN 3-426-77159-4.

kannt ist. Durch seine intensive Beobachtung des Himmels und die Anwendung einer einzigartigen Methode zur Vorhersage von Naturkatastrophen erlangte er Anerkennung und Aufmerksamkeit in der wissenschaftlichen Gemeinschaft. Ferrada wurde 1909 in Spanien geboren und starb am 17. Oktober 2001 in Villa Alemana, Chile, in der Stadt, in der er seinen Wohnsitz und sein Observatorium hatte.

Von 1926 bis 1929 studierte er an der nautischen Schule für Lotsen der chilenischen Marine. Im Jahr 1956 erhielt er den Titel des ersten Lotsen der chilenischen Handelsmarine. Im Jahr 1970 wurde er Mitglied und Professor des Kollegiums der Kapitäne und Lotsen der Handelsmarine. Er studierte Meteorologie und Astronomie an der Universität von Chile. Außerdem erlernte er das Ingenieurwesen und Physik bei den chilenischen Eisenbahnen.

Ferrada spezialisierte sich in der Astronomischen Gesellschaft von Paris. Er war ein führendes Mitglied der Astronomischen Gesellschaft von Gijón und der Astronomischen Gesellschaft von Mailand und war fünf Jahre lang Direktor des Astronomischen Observatoriums von Panama. Er entwickelte eine besondere Leidenschaft für Astronomie und Naturphänomene. Im Laufe seines Lebens sammelte er umfangreiches Wissen über Himmelskörper und ihre Auswirkungen auf die Erde. Primär wurde er für seine Fähigkeit, bevorstehende Naturkatastrophen - insbesondere Erdbeben - vorherzusagen, bekannt.

Carlos Muñoz Ferrada erlangte Aufmerksamkeit, als er eine Reihe bedeutender astronomischer Vorhersagen machte. Darunter fielen auch geologische Phänomene, die mit den Himmelserscheinungen assoziiert wurden, wie Erdbeben[254]. Er behauptete, dass der Komet „Halley" im Jahr 1910 eine Bedrohung für die Erde darstellen würde, was sich als wahr herausstellte, als das Objekt in der Nähe der Erde vorbeizog. Er machte auch Prognosen über Erdbeben und Vulkanausbrüche auf der Grundlage seiner Observierung von Planetenkonstellationen und

254 Muñoz Ferrada wurde in seinem Land bekannt, als er im Dezember 1938 im Alter von 29 Jahren auf einer Konferenz in der Stadt Concepción die Öffentlichkeit mit der Ankündigung eines Erdbebens überraschte, das sich am 24. Januar 1939 um 23.25 Uhr in der Stadt Chillán in Chile ereignen würde. Dieses Erdbeben forderte kurz darauf 30.000 Todesopfer.

Sonnenaktivitäten. Eine seiner bekanntesten Vorhersagen war die Ankündigung des schweren Bebens von Tangshan in China im Jahr 1976[255], bei dem schätzungsweise 242.000 Menschen ums Leben kamen. *Muñoz Ferrada* hatte das Erdbeben Monate zuvor vorhergesagt, basierend auf seinen astronomischen Beobachtungen. Obwohl er aufgrund der politischen Situation in China nicht offiziell anerkannt wurde, erlangte seine Vorhersage internationale Aufmerksamkeit.

Trotz vieler Kontroversen gab es auch Anerkenntnis für *Carlos Muñoz Ferrada*. Einige seiner Prophezeiungen wurden als bemerkenswert genau bestätigt, und er erhielt Anerkennung von Menschen, die seine Arbeit unterstützten. Einige argumentierten, dass seine unkonventionelle Herangehensweise und seine Beobachtungen eine neue Perspektive auf die Beziehung zwischen Himmelskörpern und Naturphänomenen bieten. In den letzten Jahren seines Lebens bedrückten Ferrada seine Erkenntnisse bezüglich „Planet X", Nibiru bzw. des Nemesis-Systems, welches er als Auslöser für eine zukünftige geophysikalische Transformation sah. Das wird in seinem letzten öffentlichen Interview deutlich, welches im chilenischen Fernsehen gezeigt wurde[256].

6.5 Assoziierte Konzepte

In diesem Anhang möchte ich ein paar wissenschaftliche Konzepte beleuchten, deren Verständnis hilfreich ist, vereinzelte Argumente in der Phönix-Hypothese besser zu verstehen. Da ich bereits in diesem Buch, den Geist der Simulationstheorie bzw. die Vorstellung von der Realität als virtuelles Konstrukt aus der Flasche gelassen habe, will ich zwei wesentliche Konzepte erläutern, die eine solche Sichtweise stützen. Hierzu

---

255 Das Erdbeben von Tangshan (chinesisch 唐山大地震, Pinyin Tángshān dàdìzhèn) am 28. Juli 1976 in der Provinz Hebei war mit Schätzungen von bis zu 242.000 Todesopfern das verheerendste Erdbeben des 20. Jahrhunderts und das zweitverheerendste Erdbeben der Menschheitsgeschichte (nach dem Erdbeben in Shaanxi 1556).

256 Das Interview wurde am 28. Juni 1999 auf Kanal 4 des Fernsehens von Puerto Rico veröffentlicht und wurde anschließend in Venezuela als Teil eines Dokumentarfilms des Produzenten Joseph Landon, Direktor von „Joseph Landon Enterprise", ausgestrahlt. Hercolubus 2: El Exodos; Link IMDB: https://www.imdb.com/title/tt7975122/

möchte ich das Konzept des Welle-Teilchen-Dualismus vorstellen in Bezug auf Wheelers Doppelspalt-Experiment. Außerdem muss das Prinzip der „Nonlokalität“[257] erklärt werden.

Innerhalb meiner Hypothese habe ich oft von den Anomalien der alten Hochkulturen gesprochen. Da das jedoch ein unfassbar weitreichender Themenkomplex ist, konnte ich nur sehr oberflächlich darauf eingehen. Primär ging es mir darum, nicht zu sehr von meiner Kernthese abzulenken, wenn ich dieses bodenlose Fass aufmache. Grundsätzlich ging es darum, auf die Tatsache hinzuweisen, dass bereits Zivilisationen vor uns existiert haben, die eine extrem fortgeschrittene technische Evolution erreicht hatten - und plötzlich aus der Geschichte verschwanden. Dieser Umstand deutet stark auf ein kataklystisches Ereignis hin.

Zu diesen hochentwickelten Zivilisationen haben zahlreiche Autoren und Forscher ihre Theorien publiziert. Aktuell sorgt *Graham Hancock* für die größte Aufmerksamkeit mit einer Netflix-Serie[258]. Genau wie viele seiner Vorgänger erkennt er die enormen kulturellen und technischen Fortschritte diverser alter Völker, die sich in unzähligen Artefakten und Ruinen abzeichnen. Mitunter mussten diese antiken Zivilisationen sogar ein umfangreicheres Wissen gehabt haben, als unsere Generation heute, die sich als Krone der Schöpfung empfindet.

Hierzu möchte ich auf zwei Autoren eingehen, welche die Forschung diesbezüglich maßgeblich beeinflusst haben: *Erich von Däniken* und *David Hatcher Childress.* Sie sind ebenfalls die populären Vertreter der These von außerirdischen Lehrmeistern. Diese Sichtweise kann auch auf eine „Breakaway-Zivilisation“ umgemünzt werden. Dies erfolgt in dem Sinne, dass die Lehrmeister tatsächlich Überlebende einer vorhergegangenen Hochkultur waren, die ihre technischen und kulturellen Errungenschaften bewahren konnten. Doch fangen wir zunächst bei den physischen Konzepten an.

---

257 Auch bekannt als Quantenverschränkung

258 „Untergegangenen Zivilisationen auf der Spur“; Netflix-Serie

6.5.1 Wheelers Doppelspalt-Experiment

Das vom Physiker *John Archibald Wheeler*[259] vorgeschlagene „Delayed-Choice-Experiment"[260] ist ein Gedankenexperiment, das unser Verständnis von der Natur der Realität und der Rolle der Beobachtung in der Quantenmechanik in Frage stellt. Es zielt darauf ab, den Welle-Teilchen-Dualismus des Lichts und das Konzept der Retrokausalität zu untersuchen. In Wheelers Version des Experiments wird ein Strom einzelner Teilchen, z. B. Photonen, auf eine Barriere mit zwei eng beieinanderliegenden Schlitzen gerichtet. Hinter der Barriere befinden sich zwei Detektoren, die das Verhalten der Teilchen messen sollen.

Im Folgenden wird das „Delayed-Choice-Experiment" Schritt für Schritt erklärt:

- Wenn die Teilchen die Schlitze passieren, zeigen sie zunächst ein wellenförmiges Verhalten, das ein Interferenzmuster auf einem Bildschirm hinter der Barriere erzeugt. Dieses Muster deutet darauf hin, dass die Teilchen gleichzeitig durch beide Schlitze hindurchgehen und miteinander interferieren.

- Wheeler führte jedoch eine Neuerung ein, indem er hinter den Schlitzen ein Gerät, einen sogenannten „Quantenradierer", platzierte, der das Verhalten der Teilchen verändern kann. Mit diesem Gerät können die Forscher die Entscheidung, durch welchen Spalt ein Teilchen geht, „verzögern" oder diese Information ganz löschen.

- Wenn die Information, durch welchen Spalt ein Teilchen geht, verfügbar ist (nicht gelöscht wird), verschwindet das Interferenzmuster auf dem Bildschirm. Die Teilchen verhalten sich wie einzelne Teilchen und erzeugen ein Muster aus zwei unterschiedlichen Streifen, die den beiden Schlitzen entsprechen.

259 John Archibald Wheeler (* 9. Juli 1911 in Jacksonville, Florida; † 13. April 2008 in Hightstown, New Jersey) war ein US-amerikanischer theoretischer Physiker und zuletzt emeritierter Professor an der „Princeton University". Er war ein Schüler Einsteins.

260 engl.; dt. etwa „Verzögerte Quantenwahl"

- Wird die Information über die Wege der Teilchen hingegen gelöscht, entweder durch Nichtbeachtung oder durch Verwendung des Quantenlöschgeräts, erscheint das Interferenzmuster wieder. Die Teilchen verhalten sich wie Wellen und erzeugen ein Interferenzmuster auf dem Bildschirm, obwohl sie die Möglichkeit haben, als einzelne Teilchen zu agieren.

Der faszinierende Aspekt des Experiments mit der verzögerten Wahl, ist, dass die Entscheidung, ob die Informationen über die Wege der Teilchen beobachtet oder gelöscht werden sollen, getroffen werden kann, nachdem die Teilchen bereits die Schlitze passiert haben, aber bevor sie die Detektoren erreichen. Dies deutet darauf hin, dass der Akt der Beobachtung oder das Wissen über den Versuchsaufbau das Verhalten der Teilchen rückwirkend beeinflusst. Das Experiment wirft daher tiefgreifende Fragen über die Natur der Realität, die Rolle des Bewusstseins und die grundlegenden Prinzipien der Quantenmechanik auf. Es stellt unsere Intuitionen über Kausalität in Frage und legt nahe, dass der Akt der Beobachtung oder Messung das Verhalten von Teilchen rückwirkend beeinflussen kann und die Grenze zwischen vergangenen und zukünftigen Ereignissen verwischt.

Es sei darauf hingewiesen, dass das „Delayed-Choice-Experiment" ein Gedankenexperiment ist, dessen Umsetzung in einem realen Laboratorium anspruchsvolle Versuchsaufbauten und Quantensysteme erfordert. Nichtsdestotrotz dient es als leistungsfähiges Instrument zur Erforschung der Feinheiten der Quantenmechanik und der philosophischen Implikationen unseres Verständnisses der physikalischen Welt.

Das Experiment Wheelers war nicht die letzte aufsehenerregende Modifikation des klassischen Doppelschlitz-Experimentes. Das „Delayed Choice Quantum Eraser- Experiment" von *Dr. Marlan O. Sculley*[261] ging noch einen Schritt weiter und beweist in noch imponierenderer Weise, dass Quanten sich abhängig davon verhalten, wie viel wir über sie wissen. Dieses Phänomen ist auch hier retrokausal zu beobachten. Es

261 Das Experiment von Dr. Marlan O. Scutty fand im „Department of Physics" an der „Texas A&M University" statt und involvierte das „Max-Planck-Institut für Quantenoptik". Kollaboration mit Dr. Yoon Ho Kim, Dr. R. Yu, Dr. S. P. Kulik, Dr. Y. H. Shih

scheint so, als würden die Teilchen über den Zeithorizont hinausschauen können – zumindest die Intelligenz, die sie steuert. Die Ergebnisse dieses Experiments lassen sich nicht in ein materielles Weltbild integrieren, sondern weisen auf ein holographisches Konstrukt hin, welches unsere Realität bildet.

6.5.2 Das Konzept der Nonlokalität bzw. der Verschränkung

Die Nichtlokalität ist ein grundlegendes Konzept in der Quantenphysik[262], das unser intuitives Verständnis von Raum und Zeit herausfordert. Es bezieht sich auf ein Phänomen, bei dem Teilchen unabhängig von der Entfernung zwischen ihnen sofort miteinander verbunden oder „verschränkt" sein können. Dadurch entstehen Korrelationen und Wechselwirkungen, die den klassischen Konzepten von Lokalität und Kausalität trotzen. Im Zentrum der Nichtlokalität steht das Prinzip der quantenmechanischen Verschränkung. Wenn zwei oder mehr Teilchen auf eine Weise interagieren, dass ihre Quantenzustände korreliert werden, werden sie verschränkt. Das bedeutet, dass die Eigenschaften eines Teilchens sofort mit den Eigenschaften eines anderen verknüpft sind, unabhängig von der räumlichen Trennung zwischen ihnen. Diese Verbindung bleibt bestehen, selbst wenn die verschränkten Teilchen weit voneinander entfernt sind, sogar an entgegengesetzten Enden des Universums.

Die Auswirkungen der Nichtlokalität wurden im berühmten Gedankenexperiment des „Einstein-Podolsky-Rosen (EPR) -Paradoxons" untersucht. In diesem Experiment werden zwei verschränkte Teilchen erzeugt und dann voneinander getrennt. Gemäß der Quantentheorie führt die Messung einer Eigenschaft eines Teilchens sofort zur Bestimmung der entsprechenden Eigenschaft des Anderen, selbst wenn sie Lichtjahre voneinander entfernt sind. Dies scheint den Prinzipien des lokalen Realismus zu widersprechen, die besagen, dass physikalische Prozesse von lokalen Ursachen bestimmt werden und dass Infor-

262 Das Konzept hatten zunächst Max Planck, Werner Heisenberg und Niels Bohr geprägt und gegenüber Albert Einstein verteidigt, da dieser zunächst abschätzig von „Spukhafter Fernwirkung" redete.

mationen sich nicht schneller als mit Lichtgeschwindigkeit bewegen können. Das Phänomen der Nichtlokalität wurde durch verschiedene Tests experimentell bestätigt, wie zum Beispiel durch die „Bell'schen Ungleichungen"-Experimente. Diese Experimente umfassen die Messung der Korrelation zwischen verschränkten Teilchen entlang unterschiedlicher Messachsen. Die Ergebnisse verletzen konsequent die „Bell'schen Ungleichungen", die gelten würden, wenn der lokale Realismus wahr wäre. Dies liefert starke Belege für die nichtlokale Natur von quantenmechanischen Systemen.

Das Konzept der Nichtlokalität hat tiefgreifende Auswirkungen auf unser Verständnis der Natur der Realität. Es legt nahe, dass es verborgene Verbindungen zwischen Teilchen gibt, die traditionelle Vorstellungen von Raum und Zeit übersteigen[263]. Es wirft auch Fragen nach der Natur der Informationsübertragung und der grundlegenden Struktur des Universums auf. Nichtlokalität beschränkt sich nicht nur auf Teilchen allein, sondern gilt auch für quantenmechanische Systeme in größeren Maßstäben. Zum Beispiel kann im Quantenteleportations-Experiment der Quantenzustand eines Teilchens direkt auf ein anderes weit entferntes Teilchen übertragen werden, ohne physisch den Raum zwischen ihnen zu durchqueren. Dieser Prozess beruht auf den Prinzipien der Nichtlokalität und der Verschränkung.

Trotz des Erfolgs bei der Beschreibung und Vorhersage quantenmechanischer Phänomene, bleibt die Nichtlokalität ein Thema aktiver Forschung und Diskussion. Sie stellt unser intuitives Verständnis von der Funktionsweise der Welt in Frage und hat tiefgreifende Auswirkungen auf die Entwicklung zukünftiger Technologien wie der „Quantenkommunikation" und des „Quantencomputing"[264]. Zusammenfassend lässt sich sagen, dass die Nichtlokalität in der Quantenphysik auf das Phänomen verweist, bei dem verschränkte Teilchen unabhängig von ihrer räumli-

---

263 Burkhard Heim bietet hierzu seine 12dimensionale Quantenfeldtheorie an.

264 Ein Quantenprozessor bzw. Quantencomputer ist ein Prozessor, der die Gesetze der Quantenmechanik nutzt. Im Unterschied zum klassischen Computer arbeitet er nicht auf der Basis makroskopischer Zustände elektronischer Schaltkreise, sondern quantenmechanischer Zustände geeigneter Systeme. Hierbei sind erstens das Superpositionsprinzip (d.h. die quantenmechanische Kohärenz, analog zu den Kohärenzeffekten, siehe z.B. Holographie, in der sonst inkohärenten Optik) und zweitens die Quantenverschränkung von Bedeutung.

chen Trennung sofortige Korrelationen aufweisen. Sie stellt klassische Vorstellungen von Lokalität und Kausalität in Frage und wurde experimentell bestätigt. Die Nichtlokalität hat tiefgreifende Auswirkungen auf unser Verständnis der Natur der Realität und hat das Potenzial, verschiedene Bereiche wie Kommunikation und Berechnung zu revolutionieren.

6.5.3 Außerirdische oder Breakaway-Zivilisationen?

David Hatcher Childress und *Erich von Däniken* sind die bekanntesten Vertreter der Prä-Astronautik[265]. Sie haben eine vergleichbare These in Bezug auf alte Zivilisationen und außerirdische Einflüsse oder Eingriffe in die menschliche Geschichte. Beide Autoren stellen Ideen vor, die die gängigen archäologischen und historischen Erzählungen in Frage stellen. Ihre umfangreichen Dokumentationen über historische Hochkulturen sind im Kontext der Phönix-Hypothese in zweierlei Hinsicht interessant. Zum einen zeigt ihre Forschung, dass diese Zivilisationen abrupt verschwanden. Zum Anderen geben ihre Recherchen Hinweise auf mögliche „Breakaway-Zivilisationen"[266].

David Hatcher Childress, ein amerikanischer Autor und Forscher, ist bekannt für seine Arbeit über alternative Geschichtsschreibung und alte Zivilisationen. Er hat ausführlich über verschiedene Themen geschrieben, darunter antike Technologie, verlorene Städte und unerklärliche archäologische Phänomene. Childress geht davon aus, dass viele antike Zivilisationen über fortschrittliches Wissen und Technologien verfügten, die unser heutiges Verständnis übertreffen. Er untersucht die Möglichkeit, dass diese Zivilisationen Unterstützung oder Inspiration von außerirdischen Wesen oder fortgeschrittenen alten Kulturen erhielten.

---

265 Die Prä-Astronautik (auch Paläo-SETI genannt) ist eine Wissenschaft, welche die These einer möglichen Präsenz außerirdischer Intelligenzen auf der Erde während der Vorgeschichte und des Altertums untersucht. Von ihren Anhängern wird die Prä-Astronautik als Protowissenschaft verstanden, welche Erkenntnisse aus den Altertumswissenschaften und der Astronautik kombiniert.

266 Damit ist eine „abtrünnige Hochkultur" gemeint, die eventuell einen kataklystischen Reset überlebt hat und ihre technologische Evolution bewahren konnte. Die Gruppen könnten als Lehrmeister für spätere Generationen gedient haben.

Erich von Däniken, ein schweizer Autor, ist weithin bekannt für sein 1968 veröffentlichtes Buch „Erinnerungen an die Zukunft". Von Däniken vertritt die These, dass antike Zivilisationen mit außerirdischen Wesen oder hochentwickelten antiken Astronauten in Kontakt kamen und mit ihnen interagierten. Er interpretiert antike Artefakte, Mythen und religiöse Texte aus verschiedenen Kulturen als mögliche Beweise für außerirdische Besuche und Einflüsse in der menschlichen Geschichte. Von Däniken führt aus, dass alte religiöse Texte wie die Bibel, Hinweise auf außerirdische Begegnungen und Technologien enthalten.

Auch wenn ihre spezifischen Theorien und Interpretationen voneinander abweichen mögen, gehen sowohl Childress als auch von Däniken davon aus, dass antike Zivilisationen Kontakt zu fortgeschrittenen Wesen oder Technologien hatten, die unser Verständnis übersteigen. Sie untersuchen die Möglichkeit, dass antike Monumente, Artefakte und religiöse Texte, Hinweise auf die Anwesenheit oder den Einfluss von Außerirdischen in der Geschichte der Menschheit enthalten. Diese Ideen haben Debatten und Diskussionen im Bereich der alternativen Archäologie und der alternativen Geschichte ausgelöst und stellen die konventionellen Ansichten über die Vergangenheit in Frage.

Aus der Betrachtungsweise einer „abtrünnigen Zivilisation" schlagen *David Hatcher Childress* und *Erich von Däniken* Ideen vor, die mit dem Konzept einer fortgeschrittenen alten Hochkultur, die in der fernen Vergangenheit existierte, übereinstimmen. Diese Perspektive legt nahe, dass es in der Antike hochentwickelte Gesellschaften oder Gruppen von Individuen gegeben haben könnte, die über Technologien, Wissen und Fähigkeiten verfügten, die weit über das hinausgingen, was gemeinhin anerkannt wird. Das Konzept der abtrünnigen Zivilisationen geht davon aus, dass sich diese fortgeschrittenen Hochkulturen absichtlich versteckt oder von der menschlichen Hauptgesellschaft getrennt haben könnten, entweder aufgrund von katastrophalen Ereignissen, einem Wunsch nach Geheimhaltung oder als Ergebnis außerirdischer Interaktionen. Nach dieser Sichtweise könnten diese fortgeschrittenen Gruppen Zugang zu fortschrittlichen Technologien und wissenschaftlichen Erkenntnissen gehabt haben, die es ihnen ermöglichten, Leistungen zu vollbringen, die nach herkömmlichen Maßstäben außergewöhnlich oder sogar unmöglich erscheinen.

David Hatcher Childress untersucht die Möglichkeit, dass alte Zivilisationen wie die Ägypter, die Inkas oder alte indische Kulturen bemerkenswerte technische Leistungen vollbrachten, die bis heute unerklärt sind. Er vermutet, dass diese Hochkulturen fortschrittliche Technologien von einer abtrünnigen Zivilisation, von außerirdischen Wesen oder von alten untergegangenen Zivilisationen geerbt oder erworben haben könnten, die sie in die Lage versetzten, megalithische Bauwerke zu errichten, hochentwickeltes Wissen in verschiedenen Bereichen zu entwickeln und außergewöhnliche Leistungen zu vollbringen.

Erich von Dänikens Perspektive stimmt mit der Idee einer alten abtrünnigen Zivilisation oder alter Astronauten überein. Er argumentiert, dass Beweise, die in alten Texten, religiösen Schriften und archäologischen Überresten gefunden wurden, auf die Existenz hochentwickelter Wesen oder Zivilisationen hinweisen, die die Erde in der Vergangenheit besucht haben. Von Däniken schlägt vor, dass diese antiken Astronauten Wissen vermittelt und die Entwicklung menschlicher Gesellschaften beeinflusst haben könnten, was zur Errichtung monumentaler Bauwerke, fortgeschrittenem astronomischem Wissen und kulturellen und religiösen Praktiken führte.

David Hatcher Childress und *Erich von Dänike*n führen verschiedene Argumente an, um die Existenz hochentwickelter Zivilisationen in der Antike zu belegen. Auch wenn sich ihre spezifischen Argumente unterscheiden mögen, sind hier einige Hauptpunkte aufgeführt, die sie unabhängig von einander inspiriert haben:

- **Fortschrittliche technologische Errungenschaften:** Childress und von Däniken argumentieren, dass der Bau antiker megalithischer Bauwerke wie der Pyramiden in Ägypten oder der Steinmonumente in Südamerika ein Maß an technischem Fachwissen und technologischen Fähigkeiten erforderte, das über das hinausging, was zu jener Zeit für möglich gehalten wurde. Sie weisen darauf hin, dass herkömmliche Erklärungen für diese Bauwerke, wie etwa primitive Werkzeuge und

Techniken, nicht ausreichen und schlagen vor, dass fortgeschrittene Technologien und Kenntnisse im Spiel waren.

- **Ungeklärte antike Artefakte:** Beide Autoren weisen auf die Existenz antiker Artefakte hin, die Eigenschaften oder Merkmale aufweisen, die sich konventionellen Erklärungen entziehen. Zu diesen Artefakten gehören komplizierte und präzise Objekte wie antike Batterien, fortschrittliche mechanische Geräte oder Artefakte, die hochkomplexe Technologien darstellen, die im Kontext der Zivilisation, die sie geschaffen hat, fehl am Platz erscheinen. Sie argumentieren, dass solche Artefakte auf das Vorhandensein von fortgeschrittenem Wissen und technologischen Fähigkeiten in der Vergangenheit hinweisen.

- **Astronomisches und mathematisches Wissen:** Childress und von Däniken verweisen auf die genauen astronomischen Ausrichtungen, die in antiken Bauwerken gefunden wurden, und auf das hochentwickelte mathematische Verständnis, das antike Zivilisationen als Beweis für fortgeschrittenes Wissen an den Tag legten. Sie vermuten, dass die präzise Ausrichtung megalithischer Bauwerke auf Himmelsereignisse oder die Einbeziehung komplexer mathematischer Prinzipien in architektonische Entwürfe auf ein wissenschaftliches Verständnis hinweisen, das über das hinausgeht, was diesen Gesellschaften traditionell zugeschrieben wurde.

- **Kulturübergreifende Ähnlichkeiten und antike Texte:** Die Autoren weisen auf Ähnlichkeiten und Parallelen hin, die in alten Mythen, religiösen Texten und Folklore aus verschiedenen Kulturen der Welt zu finden sind. Sie argumentieren, dass diese gemeinsamen Elemente, wie Geschichten über Götter, göttliche Wesen und fortschrittliche Technologien, auf eine gemeinsame Quelle des Einflusses oder des Kontakts mit einer fortgeschrittenen Zivilisation oder außerirdischen Wesen hinweisen. Sie schlagen vor, dass alte Texte und mündliche Überlieferungen, verschlüsselte Berichte über Begegnungen mit technologisch fortgeschrittenen Wesenheiten enthalten könnten.

- **Anomalien und unerklärliche Phänomene:** Childress und von Däniken betonen die Existenz unerklärlicher Phänomene und Rätsel in der Archäologie und Geschichte, die sich konventionellen Erklärungen entziehen. Zu diesen Anomalien gehören unerklärliche Bauleistungen, antike Karten (die fortgeschrittene geografische Kenntnisse zeigen), Berichte über antike Flüge oder Raumfahrt und andere rätselhafte Artefakte oder Ereignisse, die die gängigen Interpretationen in Frage stellen.

Hier sind ein paar Beispiele:

- **Die Großen Pyramiden von Ägypten:** Der Bau der Pyramiden von Gizeh, insbesondere der Großen Pyramide, gilt als bemerkenswerte technische Leistung. Childress und von Däniken argumentieren, dass die Präzision der Pyramidenkonstruktion, die Ausrichtung nach den Himmelsrichtungen und die massive Größe der verwendeten Steine, Fragen über die Werkzeuge und Techniken aufwerfen, die den alten Ägyptern zur Verfügung standen. Sie vermuten, dass fortschrittliche Technologien oder die Hilfe einer weiter entwickelten Zivilisation involviert waren.

- **Puma Punku in Bolivien:** Puma Punku ist eine archäologische Stätte in Bolivien, die ein komplexes Steinwerk mit präzisionsgeschnittenen, ineinandergreifenden Blöcken von mehreren Tonnen Gewicht aufweist. Childress und von Däniken vermuten, dass die Komplexität und Präzision des Steinwerks in Puma Punku die Fähigkeiten der antiken Zivilisation, die damit verbunden war, übersteigt. Sie vermuten, dass fortschrittliche Bearbeitungs- oder Konstruktionstechniken zum Einsatz gekommen sein müssen.

- **Die Nazca-Linien in Peru:** Bei den Nazca-Linien handelt es sich um große Geoglyphen, die in den Wüstenboden in Peru geätzt wurden. Childress und von Däniken argumentieren, dass der Umfang und die Komplexität dieser Entwürfe, von denen einige nur aus der Luft sichtbar sind, auf ein Niveau der Lufttechnik und des Wissens hinweisen, das die Fähigkeiten der Nazca-Bewohner überstiegen haben muss. Sie schlagen vor, dass die Nazca-Linien als Markierungen oder Signale für außerirdische Besucher gedient haben könnten.

- **Antike Artefakte:** Verschiedene antike Artefakte wurden als Beweis für fortgeschrittenes Wissen und Technologie von beiden Forschern untersucht. Beispiele sind der „Antikythera-Mechanismus“[267], ein Gerät aus dem alten Griechenland, das ein ausgeklügeltes Verständnis von Zahnrädern und komplexen Berechnungen beweist, und die „Bagdad-Batterie“[268], ein Objekt aus dem antiken Mesopotamien.

- **Antike astronomische Ausrichtungen:** Zahlreiche antike Bauwerke, wie Stonehenge in England und der Tempel von Karnak in Ägypten, weisen präzise astronomische Ausrichtungen auf. Childress und von Däniken sind der Ansicht, dass die Genauigkeit dieser Ausrichtungen auf fortgeschrittene astronomische Kenntnisse hinweist und darauf schließen lässt, dass die antiken Zivilisationen Zugang zu fortgeschrittenen Werkzeugen hatten oder von einer weiter fortgeschrittenen Zivilisation geleitet wurden.

- **Antike Texte und Mythen:** Childress und von Däniken lenken die Aufmerksamkeit auf antike Texte und Mythen aus verschiedenen Kulturen, die Hinweise auf Götter, göttliche Wesen, fortschrittliche Technologien und Begegnungen mit jenseitigen Wesenheiten enthalten. Sie argumentieren, dass diese gemeinsamen Themen verschiedener Kulturen auf eine gemeinsame Quelle des Einflusses oder des Kontakts mit einer hoch entwickelten Zivilisation oder außerirdischen Wesen hinweisen.

---

267 An Bord befindliche Münzen erlauben eine Datierung des Schiffuntergangs auf den Zeitraum von 70 bis 60 v. Chr. Das Gerät ist unvollständig erhalten und daher nicht mehr funktionsfähig. Die 82 erhaltenen Fragmente befinden sich heute im Archäologischen Nationalmuseum in Athen; die drei größten Teile sind in der Abteilung für Bronzegegenstände öffentlich ausgestellt.

268 Die „Bagdad-Batterie“, auch unter dem Namen Batterie der Parther oder Batterie von Khujut Rabuah bekannt, ist ein Tongefäß, das 1936 bei Ausgrabungen einer parthischen Siedlung an der Stelle des Hügels Khujut Rabuah nahe Bagdad gefunden wurde. Da das Gefäß einen Kupferzylinder und ein Eisenstäbchen enthält, spekulierte Wilhelm König, der Direktor des Irakischen Nationalmuseums, dass es – in einer Reihe mit gleichartigen Objekten zusammengeschaltet – bereits vor 2.000 Jahren als Batterie gedient haben könnte, obwohl damals Elektrizität nach bisherigem Wissensstand noch unbekannt war.

6.6 Über den Autor

Christian Köhlert ist Medienkünstler, Autor und Praktiker der Kreativen Homöopathie. Er machte 2005 seinen Abschluss in Industriedesign mit Schwerpunkt Interface-Design. Bereits einige Jahre vor seinem Diplom begann er, Dokumentarfilme zu produzieren und alternative Lebensperspektiven zu erforschen. In 2008 wurde er Chefredakteur von „Secret TV“, dem ersten kommerziellen Online-Kanal, der sich „Verschwörungstheorien“ und speziellen Inhalten widmete. In dieser Zeit produzierte er den Film „(R)evolution 2012“ mit *Dieter Broers* und *Christoph Lehmann* und gestaltete zahlreiche Sendungen und Dokumentationen, die sein Weltbild bis heute prägen.

Bildquelle: Christian Köhlert

Christian Köhlert

Christians Engagement für alternative Medien führte zu einem breiten Netzwerk in der internationalen Szene. Obwohl er sich aufgrund von Desillusionierung und persönlichen Gründen allmählich aus diesem Bereich zurückzog, blieb er ein aufmerksamer Beobachter des Weltgeschehens. Ab 2014 begab er sich auf eine Reise als „Perpetual Traveler“, mit dem Ziel, sich vom System zu lösen. Er erkundete Länder wie Neuseeland, die Schweiz, Kanada und die USA und widmete einen Großteil seiner Zeit dem Studium spiritueller Konzepte und ganzheitlicher Medizin, einschließlich der Kreativen Homöopathie nach *Antonie Peppler.*

Christian lebte einen minimalistischen Lebensstil in einem Wohnmobil an mexikanischen Stränden und finanzierte sich durch Website-Design, Grafikprojekte und DJing. Anfang 2020 veranlassten globale Ereignisse Christian dazu, sich wieder in alternativen Medien einzubringen. Auf Einladung seines langjährigen Weggefährten *Robert Stein* teilte er in der

Sendung „Homeoffice“ seine Sichtweise des mexikanischen Lockdowns. In der Folge schrieb er wieder Artikel und entwickelte eine Hypothese, die die drastische Umstrukturierung der Weltordnung erklärt. Dieser Prozess zog sich bis zum Jahr 2022 hin, in dem Christian die indirekten Auswirkungen der globalen Umwälzungen erlebte, während er in Baja Kalifornien, Mexiko, residierte.

Christian erkannte, dass sich die Menschheit in einem Transformationsprozess befand. Die Distanz zum System und die damit verbundene Freiheit ermöglichten ihm eine tiefgreifende Reflexion der jüngsten Ereignisse. Inspiriert von 20 Jahren Forschung beschloss er, nach Europa zurückzukehren und Ende 2022 einen Artikel für das Nexus-Magazin mit dem Titel „Die Phönix-Hypothese“ zu verfassen. Obwohl er sich bewusst war, dass seine Forschungsergebnisse von den vorherrschenden alternativen Ansichten abwichen, ging er mit seiner These an die Öffentlichkeit.

Christians treibende Motivation ist es, Menschen, die umfassende Antworten suchen, Optionen zu bieten. Inwieweit sich der Einzelne mit den damit verbundenen Themen auseinandersetzt und sie in seine Weltanschauung einbezieht, ist eine Frage der persönlichen Entscheidung. Seine Phönix-Hypothese deckt sich mit einigen wachsenden Perspektiven im internationalen Kontext, stellt aber auch weniger diskutierte Punkte innerhalb des deutschen alternativen Medienspektrums vor.

Aufgrund der starken Resonanz, die seine Thesen in vielen Menschen erzeugt hat, gab Christian vermehrt Vorträge und Interviews. Letztendlich widmete er dem Thema mehr Aufmerksamkeit und begann im Februar 2023 sein Buch zur Phönix-Hypothese zu schreiben. Zudem offeriert er zusätzliche Informationen und Artikel auf seiner Webseite (www.mayamagik.de) und sucht den offenen Diskurs mit Interessenten auf dem dazugehörigen Telegram-Kanal. Christian begrüßt den Dialog und offene Diskussionen zur Hypothese und lädt seine Leser ein, diese Kanäle zu nutzen, um gemeinsam die Forschung voranzubringen und Lösungsansätze zu entwickeln.

Danksagung

Ohne eine bedingungslose Unterstützung meiner Familie – meiner Wahl - und meiner biologischen Familie – hätte ich dieses Buch nie schreiben können. Daher geht meine tiefste Dankbarkeit an diese Menschen. Weiterhin hätte die Phönix-Hypothese nicht ohne die Hilfe folgender Personen abheben können: Robert Stein, das NuoFlix-Team, Oliver und sein Regentreff-Team, Daniel Wagner und mein Ziehvater in der alternativen Medienszene: Thomas Kirschner.

Außerdem geht mein Dank an folgende Personen, die mich auf meinem Weg begleitet, motiviert, inspiriert und „ertragen" haben – es ist nicht unbedingt einfach, mit einer Person befreundet zu sein, die regelmäßig von „Erdmantelverschiebungen" und einer globalen Verschwörung fabuliert.

Vielen Dank an: Antonie Peppler, Inna Kralovyretts, Thomas Kirner, Barbara Hochreiter, Horst Thuy, Prof. Ernst Senkowki, Dieter Broers, Anabell & Stefan Wesendorf, Antje & Malte Mohrdieck, Jens Bach, Christoph Lehmann, Illobrand von Ludwiger, Jan van Helsing, Dan Eden, Baljit Singh, John Dubba, Rafael Gutierrez Rubio, Bruce Jessop, Christopher Martin, Christian Stolze, Michael Robra, Mathieu Richard, Daniel Bender, Akahass Canuchi, Marcus Robbin, Claudia Pommer, Mitch Scott, Jens Zygar, Ben Wolfe, Alex Saltman, Kai Eisentraut, Mathias Miehe, Nicole & Marco Hühn, Bill Ryan, Cailin Callahan, Thomas Kolditz, Rollando Frasa, Liza Anisov, Sören Hartwig, Napoleon Domingues, Nadeshda Brennicke, Jorge Adame, Sam Frangiamore, Max Dukic, Lee Lundsford, Goetz Wittneben, Peter Herrmann, Mario Generlich, Laurin Eidam, Ruth Huber, Marcus Schmieke, Lars Knobbe, Ken Boogers, Bretto Horton, Ralf Flierl, Andreas Rau, Eric Gandle, Pablo Bonilla, Maik Burkard, Robert Bunoan, Zach Balle, Michael Köppen, Michael König, Francine Blake, Giuliana Conforto, Jenna Welch, Kai Brenner, Tim Gustafson und Tom Edon..